Schätzer
Unternehmerische Outsourcing-Entscheidungen

D1666872

GABLER EDITION WISSENSCHAFT

Markt- und Unternehmensentwicklung

Herausgegeben von
Professor Dr. Dr. h.c. Arnold Picot,
Professor Dr. Dr. h.c. Ralf Reichwald und
Professor Dr. Egon Franck

Der Wandel von Institutionen, Technologie und Wettbewerb prägt in vielfältiger Weise Entwicklungen im Spannungsfeld von Markt und Unternehmung. Die Schriftenreihe greift diese Fragen auf und stellt neue Erkenntnisse aus Theorie und Praxis sowie anwendungsorientierte Konzepte und Modelle zur Diskussion.

Silke Schätzer

Unternehmerische Outsourcing-Entscheidungen

Eine transaktionskostentheoretische Analyse

Mit einem Geleitwort
von Prof. Dr. Joachim Reese

Deutscher Universitäts-Verlag

Die Deutsche Bibliothek - CIP-Einheitsaufnahme

Schätzer, Silke:
Unternehmerische Outsourcing-Entscheidungen : eine transaktionskostentheoretische
Analyse / Silke Schätzer. Mit einem Geleitw. von Joachim Reese.
- Wiesbaden : Dt. Univ.-Verl. ; Wiesbaden : Gabler, 1999
  (Gabler Edition Wissenschaft : Markt- und Unternehmensentwicklung)
  Zugl.: Lüneburg, Univ., Diss., 1999
  ISBN 3-8244-7033-0

http://www.gabler.de
http://www.duv.de

Höchste inhaltliche und technische Qualität unserer Produkte ist unser Ziel. Bei der Produktion
und Verbreitung unserer Werke wollen wir die Umwelt schonen. Dieses Buch ist deshalb auf säu-
refreiem und chlorfrei gebleichtem Papier gedruckt. Die Einschweißfolie besteht aus Polyäthylen
und damit aus organischen Grundstoffen, die weder bei der Herstellung noch bei der Verbrennung
Schadstoffe freisetzen.

Die Wiedergabe von Gebrauchsnamen, Handelsnamen, Warenbezeichnungen usw. in diesem
Werk berechtigt auch ohne besondere Kennzeichnung nicht zu der Annahme, dass solche Namen
im Sinne der Warenzeichen- und Markenschutz-Gesetzgebung als frei zu betrachten wären
und daher von jedermann benutzt werden dürften.

Druck und Buchbinder: Rosch-Buch, Scheßlitz
Printed in Germany

ISBN 3-8244-7033-0

"We have to explain the basis on which, in practice, this choice between alternatives is effected".

Ronald H. Coase, Nobelpreisträger für Wirtschaft 1991

Geleitwort

Die aktuelle Diskussion über die optimale Unternehmensgröße hat eine Vielzahl von Vor-schlägen hervorgebracht, die derzeit in der Praxis geprüft und verstärkt umgesetzt werden. In der vorliegenden Arbeit wird ein Aspekt aufgegriffen, der unter diese Gesamtthematik fällt und von besonderer Relevanz erscheint: Dienstleistungen sind heute sowohl vom Umfang als auch vom Aufwand her von mindestens demselben Gewicht wie die Erstellung von Sachgütern. Da Dienstleistungen sich auf den Einsatz des Faktors Arbeit konzentrieren, gelten sie als besonders kostenintensiv. In vielen Fällen werden heute schon Dienstleistungen wie beispielsweise Beratungen, aber auch einfache Servicedienste wie Kantinenverpflegung, auf externe, wirt-schaftlich und rechtlich selbständige Partner übertragen. Dabei spielen offenbar nicht nur die reinen Produktionskosten eine Rolle. Vielmehr müssen auch alle Kosten beachtet werden, die zur Herstellung, Betreuung und Verwaltung des Leistungsaustausches anfallen.

Die Neue Institutionelle Ökonomie, und hier insbesondere die Transaktionskostentheorie, bieten geeignete Ansätze, um die Auslagerung bzw. Ausgliederung von Dienstleistungen zu erklären und die damit verbundenen Chancen und Risiken breit zu erörtern.

Die vorgelegte Arbeit ist ein Beitrag zur Versachlichung und Vertiefung der Diskussion um die Inanspruchnahme von Dienstleistungen durch externe Anbieter. Gegenüber der vorhandenen Literatur stellt sie einen beträchtlichen wissenschaftlichen Fortschritt dar, der darin besteht, daß erstmals konsequent mit Hilfe einer bewährten wissenschaftlichen Methodik, nämlich der Transaktionskostentheorie, das Outsourcing-Problem in seinen Wurzeln aufgedeckt und logisch analysiert wird. Die Verfasserin hat die praktische Debatte zur Kenntnis genommen und ist sicherlich durch die empirische Relevanz des Themas besonders angeregt worden. Allerdings löst sie sich im Verlauf der Arbeit von derlei Einflüssen ganz konsequent. Nachdem sie über-prüft hat, welches Fundament besonders tragfähig ist, konstruiert sie Stein für Stein ein kom-plexes Gebäude für eine differenzierte Outsourcing-Theorie, die sich als sehr leistungsfähig erweist.

Die konzentrierte Form der Darstellung erfordert hohe Aufmerksamkeit vom Leser, damit die Nuancen in der Argumentation ihm nicht entgehen. Daß die Verfasserin sich in dem konstruierten Gebäude geschickt zu bewegen weiß, zeigt sie vor allem bei der souveränen Begründung ihrer Resultate. Die differenzierten Empfehlungen und die vielen Beispiele erlauben es auch dem Praktiker, aus dieser Arbeit einen erheblichen Nutzen zu ziehen. So ist ein Werk entstanden, das die Diskussion um das Für und Wider von Outsourcing-Entscheidungen weiter beleben, wenn nicht sogar nachhaltig beeinflussen wird.

Prof. Dr. Joachim Reese

Vorwort

Unternehmerische Outsourcing-Entscheidungen transaktionskostentheoretisch zu untersuchen, stellt das Anliegen meiner Arbeit dar. Die Anregung zu dieser Untersuchung gab ein Aufsatz von Prof. Dr. Arnold Picot über Analyse- und Gestaltungskonzepte für das Outsourcing, und meine Arbeit wurde von seinen Veröffentlichungen zum Gebiet der Transaktionskostentheorie deutlich geprägt. Ich freue mich deshalb sehr, daß meine Arbeit, die vom Fachbereich Wirtschafts- und Sozialwissenschaften der Universität Lüneburg als Dissertation angenommen wurde, als Buch in dieser Reihe erscheint.

Auch die Erstellung einer Dissertation kann als eine Transaktion betrachtet werden, die sich im besten Fall durch hohe Spezifität auszeichnet, im schlechtesten Fall hoher Unsicherheit unterliegt und für die meisten Promovierenden einmalig abgewickelt wird. Ein Promotionsprozeß verursacht somit erhebliche Transaktionskosten, die jedoch unter günstigen Bedingungen eingedämmt werden können.

So gilt mein herzlicher Dank zunächst und vor allem meinem Doktorvater Prof. Dr. Joachim Reese, der mich und meine Arbeit durch sein fachliches und menschliches Interesse entscheidend gefördert hat. Ferner danke ich dem Dekan des Fachbereichs Prof. Dr. Egbert Kahle für die zügige Erstellung des Zweitgutachtens und die konstruktive Diskussion während meiner Disputation. Für die freundschaftliche Zusammenarbeit innerhalb des Lehrstuhls von Prof. Reese, an dem ich als wissenschaftliche Mitarbeiterin beschäftigt war, möchte ich mich bei Brigitte Stoevesandt, Claudia Werner, Roland Geisel und Michael Noeske bedanken. Ein ganz lieber Dank geht an Claus Niemann und Rainer Paffrath für ihre aufgeschlossene und freundschaftliche Diskussionsbereitschaft; ihre Anregungen haben mir sehr geholfen.

Auch bei meiner Familie möchte ich mich herzlich bedanken. Meine Eltern Margot und Heinz Schätzer haben sich nicht nur der mühsamen Aufgabe des Korrekturlesens angenommen, sondern meine Promotion stets mit großem Interesse begleitet. Mein Mann Michael Borgmann hat oftmals seine eigenen Interessen für das Gelingen meiner Arbeit zurückgestellt und mich maßgeblich durch seinen unerschütterlichen Glauben an meine Fähigkeiten unterstützt. Unsere Tochter Sarah Marie hat mir gezeigt, was wirklich wichtig ist, und mir dadurch viel Kraft für die Promotion gegeben. Ihr widme ich dieses Buch.

Silke Schätzer

Inhaltsverzeichnis

Abbildungs- und Tabellenverzeichnis XV

1. Einleitung 1

1.1 Ausgangssituation und Problemstellung 1

1.2 Gang der Untersuchung 5

2. Grundlagen der Organisation unternehmensinterner Dienstleistungen 9

2.1 Bedeutung und Definition unternehmensinterner Dienstleistungen 9

2.2 Systematisierung unternehmensinterner Dienstleistungen 17

2.3 Organisatorische Gestaltung unternehmensinterner Dienstleistungen 21

  2.3.1 Unternehmensinterne Gestaltung 21

    2.3.1.1 Das klassische Organisationsproblem 21

    2.3.1.2 Mikrostrukturen 23

    2.3.1.3 Makrostrukturen 26

      2.3.1.3.1 Funktionale Organisation 26

      2.3.1.3.2 Divisionale Organisation 28

      2.3.1.3.3 Projektmanagement und Produktmanagement 29

      2.3.1.3.4 Matrixorganisation 30

    2.3.1.4 Zwischenergebnis 31

    2.3.1.5 Das Mintzberg-Modell und unternehmensinterne Dienstleistungen 32

    2.3.1.6 Zwischenergebnis 40

  2.3.2 Outsourcing 42

    2.3.2.1 Begriffsbestimmung 42

    2.3.2.2 Bedeutung des Outsourcing 44

    2.3.2.3 Bestimmungsgrößen des Outsourcing 47

    2.3.2.4 Organisationsformen des Outsourcing 50

    2.3.2.5 Traditionelle Bewertungsansätze zum Outsourcing 52

      2.3.2.5.1 Kostenrechnerische Ansätze 52

2.3.2.5.2   Checklisten und Argumentenbilanzen   54

2.3.2.5.3   Portfolio-Analyse als Ansatz des strategischen Managements   57

3. Transaktionskosten als Entscheidungskriterium für die Organisationsform

unternehmerischer Aufgaben   63

3.1   Bedeutung der Transaktionskostentheorie   63

3.2   Die Transaktionskostentheorie nach der Konzeption von WILLIAMSON   65

3.2.1 Verhaltensannahmen   65

3.2.2 Dimensionen der Transaktion   66

    3.2.2.1   Vorbemerkung   66

    3.2.2.2   Faktorspezifität   67

    3.2.2.3   Unsicherheit   70

    3.2.2.4   Häufigkeit   71

3.2.3 Vertragstheoretische Grundlagen nach MACNEIL   72

    3.2.3.1   Vorbemerkung   72

    3.2.3.2   Klassisches Vertragsrecht   73

    3.2.3.3   Neoklassisches Vertragsrecht   74

    3.2.3.4   Relationales Vertragsrecht   75

3.2.4 Schlußfolgerungen für die Überwachungssysteme von Transaktionen   75

3.3   Der Transaktionskostenansatz in der Organisationstheorie   81

3.3.1 Transaktionskostentheorie als ökonomische Organisationstheorie in der

    Neuen Institutionenökonomik   81

    3.3.1.1   Klassifikation ökonomischer Organisationstheorien in der

        Wirtschaftstheorie   81

    3.3.1.2   Vertraglich orientierte Erklärungsansätze von Organisationen   84

        3.3.1.2.1   Die Theorie der Verfügungsrechte   84

        3.3.1.2.2   Die Principal-Agent-Theorie   86

        3.3.1.2.3   Die Theorie der Transaktionskosten   89

        3.3.1.2.4   Vergleich der Ansätze der Neuen Institutionenökonomik   91

3.3.2 Transaktionskostentheorie als betriebswirtschaftliche Organisationstheorie   94

3.3.3 Transaktionskosten und organisatorische Effizienz   98

   3.3.3.1   Transaktionskosten versus Produktionskosten   98

   3.3.3.2   Transaktionskosten als Effizienzkriterium für die

           Organisationsgestaltung   113

3.3.4 Klassische Anwendungsfelder der Transaktionskostentheorie   115

   3.3.4.1   Die (unternehmens-) interne Organisationsgestaltung   115

   3.3.4.2   Die vertikale Integration   119

4. Anwendung der Transaktionskostentheorie auf die Organisation

unternehmerischer Outsourcing-Entscheidungen   121

4.1   Outsourcing als transaktionskostentheoretisches Problem   121

4.2   Das transaktionskostentheoretische Modell unternehmerischer

      Outsourcing-Entscheidungen   128

4.2.1 Die Hypothesen   128

4.2.2 Das Outsourcing-Modell   130

   4.2.2.1   Ausprägungen der Transaktionsdimensionen   130

      4.2.2.1.1   Zusammenhang zwischen Dienstleistungsmerkmalen und

             Transaktionsdimensionen   130

      4.2.2.1.2   Dienstleistungsgruppe 1   135

      4.2.2.1.3   Dienstleistungsgruppe 2   141

      4.2.2.1.4   Dienstleistungsgruppe 3   144

      4.2.2.1.5   Dienstleistungsgruppe 4   151

      4.2.2.1.6   Dienstleistungsgruppe 5   154

      4.2.2.1.7   Dienstleistungsgruppe 6   158

      4.2.2.1.8   Dienstleistungsgruppe 7   162

      4.2.2.1.9   Dienstleistungsgruppe 8   165

   4.2.2.2   Resultierende Vertragstypen für die acht Dienstleistungsgruppen

      - die Outsourcing-Entscheidungen   170

4.2.3 Zwischenergebnis   173

4.3   Eine Transaktionskostenuntersuchung zur vertraglichen Gestaltung der
       Outsourcing-Entscheidungen   177

       4.3.1 Zum Zusammenhang von Überwachungssystemen, Outsourcing- und
             Vertragsformen   177

       4.3.2 Externes Outsourcing   180

             4.3.2.1 Gestaltung durch klassisches Vertragsrecht   180

             4.3.2.2 Gestaltung durch neoklassisches Vertragsrecht   185

                      4.3.2.2.1 Transaktionskostenbetrachtung für die Transaktion Erstellung
                                 funktionaler, strategischer Dienstleistungen   186

                      4.3.2.2.2 Transaktionskostenbetrachtung für die Transaktion Erstellung
                                 funktionsübergreifender, strategischer Dienstleistungen   193

             4.3.2.3 Gestaltung durch relationales Vertragsrecht   200

       4.3.3 Internes Outsourcing   206

             4.3.3.1 Gestaltung durch relationales Vertragsrecht   206

5. Schlußbetrachtung   215

5.1   Zusammenfassung der Ergebnisse der Untersuchung   215

5.2   Kritische Würdigung der Untersuchung und Ausblick   220

Literaturverzeichnis   225

Abbildungs- und Tabellenverzeichnis

Abb. 1:	Dienstleistungserstellung als Produktionsprozeß	14
Abb. 2:	Grundbausteine von Organisationen nach Mintzberg	33
Abb. 3:	Exemplarische Dienstleistungen im Mintzberg-Modell	39
Abb. 4:	Outsourcing-Strategien	49
Abb. 5:	Organisationsformen des Outsourcing	50
Abb. 6:	Portfolio-Matrix für das Outsourcing	59
Abb. 7:	Normstrategien der Portfolio-Analyse zum Outsourcing	61
Abb. 8:	Überwachungssysteme für kommerzielle Transaktionen	76
Abb. 9:	Ökonomische Theorien der Organisation	82
Abb. 10:	Überwachungsmuster für unternehmensinterne Beschäftigungsverhältnisse	116
Abb. 11:	Matrix des Outsourcing in Abhängigkeit von Transaktionsdimensionen	123
Abb. 12:	Zuordnung der Dienstleistungsgruppen zu den Vertragstypen nach Williamson	171

Tab. 1:	Klassifikationen von Dienstleistungen	18
Tab. 2:	Systematisierung exemplarischer Dienstleistungen	20
Tab. 3:	Unternehmensbausteine und Gruppen von Dienstleistungen	40
Tab. 4:	Argumentenbilanz zum Outsourcing	57
Tab. 5:	Exemplarische Transaktionskostenarten in der Literatur	103
Tab. 6:	Zusammenhang zwischen Transaktionsfaktoren und Transaktionskostenarten	107
Tab. 7:	Merkmale von Dienstleistungen und Transaktionsfaktoren	134
Tab. 8:	Ausprägungen der Transaktionsdimensionen für Dienstleistungsgruppe 1	140
Tab. 9:	Ausprägungen der Transaktionsdimensionen für Dienstleistungsgruppe 2	144
Tab. 10:	Ausprägungen der Transaktionsdimensionen für Dienstleistungsgruppe 3	150
Tab. 11:	Ausprägungen der Transaktionsdimensionen für Dienstleistungsgruppe 4	154
Tab. 12:	Ausprägungen der Transaktionsdimensionen für Dienstleistungsgruppe 5	158
Tab. 13:	Ausprägungen der Transaktionsdimensionen für Dienstleistungsgruppe 6	161

Tab. 14:   Ausprägungen der Transaktionsdimensionen für Dienstleistungsgruppe 7   165

Tab. 15:   Ausprägungen der Transaktionsdimensionen für Dienstleistungsgruppe 8   170

1. Einleitung

1.1 Ausgangssituation und Problemstellung

Outsourcing als Schlagwort für die Möglichkeit eines Unternehmens, sich externer Ressourcen zur Leistungserstellung zu bedienen (outside resource using), wird seit Beginn der neunziger Jahre in der Betriebswirtschaftslehre und in der betrieblichen Praxis unter den verschiedensten Aspekten diskutiert. Konsens wird dabei darüber erzielt, daß dem Outsourcing als unternehmerischer Entscheidung[1] strategische Bedeutung zukommt und daß Outsourcing sich auf die Auslagerung oder Ausgliederung von Informationsverarbeitungsleistungen[2] bezieht. Der erste Fall der Auslagerung wird dann als externes und der zweite Fall der Ausgliederung als internes Outsourcing bezeichnet.[3] SZYPERSKI[4] vertritt eine Untersuchungsrichtung, die Outsourcing als strategische Entscheidung formuliert und insbesondere auf Informationsfunktionen bezieht. Die eigentliche strategische Wirkung des Outsourcing besteht in der Konzentration auf das Kerngeschäft[5], in dem die Wettbewerbsvorteile des Unternehmens begründet sind. Auch KNOL-MAYER[6] bezieht das Outsourcing auf Informationsversorgungs- bzw. Datenverarbeitungsleistungen und subsumiert unter die strategischen Ziele neben der Konzentration auf das Kerngeschäft auch die Flexibilität und den Risikotransfer.[7] PICOT bezieht unternehmerische Outsourcing-Entscheidungen ebenfalls auf die Informationsverarbeitung, weil gerade in diesem

---

1   Der Begriff Entscheidung wird in der Arbeit als ein Wahlakt zwischen zwei Handlungsmöglichkeiten aufgefaßt, die aus einem Tun oder Unterlassen bestehen, vgl. E. Kahle [1998], S. 9. So ist von den Entscheidungsträgern des Unternehmens eine Entscheidung für oder gegen das Outsourcing von Dienstleistungen zu treffen; unternehmerische Outsourcing-Entscheidungen bilden somit den Betrachtungsgegenstand der Arbeit.

2   Die Beschränkung des Outsourcing-Begriffes auf den Gegenstand der Informationsverarbeitungsleistungen wird mit der praktischen Relevanz dieses Gegenstandes begründet. Der Ausgangspunkt des Outsourcing wird in dem Eastman-Kodak-Fall von 1989 gesehen, als ein 10-Jahres-Vertrag mit IBM über die gesamte Datenverarbeitung des Unternehmens geschlossen wurde, siehe bspw. N. Szyperski [1993], S. 32.

3   Im Gegensatz zum externen Outsourcing kommt es beim internen Outsourcing zu kapitalmäßigen Verflechtungen zwischen den Unternehmen, vgl. dazu auch G. Knolmayer [1992], S. 128.

4   Als dessen wesentliche Beiträge zum Outsourcing sind N. Szyperski [1993], N. Szyperski und J. Kronen [1991] sowie N. Szyperski, J. Kronen und P. Schmitz [1993] zu nennen.

5   Die Konzentration auf das Kerngeschäft wird in der Literatur oftmals mit der Handlungsanweisung "do what you can best - outsource the rest!" veranschaulicht, vgl. N. Szyperski, P. Schmitz und J. Kronen [1993], S. 237, oder auch N. Szyperski und J. Kronen [1991], S. 17.

6   Vgl. hier G. Knolmayer [1991], [1992] und [1993].

7   G. Knolmayer [1992], S. 130.

Bereich einerseits hohe - einer starken Dynamik unterliegenden - Anforderungen an technologi-
sches Wissen bestehen, die als Know-How-Barrieren für die Eigenerstellung von Informationsverarbeitungsleistungen wirken. Andererseits ist jedoch entsprechendes Know-How für den
Informationsverarbeitungsbereich durch spezialisierte, externe Dienstleister auf dem Markt
verfügbar.[8]

Es existiert eine Vielzahl weiterer Veröffentlichungen, die das Outsourcing von Leistungen der
Informationsverarbeitung zum Gegenstand haben.[9] Obwohl diese Beschränkung des Outsourcing-Begriffes durchaus kritisiert wurde,[10] folgten Untersuchungen des Outsourcing mit
einem auf Leistungen verschiedener oder sogar aller Unternehmensbereiche erweiterten Gegenstandsbereich erst später.[11]

Neben der Beschränkung des Outsourcing-Begriffes stellt die mangelnde theoretische Fundierung der Outsourcing-Forschung ein weiteres Defizit dar. Zum Beispiel wird auf Argumentenbilanzen oder Checklisten, die Vor- und Nachteile des Outsourcing auflisten, zurückgegriffen[12]
oder aber innerhalb wissenschaftlicher Ansätze auf Methoden zur Entscheidungsunterstützung
bei Make-or-Buy-Problemen Bezug genommen[13]. In dem letztgenannten Fall stellt sich dann

---

8   Vgl. A. Picot und M. Maier [1992], S. 14.

9   So widmen sich P. Mertens und G. Knolmayer [1995], S. 17 ff., grundsätzlich der Organisation der Informa-
        tionsverarbeitung und behandeln das Outsourcing der Informationsverarbeitung in einem gesonderten Kapitel.
        S. Bongard [1994] entwickelt zur Entscheidungsfindung für das Outsourcing in der Informationsverarbeitung
        ein computergestütztes Portfolio-Instrumentarium. W.-M. Esser [1994], S. 65-86, betrachtet das Outsourcing
        von IV-Leistungen als Reorganisationsstrategie und stellt empirische Ergebnisse für das Outsourcing in diesem
        Bereich vor. Ein Outsourcing-Konzept für die betriebliche Datenverarbeitung stellt D. Ahrend [1992] vor. H.
        Buhl [1993b] betrachtet neben der Informationsverarbeitung auch das Outsourcing von Steuern. Wesentliche
        Untersuchungen zum Outsourcing aus dem US-amerikanischen Raum liegen von M. Lacity und R. Hirschheim
        [1993] sowie von M. Cheon [1992] für Informationssysteme vor. In eher praxisorientierten Veröffentlichungen
        beschäftigen sich bspw. K. Achinger [1993], W. Heinrich [1992] sowie T. Ruthekolck und C. Kelders [1993]
        mit dem Outsourcing der Informationsverarbeitung.

10   Vgl. dazu bspw. M. Bliesener [1994], S. 278, der eine solche Beschränkung als unzulässige Einengung
        bezeichnet.

11   Hier sind die Veröffentlichungen von R. Bühner und A. Tuschke [1997] sowie von M. Kleinaltenkamp, F.
        Jacob und R. Leib [1997] zu nennen.

12   Vgl. hier bspw. H. Streicher [1993], S. 57-66, K. Achinger [1993], S. 817, D. Ahrend [1992], S. 29-41, G.
        Knolmayer [1992], S. 130, A. Picot und M. Maier [1992], S.19, und M. Buck-Lew [1992], insbesondere S. 10.

13   Innerhalb dieser Untersuchungen werden dann bestimmte Unternehmensbereiche isoliert betrachtet und als
        Make-or-Buy-Problem definiert. M. Fischer [1993] untersucht Make-or-Buy-Entscheidungen im Marketing
        bzw. das Make-or-Buy der Distributionsleistung [1994]. M. Benkenstein betrachtet die Gestaltung der
        Fertigungstiefe [1994b], H. Wildemann [1992] Eigenfertigung oder Fremdbezug von Logistik-Leistungen, und
        C. Baur [1990] widmet sich Make-or-Buy-Entscheidungen in einem Unternehmen der Automobilindustrie.

aber die Frage, ob Outsourcing nicht nur ein modernes Schlagwort für die alte Überlegung der Eigenerstellung oder des Fremdbezuges[14], der optimalen Leistungstiefe oder des optimalen Grades der vertikalen Integration ist. Diese Frage wird in der betriebswirtschaftlichen Literatur kontrovers diskutiert. Während bspw. BUHL Outsourcing als alten Wein in neuen Schläuchen bezeichnet und fordert, auch für den Bereich der Informationsverarbeitung die optimale Leistungstiefe mit klassischer betriebswirtschaftlicher Methodik zu lösen,[15] erkennt KNOLMAYER die Notwendigkeit, Transaktions- und Koordinationskosten in die (klassischen) Entscheidungsmodelle für Make-or-Buy-Probleme, wie die Kosten-Leistungs-Rechnung und Programmierungsmodelle, zu integrieren und diese somit zu erweitern.[16] Diese Überlegung bildet auch den Ansatzpunkt für die Betrachtung des Outsourcing durch PICOT und MAIER, die die Defizite von reinen Produktionskostenvergleichen betonen und deshalb eine Transaktionskostenanalyse[17] vorschlagen und skizzieren.[18] Allerdings führen PICOT und MAIER keine explizite Transaktionskostenanalyse durch, sondern integrieren transaktionskostentheoretische Elemente in eine Portfolio-Analyse, aus der dann Outsourcing-Entscheidungen in Form von Normstrategien abgeleitet werden.[19] Dieser Ansatz kann lediglich als Ausgangspunkt einer Entscheidungsfindung herangezogen werden, bedarf jedoch einer weiteren theoretischen Fundierung.

Es existieren zwar transaktionskostentheoretische Betrachtungen, die der Organisation von Unternehmensleistungen über die Grenzen des Unternehmens hinaus gewidmet sind und somit unternehmerische Outsourcing-Entscheidungen zum Gegenstand haben.[20] Diese Untersuchun-

---

14   Das klassische Make-or-Buy-Problem in der Produktion betrachtet z. B. J. Strasser [1993].

15   Vgl. H. Buhl [1993a], S. 1 und 11, der allerdings dann auf Seite 12 zu der Einschränkung kommt, daß bei hoher Spezifität, Unsicherheit und strategischer Bedeutung der Aufgaben Ausgliederung vorteilhaft sein kann, was aber in der Entscheidungsfindung mit dem klassischen Instrumentarium nicht berücksichtigt wird.

16   Vgl. G. Knolmayer [1994].

17   Einer Transaktionskostenanalyse liegen Transaktionskosten als Entscheidungskriterium zugrunde. Transaktionskosten werden durch den Abwicklungsprozeß eines Leistungsaustauschs (Transaktion) verursacht und stellen in Abgrenzung zu den Produktionskosten Organisationskosten dar.

18   Vgl. A. Picot und M. Maier [1992], S. 19 ff. So hat Picot schon 1985 zusammen mit R. Reichwald und G. Schönecker betont, daß die üblichen Eigenfertigungs-/Fremdbezugsentscheidungen die mit der internen oder externen Leistungserstellung anfallenden spezifischen Abwicklungskosten überhaupt nicht berücksichtigen, vgl. dies. [1985], S. 820. Aus den Defiziten der kostenrechnerischen Ansätze leitet Picot [1991a] dann unter Verwendung der Transaktionskostentheorie einen neuen Ansatz zur Gestaltung der Leistungstiefe ab.

19   Vgl. A. Picot und M. Maier [1992], S. 22.

20   Vgl. bspw. L. Dillmann [1996] und [1997], der eine transaktionskostentheoretische, empirische Analyse für pharmazeutische Produktentwicklungsaufgaben durchführt. Auch die bereits genannten Arbeiten von C. Baur [1990] und M. Fischer [1993] ziehen jeweils ihre Konsequenzen aus den Defiziten der traditionellen Make-or-

gen sind jedoch wiederum dadurch beschränkt, daß sie ausschließlich einen Unternehmensbereich bzw. eine Unternehmensfunktion als Untersuchungsgegenstand betrachten. Allerdings
wird dadurch deutlich, inwiefern klassische Make-or-Buy-Ansätze zur Entscheidungsunterstützung des Outsourcing Defizite aufweisen.

Der Stand der betriebswirtschaftlichen Forschung legt deshalb die Beschäftigung mit einer
theoretischen Fundierung allgemeiner Outsourcing-Entscheidungen nahe. Dabei bildet das
Outsourcing unternehmensinterner Dienstleistungen den Betrachtungsgegenstand dieser Arbeit.
Die besonderen Merkmale von Dienstleistungen bedingen einerseits, daß eine Outsourcing-
Entscheidung im Gegensatz zu einer klassischen Eigenerstellungs- oder Fremdbezugs-Entscheidung vorliegt. Der Gegenstandsbereich unternehmensinterner Dienstleistungen stellt
andererseits insofern eine hinreichende Verallgemeinerung dar, als nur die Erstellung materieller
Güter aus der Betrachtung ausgeschlossen wird, die ohnehin in der Vergangenheit den Gegenstandsbereich von Eigenfertigungs- und Fremdbezugsentscheidungen darstellten und als solche
auch mit dem klassischen Instrumentarium untersucht werden konnten.[21] Die Outsourcing-
Betrachtung von Dienstleistungen stellt insbesondere auch eine Erweiterung der Dienstlei-
stungstheorie dar. Neben der grundlegenden Gestaltung eines Bezugsrahmens durch
CORSTEN[22] konzentriert sich die Theorie bisher nämlich weitgehend auf Ansätze zur Messung
von Dienstleistungsqualität.[23]

Die Problemstellung der vorliegenden Arbeit besteht darin, das Outsourcing von Dienstleistungen eines Unternehmens effizient zu gestalten. Zur Lösung dieser Problemstellung wird die

---

Buy-Ansätze. Beide würdigen die Transaktionskostentheorie; Baur wählt schließlich die Transaktionskostentheorie als Bezugsrahmen für die empirische Analyse der Make-or-Buy-Entscheidungen, und auch Fischer
leitet aus der Neuen Institutionenlehre einen Bezugsrahmen für den Unternehmensbereich Distribution ab. M.
Benkenstein und N. Henke [1993] definieren den Grad vertikaler Integration als strategisches Entscheidungsproblem und folgen einer transaktionskostentheoretischen Interpretation, auch wenn keine Transaktionskostenanalyse durchgeführt wird. Auch die Arbeit von B. Grote [1990] gehört zu dieser Gruppe, die Transaktionskosten als Entscheidungskriterium heranzieht, wenn mit dem Franchising eine ausgewählte Koordinationsform
betrachtet wird. Schließlich wenden Schneider und Zieringer die Transaktionskostentheorie auf den Bereich
der Forschung und Entwicklung an, wobei sie die interne, externe und kooperative Forschung und Entwicklung transaktionskostentheoretisch untersuchen, Vgl. D. Schneider und C. Zieringer [1991].

21   Vgl. insbesondere W. Männel [1981].
22   Vgl. H. Corsten [1985], [1990] und [1994].
23   Vgl. hier vor allem M. Benkenstein [1994a] sowie S. Haller [1993] und [1995].

Transaktionskostentheorie, die sowohl Transaktionskosten als auch Produktionskosten berücksichtigt, verwendet. Bei dieser Betrachtung sind alle entscheidungsrelevanten Aspekte des Outsourcing ausschließlich durch die Transaktionskostentheorie zu modellieren. Gerade dieser Punkt betont das Anliegen der Arbeit, die unternehmerischen Outsourcing-Entscheidungen aus einer ökonomisch fundierten Theorie, die der Problemstellung gerecht wird, abzuleiten. Danach sind Outsourcing-Entscheidungen rationalisierbar und resultieren nicht aus einem Machtkalkül der Entscheidungsträger. Effiziente Entscheidungen sind dann die Entscheidungen, die sich in Organisations- bzw. Vertragsformen des Outsourcing dokumentieren, die die günstigsten (geringsten) Kosten als der Summe aus Produktions- und Transaktionskosten verursachen. Der weitere Gang der Untersuchung wird im folgenden Abschnitt erläutert.

1.2 Gang der Untersuchung

In Kapitel 2 der Arbeit wird mit Überlegungen zur Organisation unternehmensinterner Dienstleistungen die Grundlage der Untersuchung entwickelt. Dabei kommt es in Abschnitt 2.1 der Arbeit zunächst darauf an, die Bedeutung unternehmensinterner Dienstleistungen zu verdeutlichen und eine dem Anliegen der Arbeit entsprechende Begriffsabgrenzung vorzunehmen. Schon bei der Definition, aber dann auch bei dem Versuch der Systematisierung der Dienstleistungen wird das Problem der begrifflichen Unschärfe und Heterogenität des Untersuchungsobjekts deutlich, das in Abschnitt 2.2 erörtert wird.

Der organisatorischen Gestaltung unternehmensinterner Dienstleistungen ist Abschnitt 2.3 gewidmet. Innerhalb der Betrachtung der unternehmensinternen Gestaltung (Abschnitt 2.3.1) sollen systematisch Aussagen zur Modellierung einer Referenzsituation für unternehmerische Outsourcing-Entscheidungen abgeleitet werden. Zu diesem Zweck wird zunächst mit der Untersuchung der Aufbauorganisation der Perspektive des klassischen Organisationsproblems gefolgt. Nachdem gezeigt worden ist, daß eine Betrachtung der Eignung verschiedener Mikro- und Makrostrukturen zur unternehmensinternen Organisation von Dienstleistungen keine eindeutigen Aussagen liefert, wird im folgenden das Mintzberg-Modell zur unternehmensinternen Organisation der Dienstleistungen herangezogen. Dabei wird eine Verknüpfung mit dem aus Abschnitt 2.2 der Arbeit gewonnenen Klassifikationsansatz unternehmensinterner Dienstleistungen vorgenommen. Es resultiert eine differenzierte, organisatorische Systematisierung unternehmensinterner Dienstleistungen auf der Basis von acht verschiedenen Dienstleistungsgruppen, die die Gesamtheit aller unternehmensinternen Dienstleistungen vollständig und überschneidungsfrei abbilden. Dieser Ansatz kann unabhängig von einer gegebenen Aufbauorganisation für jedes Unternehmen verwendet werden und stellt somit eine für alle Unternehmen gültige Referenzsituation bezüglich der Modellierung unternehmerischer Outsourcing-Entscheidungen und der nachfolgenden Untersuchung dar.

Die Grundlagen zur Beschreibung des Untersuchungsgegenstandes werden mit einer allgemeinen Betrachtung zur Outsourcing-Problematik (Abschnitt 2.3.2) abgeschlossen. Neben der Herausarbeitung ihrer Bedeutung wird zunächst eine literarische Würdigung der Forschung zum Outsourcing vorgenommen, in deren Rahmen eine Beschreibung der Bestimmungsgrößen und der Organisationsformen des Outsourcing stattfindet. Diese Beschreibung bezieht sich schwerpunktmäßig auf die in der betriebswirtschaftlichen Forschung vor allem diskutierten Informationsverarbeitungsleistungen. Eine Betrachtung der personalpolitischen und arbeitsrechtlichen Konsequenzen des Outsourcing bildet nicht Gegenstand dieses Abschnitts, da diese Aspekte nicht in den Untersuchungsrahmen der Arbeit gehören. Zur Motivation einer angestrebten ökonomisch-theoretisch fundierten Entscheidungsfindung bildet schließlich die Betrachtung der Defizite traditioneller Bewertungsansätze zum Outsourcing den Abschluß des Kapitels.

Kapitel 3 der Arbeit ist der Transaktionskostentheorie als Untersuchungsmethode gewidmet. Das grundsätzliche Anliegen dieses Kapitels besteht darin, die besondere Eignung dieser Theorie zur Lösung der Problemstellung zu motivieren. Zu diesem Zweck wird die Transaktionskostentheorie nach der in der Arbeit zugrunde gelegten Konzeption von WILLIAMSON zunächst vorgestellt und um vertragstheoretische Elemente erweitert. Daran schließt sich eine Betrachtung der Leistungsfähigkeit der Transaktionskostentheorie als ökonomische Organisationstheorie an. Insbesondere wird die Transaktionskostentheorie in die Neue Institutionenökonomik eingeordnet und mit anderen vertraglich orientierten Erklärungsansätzen von Organisationen verglichen. Es folgt die Identifikation der Transaktionskostentheorie als betriebswirtschaftliche Organisationstheorie und somit die Begründung der Anwendbarkeit dieser Theorie auf das Organisationsproblem unternehmerischer Aufgaben. Durch die Beschreibung des Verhältnisses von Transaktionskosten und organisatorischer Effizienz wird diese Anwendbarkeit weiter konkretisiert. Mit der theoretischen Betrachtung der Abgrenzbarkeit von Produktionskosten und Transaktionskosten wird verdeutlicht, daß die Summe dieser Kosten das Effizienzkriterium für unternehmerische Outsourcing-Entscheidungen bildet. Der letzte Abschnitt dieses Kapitels stellt mit der internen Organisationsgestaltung und der vertikalen Integration die klassischen Anwendungsfelder der Transaktionskostentheorie vor.

Die Anwendung der Transaktionskostentheorie auf die Organisation unternehmerischer Outsourcing-Entscheidungen erfolgt in Kapitel 4 und stellt das eigentliche Ziel der Untersuchung dar. In Abschnitt 4.1 wird Outsourcing zunächst als transaktionskostentheoretisches Problem definiert, indem die grundlegenden Erkenntnisse der Transaktionskostentheorie in Bezug auf Outsourcing-Entscheidungen erörtert werden. Zum Zweck der Entwicklung eines transaktionskostentheoretischen Modells unternehmerischer Outsourcing-Entscheidungen werden in Abschnitt 4.2 vorab die aus der Systematisierung unternehmensinterner Dienstleistungen gewonnenen Annahmen an das Modell formuliert und die durch das Modell zu prüfenden Hypothesen aufgestellt. In der folgenden Analyse wird das in Kapitel 3 vorgestellte transaktionskostentheoretische Instrumentarium verwendet, um Aussagen bezüglich der Eignung der acht Dienstleistungsgruppen zum Outsourcing abzuleiten. Aus der Analyse resultieren die Dienstleistungsgruppen, die Gegenstand einer Outsourcing-Entscheidung sind. Zum Zweck der effizienten Gestaltung der abgeleiteten Outsourcing-Entscheidungen werden diese zunächst den in Kapitel 3 vorgestellten Typen des Vertragsrechts zugeordnet.

Die konkrete vertragliche Gestaltung der in Abschnitt 4.2 abgeleiteten Outsourcing-Entscheidungen bildet den Gegenstand des Kapitels 4.3. Zu diesem Zweck wird in Abschnitt 4.3.1 zunächst der Zusammenhang zwischen den abstrakten Vertragstypen zur Überwachung der Outsourcing-Entscheidungen und konkreten Vertragsformen hergestellt. Daraus wird abgeleitet, welche Dienstleistungsgruppe auf der Basis welcher Vertragsform auszulagern oder auszugliedern ist. Eine explizite Transaktionskostendiskussion des Leistungsaustausches der jeweiligen Dienstleistungsgruppe, die die konkrete vertragliche Gestaltung des Leistungsaustauschs zum Ziel hat, beschließt die Untersuchung.

Den Abschluß der Arbeit bildet die in Kapitel 5 angestellte Schlußbetrachtung, die neben der Zusammenfassung der wesentlichen Ergebnisse der Untersuchung auch eine kritische Würdigung des Untersuchungsansatzes und einen Ausblick auf weitere Untersuchungsmöglichkeiten innerhalb der Outsourcing-Forschung sowie auf eine mögliche Weiterentwicklung der Transaktionskostentheorie beinhaltet.

2. Grundlagen der Organisation unternehmensinterner Dienstleistungen

2.1 Bedeutung und Definition unternehmensinterner Dienstleistungen

Die in jüngster Zeit zunehmende Bedeutung von Dienstleistungen sowohl in einzel- als auch in gesamtwirtschaftlicher Hinsicht löste gerade in der betriebswirtschaftlichen Literatur eine kontroverse Diskussion der Abgrenzbarkeit von Sach- und Dienstleistungen aus. Von Interesse ist diese Diskussion für Wissenschaft und Praxis gleichermaßen.

Eine institutionelle Abgrenzung über die volkswirtschaftliche Drei-Sektoren-Theorie gibt das reale Ausmaß der mit der Erbringung von Dienstleistungen Beschäftigten und damit deren Wertschöpfungsanteil jedoch höchst unzureichend wieder[24]. Denn eine Beschränkung der Betrachtung auf die "reinen Dienstleister" des tertiären Sektors[25] vernachlässigt alle Dienstleistungen, die innerhalb des produzierenden Sektors erbracht werden. Diese Dienstleistungen stehen im Mittelpunkt der Arbeit und werden als unternehmensinterne Dienstleistungen bezeichnet.

Verschiedene Faktoren sprechen für eine Vernetzung der volkswirtschaftlichen Sektoren über die Dienstleistungen als integralem Bestandteil ökonomischer Aktivitäten. Zunächst werden Produkte zunehmend zu komplexen Produktbündeln, die aus einer Vielzahl von materiellen und immateriellen Komponenten bestehen. Dienstleistungen werden zusätzlich zum Zweck der Produktdifferenzierung herangezogen.[26] Innerhalb von Industrieunternehmen läßt sich ein Ansteigen der Dienstleistungen in den sogenannten unproduktiven Bereichen wie bspw. der

---

24 Vgl. W. Engelhardt et al. [1994], S. 31.

25 Der Anteil des Dienstleistungssektors an der Bruttowertschöpfung stieg von 41% (1960) auf 57% (1988), während der Beitrag des produzierenden Gewerbes im gleichen Zeitraum von 53% auf 41% sank, vgl. G. Buttler und E. Stegner [1990], S. 931. Die wachsende volkswirtschaftliche Bedeutung des Dienstleistungssektors kann auch durch die prozentuale Verteilung der Beschäftigten ausgedrückt werden. So lag der Anteil des tertiären Sektors 1970 noch bei 41,6 % der Beschäftigten (49,2 % für den sekundären Sektor) und wird für das Jahr 2000 auf 57,6 % (38,0 % für den sekundären Sektor) prognostiziert, siehe A. Meyer [1991], S. 196.

26 In den Märkten, in denen sich Produkte verschiedener Anbieter kaum noch voneinander unterscheiden, werden zusätzliche Dienstleistungen, wie bspw. Werbung oder Serviceleistungen, angeboten, die eine Produktdifferenzierung und dadurch Wettbewerbsvorteile bewirken, vgl. auch H. Corsten [1994], S. 1.

Verwaltung beobachten. Letztendlich ist jedoch auch in Dienstleistungsunternehmen[27] gerade durch den intensiven Einsatz von Informations- und Kommunikationstechnologien eine zunehmende Industrialisierung zu erkennen[28], die eine Automatisierungstendenz im tertiären Sektor darstellt und somit den Einfluß des produzierenden Sektors auf den Dienstleistungssektor widerspiegelt.

ALBACH leitet aus dem Anstieg der Beschäftigung bei ursprünglich unternehmensintern erstellten Dienstleistungungen innerhalb des tertiären Sektors und dem entsprechenden Rückgang innerhalb des produzierenden Sektors eine Bestätigung der These von der Auslagerung von Dienstleistungen ab.[29] Darüber hinaus konstatiert ALBACH eine Tendenz zur Ausgliederung von Dienstleistungen, die bisher im produzierenden Unternehmen eigenerstellt wurden, auf selbständige Unternehmenseinheiten und erklärt diese Tendenz mit der Existenz von Transaktionskosten.[30]

Die zunehmende Bedeutung von Dienstleistungen für Industrieunternehmen[31] ergibt sich auch aus den durch ständige Innovationen der Informationstechnologien gestiegenen Anforderungen an die Informationsbeschaffung, -verarbeitung und -auswertung als Funktionen der Organisation des Unternehmens. Diese organisationalen Dienstleistungen[32] bilden eine Teilmenge der unternehmensinternen Dienstleistungen, die den Untersuchungsgegenstand der Arbeit darstellen. Unternehmensinterne Dienstleistungen bilden die Gesamtheit der Dienstleistungen, die innerhalb der Unternehmensorganisation nachgefragt wird.

---

27 Den Fall der Make-or-Buy-Entscheidungen in einem Dienstleistungsunternehmen betrachtet bspw. M. Junger [1993].

28 Vgl. hierzu H. Corsten [1994], S. 1 f.

29 So hat sich nach Albach der Anteil des produzierenden Sektors bei den technisch-wissenschaftlichen Diensten im Zeitraum von 1970 bis 1986 von rund 55% auf 44% verringert; gleichzeitig war ein entsprechender Anstieg im Dienstleistungsbereich festzustellen, siehe H. Albach [1989b], S. 403.

30 Solange die Kosten für unternehmensbezogene Dienste, im eigenen Haus erbracht, niedriger sind als die Kosten bei Fremdbezug, werden diese Dienstleistungen im eigenen Haus erstellt. Eine Zunahme des Anteils dieser Dienstleistungen an den gesamten Produktkosten kommt dann in einem Anstieg der innerbetrieblichen Wertschöpfung zum Ausdruck. Diese Entwicklung bezeichnet Albach als intra-institutionelle Tertiarisierung der Wirtschaft, siehe dazu H. Albach [1989c], S. 8.

31 Für Chase und Garvin dokumentiert sich diese Tendenz in dem Phänomen der Dienstleistungsfabrik, in der die Fertigung das Herzstück darstellt, aber Dienstleistungen hinzugezogen werden, durch die Kunden gewonnen und gebunden werden können, siehe R. Chase und D. Garvin [1993], S. 297.

32 Dieser Begriff wird in Abschnitt 2.2 im Rahmen der Systematisierung von Dienstleistungen definiert.

So offensichtlich die wachsende Bedeutung von Dienstleistungen in den volkswirtschaftlichen Sektoren ist; der Versuch, Dienstleistungen trennscharf zu definieren, gestaltet sich äußerst schwierig. In der betriebswirtschaftlichen Literatur ist die Verwendung des Dienstleistungsbegriffes von "kreativer Unschärfe" geprägt. Dabei ist die begriffliche Auseinandersetzung in der betriebswirtschaftlichen Literatur keineswegs neu. Schon 1966 forderte BEREKOVEN[33] eine betriebswirtschaftliche Auseinandersetzung mit dem Begriff "Dienstleistung" und kommt zu der Erkenntnis, daß Dienstleistungen ein Dienstvertrag (in Abgrenzung zum Werkvertrag) zugrunde liegt, der Faktor "Arbeitskraft" im Vordergrund steht und bei derartigen immateriellen und fremdbestimmten Leistungen Nutzung und Leistung zeitlich zusammenfallen. Letzteres bedingt die starke Abhängigkeit der Marktpartner in räumlicher und zeitlicher Hinsicht, was wiederum eine Produktion auf Vorrat ausschließt. BEREKOVEN attestiert Dienstleistungen schließlich eine Leistungsindividualität, so daß es sich nicht um Massenleistungen handelt, die den typischen Fertigungsbetrieb charakterisieren. Trotz mangelnder Präzision dieser Überlegungen von 1966 hat die betriebswirtschaftliche Literatur[34] im Laufe der nächsten fast zwanzig Jahre bezüglich der Diskussion des Dienstleistungsbegriffs kaum an Trennschärfe gewonnen.

Erst 1985 gelingt CORSTEN mit seiner "Produktion von Dienstleistungen" und nachfolgend 1990 mit der "Betriebswirtschaftslehre der Dienstleistungsunternehmen" eine theoretische Betrachtung von Dienstleistungen, die wesentlich zur betriebswirtschaftlichen Bestimmung des Dienstleistungsbegriffs beitrug[35]. CORSTEN unternimmt den Versuch, den Dienstleistungsbegriff über die Herausarbeitung konstitutiver Merkmale explizit zu definieren[36].

---

33 L. Berekoven [1966], S. 314 ff.

34 Maleri gibt in seinen Grundlagen der Dienstleistungsproduktion einen historischen Überblick ausgewählter betriebswirtschaftlicher Dienstleistungskonzeptionen, vgl. R. Maleri [1993], S. 29 ff. In diesem Überblick werden die Dienstleistungskonzeptionen der "prominentesten" Vertreter der Betriebswirtschaftstheorie wie bspw. Gutenberg, Rieger, Kosiol und Berekoven enumeriert. Als Fazit aus dieser Betrachtung läßt sich festhalten, daß Dienstleistungen kaum als eigenständiges Untersuchungsobjekt herangezogen wurden, sondern allenfalls bei institutionellen Betrachtungen Dienstleistungsbetriebe identifiziert wurden. Diese Betriebe spielten gegenüber den Maschinen- oder Textilfabriken als Prototypen betriebswirtschaftlicher Betrachtung jedoch eine untergeordnete Rolle.

35 Vgl. besonders auch zu nachfolgenden Ausführungen H. Corsten [1985], S. 85-185 sowie ders. [1990], S. 15-23.

36 Dies ist insofern bemerkenswert, als daß in der Literatur enumerative Definitionen über Aufzählung von Beispielen und Negativdefinitionen über Abgrenzung zu Sachgütern dominieren.

CORSTEN schlägt vor, Dienstleistungen produktionstheoretisch zu untersuchen[37]. Dazu wird eine Differenzierung in drei Dienstleistungsdefinitionen vorgenommen, die der Heterogenität des Untersuchungsobjekts Rechnung tragen soll. Erstens wird eine potentialorientierte Definition identifiziert, nach der ein Dienstleistungsanbieter durch die Kombination interner Produktionsfaktoren eine Leistungsbereitschaft als Absatzobjekt vorhält[38]. Den dominanten internen Produktionsfaktor stellt bei der Dienstleistungserstellung natürlich das Know-How des Dienstleisters dar. Als konstitutives Element der Dienstleistung ergibt sich aus dieser Definition die Immaterialität. Die Immaterialität resultiert aus der Interpretation der Dienstleistung als Leistungsversprechen, das Gegenstand eines jeden Leistungsvertrages zwischen Dienstleistungs-anbieter und -nachfrager ist. Als weiteres konstitutives Element der Dienstleistung folgt daraus wiederum, daß auf den Leistungsnehmer oder dessen Verfügungsobjekt eine direkte Einwirkung erfolgt. Die Integration des Leistungsnehmers in den Erstellungsprozeß wird als Integration des externen Faktors bezeichnet.

Bei der zweiten Perspektive, einer prozessualen Definition, steht der zu vollziehende Erstellungsprozeß im Zentrum der Betrachtung, nach der die Leistungsbereitschaft des Anbie-ters mit dem externen Faktor[39] kombiniert[40] wird. Daraus folgt neben der Integration des externen Faktors als weitere Eigenschaft die Synchronität von Produktion und Absatz, die auch als "uno-actu-Prinzip" bezeichnet wird. Die Dienstleistung wird hier als zeitraumbezogenes Produkt betrachtet[41], so daß der Verrichtungsgedanke dominiert. Daraus folgt wiederum die

---

37   Zu den Vertretern dieser Untersuchungsrichtung gehören neben Corsten auch A. Altenburger [1994]; G. Buttler und W. Simon [1987]; J. Bode und S. Zelewski [1992] sowie H. Zapf [1990]. Da diese Beiträge letztlich nur marginale Variationen der Dienstleistungsdefinition Corstens darstellen, wird hier auf eine explizite Diskussion verzichtet.

38   Beispiele für die aus den hier vorgestellten drei verschiedenen Definitionen resultierenden Dienstleistungen sollen nicht gegeben werden, da hier die Herausarbeitung konstitutiver Merkmale erfolgen soll. Eine Beispiel-gebung ist hingegen bei der im nächsten Abschnitt folgenden Systematisierung sinnvoll.

39   Externer Faktor bezeichnet entweder den Dienstleistungsnachfrager selbst oder dessen Verfügungsobjekt.

40   Die Frage, ob es sich bei dem Erstellungsprozeß einer Dienstleistung tatsächlich um einen Kombinations-prozeß im Sinne von Gutenberg oder stattdessen um einen Transformationsprozeß handelt, spielt auch bei der Formulierung der Dienstleistung als Transaktion eine wesentliche Rolle. Corsten bezeichnet die Dienst-leistungserstellung aufgrund seiner produktionstheoretischen Sichtweise als Kombinationsprozeß. Nach Altenburger handelt es sich bei der Dienstleistungserstellung jedoch nicht um die Umwandlung von Produk-tionsfaktoren in Produkte (Kombinationsprozeß), sondern um die Transformation der Leistungsobjekte in einen neuen Zustand durch die Umwandlung ihrer Eigenschaften, siehe O. Altenburger [1994], S. 156 f.

41   An diese Betrachtung knüpft sich wiederum die Frage an, ob zwischen Anbieter und Nachfrager zeitlich und räumlich synchroner Kontakt und eine Reduktion auf persönliche Interaktionsprozesse zur Erfüllung der Dienstleistungsdefinition vorliegen müssen. Diese Frage kann nur verneint werden, da ansonsten materielle

Immaterialität der Dienstleistung, da jede Verrichtung immaterieller Natur ist.

Einer dritten Betrachtung liegt eine ergebnisorientierte Dienstleistungsdefinition zugrunde, nach der die Dienstleistung als immaterielles Ergebnis einer dienstleistenden Tätigkeit verstanden wird, deren Wirkung sich beim Nachfrager oder am Verfügungsobjekt konkretisiert[42]. Bei dieser Sichtweise, aus der zunächst die Immaterialität folgt, wird die Problematik der Abgrenzung zwischen Sachgut und Dienstleistung durch die Betrachtung materieller Trägermedien sehr deutlich[43].

Diese definitorischen Überlegungen von CORSTEN[44] zeigen sehr deutlich, daß eine allgemeingültige Identifikation des "Phänomens" Dienstleistung über eine eindeutige Definition in der betriebswirtschaftlichen Literatur nicht existiert. Es ist allenfalls ein literarischer Konsens darüber zu erzielen, daß die Immaterialität und die Integration des externen Faktors als charakteristische Merkmale für die Dienstleistung konstitutiv sind[45]. CORSTEN gelangt basierend auf den vorangegangenen Überlegungen dann zu der Definition[46], nach der Dienstleistungen immaterielle Produkte sind, die von personellen oder materiellen Leistungsträgern an einem externen Faktor, der sich nicht im uneingeschränkten Verfügungsbereich des Leistungsträgers befindet, erbracht werden und teilweise materieller Trägersubstanzen bedürfen. Diese Definition kann für diese Arbeit jedoch nicht übernommen werden, da sie der zugrundeliegenden Untersu-

---

        Trägermedien innerhalb des Erstellungsprozesses und sachbezogene Dienstleistungen als Dienstleistungen ausgeschlossen werden müßten. Diese Überlegungen werden aber bei der Systematisierung von Dienstleistungen in Abschnitt 2.2 ausführlich diskutiert.

42   Die Einbeziehung der Marktfähigkeit als Definitionsmerkmal wird von Corsten abgelehnt, da diese unternehmensinterne bzw. unternehmensspezifische Dienstleistungen ausschließen würde, siehe Corsten [1990], S. 19.

43   Eine nur noch marginale Unterscheidungsmöglichkeit liegt genau dann vor, wenn im Rahmen der Dienstleistungserstellung auf ein materielles Dienstleistungsobjekt eingewirkt wird, das dann Trägermedium der Dienstleistung wird. Die marginale Unterscheidungsmöglichkeit besteht in diesem Fall ausschließlich darin, an die Wirkung der Dienstleistung als Nutzenstiftung anzuknüpfen.

44   Auch andere Autoren verwenden die definitorischen Überlegungen von Corsten, siehe bspw. M. Bruhn [1991], S. 21 f. oder auch W. Engelhardt, M. Kleinaltenkamp und M. Reckenfelderbäumer, S. 10 f.

45   Die Ausfüllung des Begriffs Immaterialität differiert dabei um den Grad, in dem materielle Trägermedien einbezogen werden. Bei der Integration des externen Faktors herrscht insoweit Einigkeit, als daß unmittelbarer Kontakt zwischen Anbieter und Nachfrager vorliegt. Andere Eigenschaften, wie Synchronität von Produktion und Absatz, fehlende Lagerfähigkeit, Standortgebundenheit und Individualität, die Dienstleistungen mitunter zugeordnet werden (vgl. z. B. M. Bruhn [1991], S. 21), sind nicht konstitutiv, da sie nicht für alle Dienstleistungen gelten.

46   Vgl. H. Corsten [1990], S. 23.

chungsrichtung nicht hinreichend Rechnung trägt.

Es ist sinnvoller, eine Dienstleistungsdefinition aus der Fragestellung der Untersuchung abzuleiten. So sind die hier vorgestellten definitorischen Grundüberlegungen und schließlich auch
die zitierte Definition von CORSTEN für produktionstheoretische Untersuchungen sehr gut
geeignet. Wie auch in der folgenden Abbildung 1 veranschaulicht, können die potential-,
prozeß- und ergebnisorientierten Definitionen in einen Produktionsprozeß von Dienstleistungen
transformiert werden. Die erste Produktionsstufe (bzw. der Input) kann dann mit Hilfe der
potentialorientierten Definition als Kombination der Inputfaktoren interpretiert werden, die
zweite[47] Produktionsstufe (bzw. der Throughput) ergibt sich aus der prozeßorientierten Definition als Kombination der Inputfaktoren mit dem externen Faktor, und der Output resultiert
schließlich mit Hilfe der ergebnisorientierten Definition in Form der Dienstleistung. Der
Produktionsprozeß ist somit modelliert und die Grundlage für eine produktionstheoretische
Untersuchung von Dienstleistungen geschaffen.

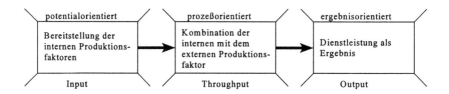

Abb. 1: Dienstleistungserstellung als Produktionsprozeß

Die Vertreter der marketingtheoretischen Untersuchungsrichtung[48] attestieren Dienstleistungen
zunächst ebenfalls die konstitutiven Merkmale Immaterialität und Integration des externen
Faktors, gelangen jedoch aufgrund der Sichtweise der Dienstleistung als Absatzobjekt zu

---

47   Statt der zweiten gibt es unter der Annahme der Mehrstufigkeit des Produktionsprozesses n Produktionsstufen.
48   Zu den wesentlichen Vertretern gehören A. Meyer, W. Hilke, S. Haller, W. Engelhardt, M. Kleinaltenkamp,
      M. Reckenfelderbäumer und M. Benkenstein.

modifizierten Definitionen. So definiert MEYER Dienstleistungen potentialorientiert als "Absatzobjekte von Dienstleistungsanbietern, die Leistungsfähigkeiten von Menschen oder Objekten darstellen, die auf der Basis gegebener interner Faktoren direkt an Menschen oder deren Objekten (externe Faktoren) mit dem Ziel erbracht werden, an ihnen gewollte Veränderungen zu bewirken oder gewollte Zustände zu erhalten"[49]. Auch die Definition von HILKE[50], der "Dienstleistungen als selbständige marktfähige Leistungen versteht, die auf die Bereitstellung und/oder den Einsatz von Potentialfaktoren gerichtet sind, wobei die Faktorkombination dabei an einem Dienstobjekt nutzenstiftende Verrichtungen vollzieht", erhöht die Operationalität und die Abgrenzbarkeit zu Sachgütern nicht. Aus marketingtheoretischer Sicht ist jedoch vor allem die Bestimmung der absatzspezifischen Eigenschaften von Dienstleistungen relevant. ENGELHARDT et al.[51] beschreiben Absatzobjekte in einem Molekular-Modell als zusammengesetzte Moleküle von Sach-, Dienstleistungen und Rechten. BENKENSTEIN[52] versucht Dienstleistungen über die Merkmale Interaktionsgrad (inwieweit übernimmt der Nachfrager während des Dienstleistungserstellungsprozesses aktiv Leistungen?) und Individualisierungsgrad (inwieweit wird die Dienstleistung nach den spezifischen Wünschen und Bedürfnissen des Nachfragers erstellt?) zu identifizieren und schließlich in einer Vier-Felder-Matrix zu typologisieren.

Aus den bisherigen Ausührungen ist deutlich geworden, daß eine unabhängig von der Untersuchungsrichtung operationale und allgemein akzeptierte Dienstleistungsdefinition in der betriebswirtschaftlichen Literatur nicht existiert und aufgrund der stark ausgeprägten Heterogenität des Dienstleistungssektors auch nicht sinnvoll wäre. Ausgehend von der Untersuchungsrichtung dieser Arbeit, das gesamte Organisationsspektrum (in Hinblick auf Hierarchie und Markt) unternehmensinterner Dienstleistungen transaktionskostentheoretisch zu untersuchen, ist deshalb zunächst eine einfache, operationale Dienstleistungsdefinition zu entwickeln, die dieser Perspektive Rechnung trägt.

---

49   Vgl. A. Meyer [1987], S. 26.
50   Vgl. W. Hilke [1989], S. 7.
51   Vgl. W. Engelhardt et al. [1994], S. 43.
52   Vgl. M. Benkenstein [1994a], S. 423.

Zu diesem Zweck sind die anerkannten konstitutiven Dienstleistungsmerkmale Immaterialität und Integration des externen Faktors nochmals genau zu untersuchen. Immaterialität ist genau dann gegeben, wenn entweder der Erstellungsprozeß der Dienstleistung nicht als Kombinationsprozeß materieller (stofflicher) Inputfaktoren dargestellt werden kann oder die Dienstleistung im Ergebnis immateriell, d. h. nicht meßbar ist. Die Integration des externen Faktors ist genau dann gegeben, wenn der Dienstleistungsnachfrager sich selbst oder ein Objekt, über das er verfügt, in den Erstellungsprozeß der Dienstleistung einbringt. Aus der Annahme der Immaterialität ergibt sich, daß eine Betrachtung von Produktionskosten zur Ermittlung des Preises von Dienstleistungen nicht ausreicht[53]. Aus der Annahme der Integration des externen Faktors folgt die Notwendigkeit, menschliches Verhalten[54] zu modellieren (falls der Dienstleistungsnachfrager sich selbst einbringt) bzw. die Besonderheit des Objekts[55] (falls der Dienstleistungsanbieter sein Verfügungsobjekt einbringt) zu betrachten.

Dienstleistungen werden in dieser Arbeit entsprechend als Produkte oder Prozesse definiert, die sich durch Immaterialität oder Integration des externen Faktors charakterisieren lassen. Ohne die Systematisierung von Dienstleistungen, die im nächsten Abschnitt behandelt wird, vorwegzunehmen, sind unter unternehmensinternen Dienstleistungen genau die Dienstleistungen zu verstehen, die zur Sicherung der Funktionsfähigkeit des Unternehmens benötigt werden. Der Klärung der Frage, welche Dienstleistungen darunter inhaltlich fallen, wird im Rahmen der Systematisierung im folgenden Abschnitt nachgegangen.

---

53   Produktionskosten bilden den bewerteten Faktorverzehr ab. Liegt der Dienstleistungserstellung jedoch kein Kombinationsprozeß zugrunde, kann der Verzehr der Inputfaktoren nicht mengenmäßig erfaßt und bewertet werden. In diesem Fall dominiert das Organisationsproblem des Dienstleistungsprozesses, das zur Notwendigkeit führt, Transaktionskosten zu betrachten.

54   Menschliches Verhalten soll in der Weise modelliert werden, daß es der Realität Rechnung trägt. Bspw. kann Mißtrauen zwischen Dienstleistungsnachfrager und -anbieter Kommunikationsstörungen verursachen, die wiederum zu einer Störung des Erstellungsprozesses der Dienstleistung führen.

55   Falls das Verfügungsobjekt kein Standardobjekt (-produkt) darstellt, sondern die Ausprägung seiner Eigenschaften durch den Nachfrager (individuell) geprägt sind, wird der Dienstleistungsanbieter den Erstellungsprozeß entsprechend anzupassen haben.

2.2 Systematisierung unternehmensinterner Dienstleistungen

Ziel von Systematisierungen ist eine ordnende Beschreibung der Realität, indem sie charakteristische Ausprägungen realer Phänomene auf der Grundlage von Merkmalen kennzeichnen[56]. Die in der Literatur herrschende Vielfalt unterschiedlicher Systematisierungsansätze für Dienstleistungen ist in deren Ausrichtung auf die jeweils spezifische Untersuchungsrichtung zu begründen. Werden volkswirtschaftlich ausgerichtete Ansätze ausgeklammert, verbleibt noch eine Vielzahl betriebswirtschaftlicher Ansätze[57], die an die unterschiedlichsten Merkmale anknüpfen. Diese Ansätze in ihrer Gesamtheit vorzustellen und zu diskutieren, kann nicht Gegenstand dieser Arbeit sein. Vielmehr ist wiederum von der spezifischen Untersuchungsrichtung dieser Arbeit auszugehen, um daraus einen originären Systematisierungsansatz zu entwickeln.

Zunächst ist festzuhalten, daß nur Dienstleistungen betrachtet werden, die zur Aufrechterhaltung der Unternehmensorganisation notwendig sind und ausschließlich von Unternehmensmitgliedern nachgefragt werden. Diese werden als unternehmensinterne Dienstleistungen bezeichnet. Dies bedeutet, daß ein Systematisierungsansatz dieser Dienstleistungen unmittelbar an die Merkmale der Unternehmensorganisation anknüpfen muß. Klassifikationsansätze, die das Unternehmen als Organisation berücksichtigen, sind in der folgenden Tabelle 1[58] zusammengestellt.

Die in der Tabelle aufgeführten Klassifikationen weisen bezüglich Trennschärfe und Vollständigkeit der Erfassung Defizite auf. So vernachlässigt die ausschließliche Betrachtung betrieblicher Funktionsbereiche sämtliche Dienstleistungen in den funktionsübergreifenden Bereichen[59].

---

56 Eindimensionale Ansätze werden dann als Klassifikationen, mehrdimensionale als Typologien bezeichnet.

57 Einen vollständigen Überblick über die betriebswirtschaftlichen Klassifikationen gibt Corsten. Vgl. H. Corsten [1990], S. 24 und 25.

58 Diese Tabelle stellt einen Auszug aus einem Überblick über unterschiedliche Ansätze dar, siehe H. Corsten [1985], S.188 ff. sowie derselbe [1990], S. 24f.

59 Das Informationsmanagement gehört bspw. ebenso zu den funktionsübergreifenden Bereichen wie die Unternehmenskantine.

Merkmal	Dienstleistungsarten
Betriebliche Funktionsbereiche	- Dienstleistungen der Beschaffung - Dienstleistungen der Produktion - Dienstleistungen des Absatzes - Dienstleistungen der Finanzierung
Betriebliche Phasen	- Dienstleistungen der Planung - Dienstleistungen der Realisation - Dienstleistungen der Kontrolle
Kaufphasen	- pre-sales-services - after-sales-services
Leistungsverwertung	- direkte Dienstleistungen - indirekte Dienstleistungen
Produktbezogenheit	- produktbegleitende Dienstleistungen - organisationale Dienstleistungen
Tab 1: Klassifikationen von Dienstleistungen	

Zusätzlich zu diesem Problem bringt die Einteilung in betriebliche Phasen mangelnde Überschneidungsfreiheit mit sich[60], was auch für die Merkmale Kaufphasen und Leistungsverwertung gilt. Diese Defizite werden durch den Ansatz vermieden, Unternehmensdienstleistungen in produktbegleitende und organisationale Dienstleistungen zu differenzieren[61]. Eine interessante Konsequenz dieser Differenzierung stellt die Überlegung dar, daß nur produktbegleitende Dienstleistungen (Produktions-) Kosten verursachen, die durch das Rechnungswesen erfaßt werden können. Organisationale Dienstleistungen hingegen sind dann über Transaktionskosten zu bewerten, da die Organisation des Erstellungsprozesses in den Vorder-

---

60   Wird bspw. die Einrichtung einer Datenbank betrachtet, ist diese Dienstleistung allen drei Bereichen zuzuordnen.

61   Dieser Ansatz geht auf W. Engelhardt und M. Reckenfelderbäumer ([1993], S.265) zurück. Danach werden produktbegleitende Dienstleistungen vor oder nach dem Kaufakt erstellt, weisen aber stets einen Bezug zu den Absatzobjekten auf. Erfolgen sie vor dem Kauf, schlagen sie sich als Herstell- sowie Verwaltungs- und Vertriebskosten nieder. Die nach dem Kauf erfolgenden Leistungen führen zu Aufwand, der periodengerecht abgerechnet wird. Neben diesen produktbegleitenden Dienstleistungen werden organisationale Dienstleistungen erbracht, die zum Aufbau, zur Erhaltung, zur Veränderung sowie zum Abbau der Unternehmensorganisation eingesetzt werden.

grund rückt. Dieser Ansatz gibt jedoch keinen genauen Aufschluß darüber, welchen Unternehmensbereichen welche Dienstleistungen zuzuordnen sind.

Es ist ein eigenständiger, dem Untersuchungsgegenstand der Arbeit entsprechender Systematisierungsansatz aufzustellen. Das Merkmal der Funktionsbezogenheit trägt der Unternehmensorganisation Rechnung, wenn unter Funktionen die Funktionsbereiche Beschaffung, Produktion, Absatz und Finanzierung subsumiert werden, die die Unternehmensfunktionen nach Gutenberg bilden.[62] Diese Bereiche stellen die Kernfunktionen des Unternehmens dar und bilden die zentralen Unternehmensabteilungen sowie den klassischen Gegenstandsbereich der Betriebswirtschaftlehre. Das Merkmal der Funktionsbezogenheit unterscheidet dann einerseits Dienstleistungen dieser jeweiligen Funktionsbereiche und andererseits funktionsübergreifende Dienstleistungen. Funktionsübergreifende Dienstleistungen bestehen einerseits aus Leistungen mit Querschnittsfunktion, die direkt zur Unterstützung aller Funktionen notwendig sind, und andererseits aus Dienstleistungen, die der Unterstützung des Unternehmens als Organisation dienen.[63] Ein typisches Beispiel für eine Dienstleistung mit Querschnittsfunktion stellt das Informationsmanagement dar. Eine Dienstleistung, die nur indirekt auf alle Funktionsbereiche wirkt, ist bspw. die Kantinenverpflegung, da diese nicht direkt zur Leistungserstellung innerhalb der Funktionen benötigt wird, sondern für das gesamte Unternehmen angeboten wird.[64] Es ist sinnvoll, ein zweites Unterscheidungsmerkmal hinzuzuziehen, damit Dienstleistungen noch stärker differenziert werden können und entsprechend der Untersuchung Teilklassen gebildet werden, die einen höheren Homogenitätsgrad aufweisen. Die strategische Bedeutung einer unternehmensinternen Dienstleistung stellt deshalb das geeignete zweite Merkmal dar, weil es der Bedeutung der Dienstleistung für das Unternehmen Rechnung trägt und somit einen Indikator darstellt, inwieweit das unternehmensinterne Angebot von Dienstleistungen unerläßlich ist. Eine hohe strategische Bedeutung kommt genau den Dienstleistungen zu, die Wettbewerbs-

---

62   Vgl. E. Gutenberg [1951].

63   Dienstleistungen, die der Unterstützung des Unternehmens als Organisation dienen, werden im folgenden auch als funktionsfreie Dienstleistungen bezeichnet, da sie vollkommen unabhängig von den Unternehmensfunktionen erstellt werden.

64   Es handelt sich hier um funktionsübergreifende Dienstleistungen ohne Fachkompetenz bezüglich der angeführten Funktionsbereiche, die deshalb in der Arbeit auch verkürzt als funktionsfreie Dienstleistungen bezeichnet werden.

vorteile begründen, da sie zur Umsetzung strategischer Ziele beitragen.[65] [66] Dieser Systematisierungsansatz bietet, wie der folgende Abschnitt 2.3 verdeutlichen wird, eine gute Möglichkeit, die Organisation (unternehmensinterner) Dienstleistungen auf Unternehmensebene zu modellieren. Die folgende Tabelle 2 soll die Einordnung exemplarischer Dienstleistungen mit Hilfe des entwickelten Systematisierungsansatzes veranschaulichen.

Strategische Bedeutung Funktionsbezogenheit	hoch	gering
funktional	Marktforschung	Reparatur von Betriebs- mitteln Kundenbetreuung
funktionsübergreifend	Informationsmanagement Strategische Führung Controlling	Datenverarbeitung Kantine

Tab. 2: Systematisierung exemplarischer Dienstleistungen

Als bisheriges Ergebnis ist zunächst die Definition unternehmensinterner Dienstleistungen[67] als Produkte oder Prozesse, die sich durch Immaterialität oder Integration des externen Faktors charakterisieren lassen und zur Aufrechterhaltung der Unternehmensorganisation notwendig sind sowie von einem Unternehmensmitglied nachgefragt werden. Mit dieser Definition kann für jedes beliebige Produkt oder jeden beliebigen Prozeß festgestellt werden, ob es sich um eine

---

65   Zu dieser Auffassung der strategischen Bedeutung von Dienstleistungen siehe auch A. Picot [1991], S. 346
      sowie A. Picot und M. Maier [1992], S. 21.

66   Die Differenzierung von Dinstleistungen in solche mit hoher und solche mit geringer strategischer Bedeutung
      kann natürlich nur eine Tendenzaussage darstellen; eine trennscharfe Einteilung der beiden Gruppen ist nicht
      möglich.

67   Wenn im folgenden nur der Begriff Dienstleistung(en) verwendet wird, sind immer unternehmensinterne
      Dienstleistungen der genannten Definition entsprechend gemeint.

unternehmensinterne Dienstleistung handelt oder nicht. Durch den entwickelten Systematisierungsansatz soll dann jede beliebige unternehmensinterne Dienstleistung nach den Merkmalen strategische Bedeutung und Funktionsbezogenheit in die sich ergebenden Felder eingeordnet werden können. Inwieweit dieser Systematisierungsansatz darüber hinaus auch für die unternehmensinterne organisatorische Gestaltung nutzbar ist, wird im folgenden Abschnitt untersucht.

2.3 Organisatorische Gestaltung unternehmensinterner Dienstleistungen

2.3.1 Unternehmensinterne Gestaltung

2.3.1.1 Das klassische Organisationsproblem

Die deutsche Organisationslehre[68] betont die Unterscheidung zwischen Aufbau- und Ablauforganisation. Diese Trennung besitzt allerdings nur analytischen Charakter, da Aufbau und Ablauf verschiedene Betrachtungsweisen desgleichen Betrachtungsobjekts darstellen. Beide bilden die geplante, formale, aus sachrationalen, generellen und dauerhaften Regelungen bestehende Organisationsstruktur. Die Aufbauorganisation bildet das statische Gerüst, das festlegt, welche Aufgaben von welchen Menschen und Sachmitteln zu erfüllen sind. Diese statische Betrachtungsweise wird in Gestalt der Ablauforganisation[69] um die dynamische Komponente ergänzt. Da in dieser Arbeit mit Hilfe der Transaktionskostenanalyse eine komparativ-statische Analyse und Bewertung verschiedener struktureller Organisationsmuster - differenziert nach Hierarchie und Markt - durchgeführt werden soll, wird die ablauforganisatorische (dynamische) Perspektive des Organisationsproblems von Dienstleistungen[70] nicht explizit

---

68   Vgl. F. Hoffmann [1992], Sp. 208 ff.

69   Vgl. M. Gaitanides [1992], Sp. 2.

70   Gegenstand einer ablauforganisatorischen Betrachtungsweise bildet zunächst der Entwurf eines Phasenschemas des Erstellungsprozesses von Dienstleistungen. Diese Betrachtung führt bspw. S. Haller durch, indem sie die Phasen der Potentialorientierung, der Prozeßorientierung und der Ergebnisorientierung identifiziert; vgl. S. Haller [1995], S. 53 ff. Diesem Vorschlag wird hier nicht gefolgt, da aufgrund der beschriebenen Eigenschaften von Dienstleistungen der Komplexität der Erstellungsprozesse durch eine Phaseneinteilung kaum Rechnung getragen werden kann bzw. die Frage entsteht, ob diese Einteilung überhaupt zulässig ist. Bezüglich der zu untersuchenden Outsourcing-Problematik geht es ohnehin darum, den gesamten Erstellungsprozeß auszugliedern oder auszulagern. Es ist dementsprechend zunächst zu untersuchen, wo in der Aufbau-

betrachtet.

Das klassische Organisationsproblem besteht darin, die (Unternehmens-) Organisation nach den Organisationsprinzipien bzw. Dimensionen[71] Spezialisierung, Koordination, Konfiguration/Leitungssystem[72], Entscheidungsdelegation/Kompetenzverteilung und Formalisierung strukturell zu gestalten. Dementsprechend sind organisatorische Gestaltungsmaßnahmen zu ergreifen, die aufgabenorientierte, individual-soziale oder flexibilitätsorientierte Ziele verfolgen.

Das geschlossenste Konzept, organisatorische Gestaltungselemente zu identifizieren, liefert KOSIOL[73] mit der Trennung des Gestaltungsprozesses in die Phase der Aufgabenanalyse[74] als Zerlegung der Gesamtaufgabe in Teilaufgaben und in die Phase Aufgabensynthese als Zusammenlegung der analytisch gewonnenen Teilaufgaben zu Aufgabenbereichen und deren Zuordnung zu Aufgabenträgern. Die Aufgabenanalyse geht als vororganisatorische Tätigkeit der eigentlichen organisatorischen Gestaltung voraus. Die Aufgaben werden zunächst nach analytischen und formalen Merkmalen analysiert[75]. Unter analytischen Merkmalen sind Verrichtung, Sachmittel und Objekt subsumiert; formale Merkmale betreffen Rang (Entscheidung, Ausführung), Phase (Planung, Realisation, Kontrolle) und Zweckbeziehung. Die Aufgabensynthese als eigentliche organisatorische Tätigkeit verfolgt den Zweck, die aus der Aufgabenanalyse gewonnenen Teilaufgaben zu Aufgabenkomplexen (Stellen, Abteilungen, Instanzen) zusammenzufassen und Aufgabenträgern zuzuordnen. Die Zusammenfassung von Teilaufgaben zu Aufgabenkomplexen wird als Mikrostruktur der Organisation bezeichnet und geht der Umsetzung in die Aufbauorganisation als Makrostruktur voraus.

---

organisation des Unternehmens welche Dienstleistungen identifiziert und wie diese alternativ organisiert werden können.

71   Vgl. A. Kieser und H. Kubicek [1992], S. 74.

72   Konfiguration betrifft die äußere Form des Stellengefüges, wie sie in Organigrammen zum Ausdruck kommt. Diese Dimension ist für die nachfolgende Untersuchung von wesentlicher Bedeutung, da sie direkt an die Aufbauorganisation anknüpft. Dieser Aspekt wird durch das im nächsten Abschnitt folgende Mintzberg-Modell vertieft.

73   Vgl. E. Kosiol [1976], S. 32 f.

74   Kosiol versteht unter Aufgaben Zielsetzungen für zweckbezogene menschliche Handlungsweisen, vgl. E. Kosiol [1976], S. 43.

75   Vgl. F. Hoffmann [1992], Sp. 212.

2.3.1.2 Mikrostrukturen

Mikrostrukturelle Regelungen betreffen die kleinsten Bausteine von Organisationen. Die Darstellung der Mikrostrukturen interner Dienstleistungen setzt im wesentlichen bei der Stellenbildung[76] im Rahmen der Aufgabensynthese an. Als kleinste (mikro-) organisatorische Einheiten werden im folgenden Linienstellen/Instanzen, Stabsstellen und Dienstleistungsstellen/Zentralbereiche vorgestellt, um diese mit Hilfe der aus der Systematisierung in Abschnitt 2.2 gewonnenen Dienstleistungsarten abzubilden.

Eine Linienstelle[77] verfügt über Entscheidungs- und Weisungsrechte im Rahmen ihres Zuständigkeits- und Verantwortungsbereichs und besitzt disziplinarische Weisungsrechte gegenüber unterstellten Mitarbeitern. Der Begriff der Linienstelle knüpft dabei an den Beziehungszusammenhang des Leitungssystems und insbesondere an die Systeme der Leitung (Einlinien- bzw. Mehrliniensysteme) an. Die Erfüllung interner Dienstleistungen durch Linienstellen ist genau dann gegeben, wenn diese in einer hierarchischen Ordnung anderen Stellen innerhalb der Linie über-, gleich- oder untergeordnet sind. Instanzen sind Stellen mit Leitungsbefugnis. Leitungsaufgaben setzen sich zusammen aus den Elementen Initiative, Entscheidung, Anordnung, Überwachung und Koordination.

In Form von Linienstellen und -instanzen können grundsätzlich alle funktionalen Dienstleistungen - sowohl mit strategischer Bedeutung (Marktforschung) als auch ohne diese (Reparatur) - aus der Systematisierung (s. Abschnitt 2.3) organisiert werden. Bei den funktionsübergreifenden Dienstleistungen ohne strategische Bedeutung sowohl mit als auch ohne Fachkompetenz[78] ist eine Abbildung als Linienstelle hingegen nicht möglich, da diese Dienst-

---

76   Allgemein ist eine Stelle die kleinste organisatorische Einheit, der qualitativ und quantitativ zusammengefaßte
      Teilaufgaben und gegebenenfalls Sachmittel übertragen werden. Es existieren dann unterschiedliche Stellenty-
      pen. Eine Instanz nimmt Leitungs- und Entscheidungsaufgaben wahr; Stellen mit geringerer Kompetenz und
      Verantwortung werden als ausführende Stellen bezeichnet. Die Zusammenfassung mehrerer Stellen unter einer
      Instanz ergibt eine Abteilung, vgl. hierzu N. Thom [1992], Sp. 2321 ff.

77   Zu dem hier verwendeten Begriff der Linienstelle vgl. R. Bühner [1991], S. 66 f. und A. Kieser, H. Kubicek
      [1992], S. 135 ff.

78   Funktionsübergreifende Dienstleistungen ohne strategische Bedeutung und ohne Fachkompetenz entsprechen
      funktionsfreien Dienstleistungen, wie bspw. Kantine, Poststelle, Empfang etc., und werden im folgenden auch
      so bezeichnet.

leistungen reinen Unterstützungscharakter haben, der nicht in Entscheidungs- und Weisungsrechte transformiert werden kann. Funktionsübergreifende Dienstleistungen mit strategischer
Bedeutung sind - eher historisch begründet - in Linienstellen organisiert, falls sie ursprünglich
einer Unternehmensfunktion zugeordnet waren, wie bspw. das Informationsmanagement der
Abteilung Organisation in einer funktionalen Organisationsstruktur.

Der Begriff der Stabsstelle bzw. des Stabes wird in der Literatur unterschiedlich verwendet.
Während der Begriff des Stabes in der amerikanischen Managementlehre relativ weit gefaßt
wird - ein Stab wird gebildet aus allen Einheiten, die die Linie unterstützen und nur indirekt an
der Erfüllung der Hauptaufgabe beteiligt sind -, erscheint die in der deutschsprachigen Organisationslehre vertretene engere Auslegung - Stäbe als Leitungshilfsstellen - gerade im Hinblick auf
die Abgrenzung zu den Dienstleistungsstellen und Zentralbereichen zweckmäßiger.[79] Stabsstellen agieren entscheidungsunterstützend und ihre Aufgaben liegen in der Informationsbeschaffung und -auswertung sowie in der Entscheidungsunterstützung; es wird ihnen aber kein
formales Weisungsrecht gegenüber den Instanzen, die sie unterstützen, eingeräumt[80]. Aufgrund
der fachlichen Kompetenz gewinnen die Stäbe jedoch faktische Entscheidungsmacht[81], so daß
ihnen "fachliche Weisungsrechte" zukommen, Richtlinien oder Anweisungen im Rahmen der
Kompetenz zu geben. Es lassen sich zwei Arten von Stäben unterscheiden, die generalisierten
und die spezialisierten Stabsstellen[82].

Die generalisierten Stabsstellen dienen primär der quantitativen Entlastung der Linieninstanzen
und werden auch als persönliche Stabsstellen oder Assistentenstellen bezeichnet. Gerade
funktionsübergreifende Dienstleistungen ohne strategische Bedeutung und auch ohne Fachkompetenz (wie bspw. Verwaltung und speziell das Sekretariat) können in Form von generalisierten Stabsstellen organisiert werden.

Spezialisierte Stabsstellen haben Unterstützungsfunktionen in fachlicher, funktionsabhängiger

79   Vgl. H. Müller, G. Schreyögg [1982], S. 206.
80   Vgl. R. Bühner [1991], S. 69 und E. Grochla [1972], S. 69 f.
81   Vgl. R. Bühner [1991], S. 70 und H. Müller, G. Schreyögg [1982], S. 208.
82   Vgl. H. Müller, G. Schreyögg [1982], S. 206 und E. Kosiol [1976], S. 138 ff.

Hinsicht zu erfüllen, wodurch das Problem der Diskrepanz zwischen formaler und fachlicher Kompetenz zum Tragen kommt. Bei der Betrachtung interner Dienstleistungen sind die spezialisierten Stäbe von besonderer Bedeutung, da hierunter funktionsübergreifende Dienstleistungen sowohl mit als auch ohne strategische Bedeutung, jedoch in beiden Fällen mit Fachkompetenz (wie bspw. Informationsmanagement und betriebliche Datenverarbeitung), eingeordnet werden können. Auch funktionale Dienstleistungen, ebenfalls mit strategischer Bedeutung und ohne diese (bspw. Marktforschung und Kundenbetreuung), können den spezialisierten Stäben zugeordnet werden. Eine eindeutige Zuordnung dieser Dienstleistungsarten zu den spezialisierten Stäben ist jedoch nicht gegeben, da weitere Bausteine zu deren Abbildung zur Verfügung stehen, die im folgenden Abschnitt erläutert werden.

Nach BÜHNER nehmen Dienstleistungsstellen eigenständig Aufgaben wahr, die vorher der Linie zugeordnet waren, deren Kapazität oder Kompetenz aber übersteigen, und verfügen über ein informelles, fachliches Weisungsrecht gegenüber Instanzen der Linie[83] . Dieser Begriffsauffassung folgend können unter die Dienstleistungsstellen alle der Systematisierung (vgl. Tabelle 2) entsprechenden Dienstleistungsarten außer den funktionsfreien Dienstleistungen subsumiert werden.[84] In Abgrenzung dazu sind Zentralbereiche mit einem formalen Weisungsrecht ausgestattet, da sie gleichartige Entscheidungs- und Leitungsaufgaben der oberen Führungsebene[85] enthalten, die nicht dezentralisiert werden können und als Stabsstellen ausgebildet werden. Strategische[86] funktionsübergreifende Dienstleistungen der oberen Führungsebene (das Informationsmanagement stellt hier ein prägnantes Beispiel dar) können in Zentralbereiche eingeordnet werden, die über Entscheidungs- und Weisungsrechte gegenüber nachgeordneten Instanzen verfügen.

---

83   Vgl. R. Bühner [1991], S. 69 ff.

84   Wird hingegen die Auffassung vertreten, daß Dienstleistungsstellen eine Entscheidungs-, jedoch keine Weisungsbefugnis haben, lassen sich ausschließlich funktionsübergreifende Dienstleistungen ohne Fachkompetenz, wie Kantine, Poststelle etc. als Dienstleistungsstellen bezeichnen. Dienstleistungsstellen haben nach dieser Auffassung weder eine Weisungskompetenz noch dienen sie der Führungsunterstützung, sondern erfüllen ausschließlich die Funktion, Dienste zu leisten. Dieser Auffassung kann nicht gefolgt werden, da entsprechend der in der Arbeit zugrundegelegten Dienstleistungsdefinition von einem umfassenderen Dienstleistungsverständnis ausgegangen wird.

85   Vgl. H. Kreikebaum [1992], Sp. 2603.

86   Strategische Dienstleistungen sind selbstverständlich mit Fachkompetenz ausgestattet.

Es wird deutlich, daß zunächst schon die eindeutige Definition und Abgrenzung der mikroorganisatorischen Einheiten schwierig ist, aber ihre eindeutige Zuordnung zu den verschiedenen Dienstleistungsarten[87] nicht möglich ist. Es ist eine allenfalls intuitive Zuordnung besonders prägnanter Dienstleistungsarten für die jeweiligen Mikrostrukturen durchführbar. Zur Herleitung genauerer Aussagen sind jedoch Makrostrukturen einzubeziehen, was Gegenstand des folgenden Kapitels 2.3.1.3 bildet.

2.3.1.3 Makrostrukturen

2.3.1.3.1 Funktionale Organisation

Die im Hinblick auf interne Dienstleistungen im folgenden kurz dargestellten wichtigsten Makrostrukturen - funktionale Organisation, divisionale Organisation, Projekt-/Produktmanagement und Matrixorganisation - dokumentieren die Ziele der Aufgabensynthese, die Aktivitäten der mikroorganisatorischen Einheiten gesamtzielbezogen zu koordinieren. Eine Orientierung am Verrichtungsprinzip führt zur funktionalen Organisation. Auf der zweiten Hierarchieebene unterhalb der Unternehmensführung werden Funktionen nach gleichartigen Verrichtungen differenziert und in Form von funktionalen Bereichen zentralisiert. Die Leitung der funktionalen Organisation erfolgt nach dem Einliniensystem[88]. Interne Dienstleistungen sind bei dieser Organisationsform ausschließlich als Linienstellen und -instanzen zu identifizieren[89], und somit wird die rein funktionale Organisation der gewachsenen Bedeutung von Dienstleistungen in Unternehmen nicht mehr gerecht.

Die Stab-Linien-Organisation stellt eine Modifikation der funktionalen Organisation dar[90]. Das Einliniensystem bleibt wie bei der funktionalen Organisation erhalten, zusätzlich werden aber Stabsstellen als Leitungshilfsstellen zur Entlastung der qualitativen und quantitativen Ent-

---

87   Vgl. Systematisierung von Dienstleistungen, Abschnitt 2.2.

88   Ein Einliniensystem beinhaltet, daß jede untergeordnete Einheit über nur eine Leitungsbeziehung mit einer übergeordneten Instanz verbunden ist. Das Einliniensystem entspricht dem Prinzip der Auftragserteilung (Fayol 1916).

89   Beispielsweise sind dem Funktionsbereich Absatz Abteilungen unterstellt, die sich mit Werbung oder Marktforschung beschäftigen.

90   Vgl. dazu R. Bühner [1991], S. 116 ff.

scheidungskapazitäten der Linieninstanzen eingerichtet[91]. Die Formen der Stäbe lassen sich in zentrale Stabsstellen, Stäbe auf unterschiedlichen Hierarchieebenen und Stäbe mit eigener Hierarchie differenzieren.

Die Aufgabe einer zentralen Stabsstelle kann sich neben der Unterstützungsfunktion für eine Instanz auch auf entscheidungsvorbereitende Tätigkeiten für nachgeordnete Instanzen erstrecken. In Abgrenzung zu Zentralbereichen haben die zentralen Stabsstellen lediglich einen informellen fachlichen Einfluß auf die nachgeordneten Instanzen, jedoch keine formellen Weisungsrechte, und entsprechen somit der Mikrostruktur Dienstleistungsstelle. Zentrale Stabsstellen bilden somit funktionsübergreifende Dienstleistungen mit Fachkompetenz und ohne strategische Bedeutung ab[92]. Stäbe auf unterschiedlichen Hierarchieebenen stellen eine Erweiterung der Stab-Linien-Organisation dar. Spezialisierte Stäbe (mit Fachkompetenz) dieser Art sind geeignet, funktionale Dienstleistungen mit und ohne strategische Bedeutung (bspw. Marktforschung oder Kundenbetreuung) abzubilden[93]. Existieren zusätzlich fachliche und disziplinarische Weisungsrechte zwischen den Stäben, die unterschiedlichen Hierarchieebenen der Linie angegliedert sind, kommt es zur Bildung einer Stabshierarchie[94].

Eine weitere Variante der Stab-Linien-Organisation ergibt sich durch die Bildung von Zentralbereichen, die insbesondere zum Ausgleich der strukturellen Nachteile des reinen Linienansatzes dient[95]. Diese liegen vor allem bei wachsender Unternehmensgröße im "Abteilungsegoismus und Ressortpartikularismus" der verschiedenen Funktionsbereiche. Zentralbereiche erfüllen deshalb Querschnittsfunktionen zur Verbesserung der Koordination innerhalb des Unternehmens. Sie sind im Gegensatz zu Stäben mit Weisungsrechten innerhalb ihrer Kompetenz ausgestattet und bilden funktionsübergreifende Dienstleistungen mit strategischer Bedeu-

---

91 Die Bedeutung in Form von Größe und Einfluß der generalisierten und spezialisierten Stäbe nimmt besonders in großen Unternehmen zu, siehe H. Rühle von Lilienstern [1982], S.1.

92 Die interne Dienstleistung betriebliche Datenverarbeitung stellt exemplarisch einen Aufgabenbereich für einen zentralen Stab dar.

93 Generalisierte Stabsstellen (ohne Fachkompetenz) auf unterschiedlichen Hierarchieebenen stellen, wie in Abschnitt 2.3.1.2 erläutert, Assistentenstellen dar und bilden Dienstleistungen der Verwaltung (Sekretariate) ab.

94 Aus dem makrostrukturellen Element Stäbe mit eigener Hierarchie ergeben sich keine über die Mikrostruktur Stab hinausgehenden Erkenntnisse für die Erfassung interner Dienstleistungen.

95 Vgl. insbesondere H. Kreikebaum [1992], Sp. 2605 f.

tung ab (vgl. Abschnitt 2.3.1.2) .

Zusammenfassend läßt sich feststellen, daß die Stab-Linien-Organisation als Modifikation der funktionalen Organisation der Weiterentwicklung und dem Wachstum von Unternehmen und insbesondere des Dienstleistungsanteils in besonderem Maße Rechnung trägt. Hinzu kommt, daß unternehmensinterne Dienstleistungen, die bei der rein funktionalen Organisation nicht in der Linie abgebildet werden können, organisatorisch zu separieren sind, was durch die Mikrostrukturen Stabsstelle und Zentralbereich ermöglicht wird. Bei den unternehmensinternen Dienstleistungen geben dann die Kriterien Funktionsbezogenheit und strategische Bedeutung (vgl. Systematisierung aus Abschnitt 2.2) den Ausschlag, welche Dienstleistungen als Zentralbereiche oder Stabsstellen auszubilden sind. Stabsstellen auf unterschiedlichen Hierarchieebenen sind geeignet, funktionale Dienstleistungen mit und ohne strategische Bedeutung, die die qualitative und quantitative Kapazität der Linie übersteigen, in der Stab-Linien-Organisation abzubilden[96]. Dienstleistungen mit Querschnittsfunktion und strategischer Bedeutung werden hingegen in Zentralbereichen organisiert, um die oben erwähnten strukturellen Nachteile der funktionalen Organisation auszugleichen. Die Mikrostruktur Dienstleistungsstelle (zentrale Stabsstelle) erfaßt in der Stab-Linien-Organisation schließlich die funktionsübergreifenden Dienstleistungen ohne strategische Bedeutung, jedoch mit Fachkompetenz.

2.3.1.3.2   *Divisionale Organisation*

Die divisionale Organisation, auch als Spartenorganisation oder Geschäftsbereichsorganisation bezeichnet, knüpft an die Zentralisierung nach Objekten an[97]. Objekte des Unternehmens, wie Produktgruppen, Kundengruppen und Märkte (Regionen, Segmente), dienen hier als Kriterium zur Spartenbildung. Die Sparten selbst sind funktional gegliedert und in einem Liniensystem hierarchisch aufgebaut. In der divisionalen Organisationsstruktur kommt den Zentralbereichen besondere Bedeutung zu, da sie durch ihre Fachkompetenz die Linienkompetenz überlagern und

---

96   Ein klassisches Beispiel hierfür stellt die Werbung dar.

97   Zum Begriff und Wesen der divisionalen Organisation siehe u.a. R. Bühner [1991], S. 124 ff. und G. Schanz
        [1994], S. 105 ff.

einschränken. Neben der Erfüllung von Stabsaufgaben übernehmen die Zentralbereiche auch Funktionen der Leitung und erfüllen somit auch Linienfunktionen[98]. Die charakteristischen Aufgaben der Zentralbereiche liegen in der Unterstützung der Sparten durch Serviceleistungen, der Unterstützung der Unternehmensleitung bei der Wahrnehmung ihrer Führungsfunktion und der Übernahme von Steuerungs-, Koordinations- und Kontrollaufgaben gegenüber den Sparten im Auftrag der Unternehmensspitze. Statt der Zentralbereiche Stabsstellen auf der Ebene der einzelnen Sparten zu etablieren, würde die organisatorische Einheit gefährden und hätte zur Folge, daß die Dienstleistungen des dispositiven Faktors[99] aufgrund der mangelnden Zentralisation weniger effektiv erfüllt würden. Für die Spartenorganisation erfährt die Mikrostruktur Zentralbereich für die Organisation interner Dienstleistungen somit die zentrale Bedeutung und hebt die traditionelle Abgrenzung zwischen Stab und Linie auf. Entsprechend der Aufgaben der Zentralbereiche werden in der divisionalen Organisation grundsätzlich alle Dienstleistungen mit Fachkompetenz[100] unabhängig von ihrer Funktionsbezogenheit und strategischen Bedeutung in Zentralbereichen organisiert.

2.3.1.3.3 Projektmanagement und Produktmanagement

Das Projektmanagement und das Produktmanagement stellen nach FRESE[101] Modifikationen der beschriebenen Makrostrukturen funktionale Organisation und Spartenorganisation dar. Das Produktmanagement zeichnet sich durch eine Zentralisierung von produktbezogenen Teilaufgaben auf eine Stelle aus, die die ergebnisbezogene Verantwortung für jeweils ein Produkt oder eine Produktlinie unter Beibehaltung der jeweiligen Makrostruktur (funktionale oder divisionale Organisation) trägt[102]. Innerhalb der funktionalen Organisation kann insbesondere

---

98   Vgl. hierzu H. Kreikebaum [1992], Sp. 2606.

99   Dienstleistungen, die Aufgaben der Steuerung, Koordination und Kontrolle beinhalten, wie bspw. Organisation, werden auch im folgenden als Dienstleistungen des dispositiven Faktors bezeichnet.

100   Unter Dienstleistungen mit Fachkompetenz sind genau die Dienstleistungen subsumiert, deren Erstellung Kenntnisse aus den Unternehmensfunktionen Beschaffung, Produktion, Absatz und Finanzierung voraussetzen. Dienstleistungen ohne Fachkompetenz sind dementsprechend "funktionsfreie" Dienstleistungen, wie Kantine, Poststelle oder Empfang.

101   Vgl. E. Frese [1978], S. 160.

102   Vgl. ebenda.

eine Stabs-Produktorganisation etabliert werden, in der produktorientierte Stäbe eingerichtet werden, deren Aufgaben im wesentlichen in der Sammlung von Informationen, der Entwicklung von Vorschlägen und der Erarbeitung alternativer Pläne für das jeweilige Produkt liegen. In diesen Stäben werden dementsprechend speziell produktnahe Dienstleistungen, wie in Abschnitt 2.3 definiert, abgebildet. Das Projektmanagement wird durch die Merkmale von Projekten determiniert, die sich durch zeitliche Befristung, Komplexität und Neuartigkeit auszeichnen[103]. In Abgrenzung zum Produktmanagement werden in dieser Makrostruktur spezifische und zeitlich begrenzte Teilaufgaben abgebildet.

Im Rahmen der Produkt- und Projektorganisation können interne Dienstleistungen in Abhängigkeit der Aufbauorganisation unterschiedlich organisiert werden. Da diese Makrostrukturen Zwischenformen der funktionalen und divisionalen Organisation darstellen, ergibt sich daraus, mit welchen Mikrostrukturen interne Dienstleistungen in die organisatorische Gestaltung des Unternehmens eingebunden werden.

2.3.1.3.4   Matrixorganisation

Die Matrixorganisation[104] ist aus der Idee der Kombination von funktionaler und divisionaler Organisation entstanden und berücksichtigt somit mindestens zwei Zentralisierungsmerkmale wie bspw. Verrichtung und Objekt. Die übergeordnete Instanz der Matrixorganisation besteht aus der Matrixleitung, die für eine zielgerechte Erfüllung der Gesamtaufgabe und für die Koordination der einzelnen Matrixstellen verantwortlich ist[105]. Bei einer Produkt-Matrix-organisation sind die Matrixstellen mit Funktionsaufgaben bzw. Produktaufgaben betraut, haben für die Koordination entlang der jeweiligen Dimensionen zu sorgen und sind der Matrixleitung direkt unterstellt. Die Schnittstellen zwischen den Matrixstellen werden als Matrixzellen bezeichnet. Diesen kommt die eigentliche Aufgabenerfüllung zu, wie auch die Erfüllung

---

103   Vgl. ebenda.
104   Zum Begriff und Wesen der Matrixorganisation siehe u.a. R. Bühner [1991], S. 146 ff.; G. Schanz [1994], S. 109 ff.; C. Scholz [1992], Sp. 1302 ff. und E. Grochla [1972], S. 205 ff.
105   Vgl. auch zu den folgenden Ausführungen C. Scholz [1992], Sp. 1303.

funktionaler Dienstleistungen. Die Matrixzellen sind in der gleichberechtigten Matrixorganisation den jeweils zwei übergeordneten Matrixstellen unterstellt, somit handelt es sich um ein Mehrliniensystem. Bei der Matrixorganisation können Zentralbereiche als Koordinationsinstrumente eingesetzt werden, was jedoch der Konstruktion sich überschneidender Kompetenzen zuwiderläuft. Statt der Einrichtung von Zentralbereichen kann durch den Einsatz von Koordinationskollegien[106] eine kollegiale Koordination von Entscheidungen gerade auch in Bezug auf funktionale Dienstleistungen mit strategischer Bedeutung herbeigeführt werden. Funktionale Dienstleistungen ohne strategische Bedeutung werden weiterhin von den Matrixzellen geleistet. Interne funktionsübergreifende Dienstleistungen werden in der Matrixorganisation von spezialisierten Stäben und generalisierten Stäben wahrgenommen, wobei das formelle Entscheidungs- und Weisungsrecht bezüglich der strategischen Dienstleistungen mit Querschnittfunktion dann bei der Matrixleitung liegt.

2.3.1.4 Zwischenergebnis

Die Motivation der Betrachtung der unternehmensinternen Gestaltung von Dienstleistungen liegt darin, weitere Merkmale, die direkt an die Unternehmensorganisation anknüpfen, zur Verfeinerung der Systematisierung von Dienstleistungen herauszuarbeiten, um somit eine Referenzsituation zur Modellierung von Outsourcing-Entscheidungen zu schaffen. Die Problematik der differenzierten Betrachtung von Mikro- und Makrostrukturen zur Einordnung der aus Abschnitt 2.2 gewonnenen Dienstleistungsarten in die unternehmensinterne Organisation ist deutlich geworden. Eine eindeutige Abbildung der durch den Systematisierungsansatz gewonnenen Dienstleistungsarten auf die verschiedenen Mikrostrukturen ist auf dieser Ebene nicht möglich. Auch die zusätzliche Annahme einer bestimmten Makrostruktur führt nicht zu einer differenzierten Aussage über die unternehmensinterne organisatorische Gestaltung von Dienstleistungen. Aus dieser Betrachtung lassen sich somit keine geeigneten, übergeordneten Differenzierungsmerkmale ableiten, die der Unternehmensorganisation Rechnung tragen. Die Konsequenz, eine bestimmte Makrostruktur des Unternehmens anzunehmen, ist problematisch für die

---

106   Vgl. H. Drumm [1980], Sp. 1292.

eigentliche Fragestellung der Untersuchung, welche Dienstleistungen weiterhin im Unternehmen erstellt, welche ausgegliedert und welche ausgelagert werden sollen. Da die eindeutige unternehmensinterne Organisation der vier Dienstleistungsarten des Systematisierungsansatzes bezüglich der diskutierten Makrostrukturen nicht gegeben ist, wäre zunächst über ein bestimmtes Bewertungskriterium, wie bspw. Minimierung der Kosten der Dienstleistungserstellung, die Organisation der Dienstleistungen auf der Grundlage der jeweiligen Makrostruktur effizient zu gestalten. Die effiziente Gestaltung und damit Bewertung der unternehmensinternen Organisationsform von Dienstleistungen stellt jedoch nicht den Untersuchungsgegenstand der Arbeit dar. Darüber hinaus gelten auf dieser Basis abgeleitete Ergebnisse dann nur für einen bestimmten Unternehmenstyp der Klassifikation von Unternehmen nach einer Form der Makrostruktur. Diese Vorgehensweise schließt dementsprechend das Ableiten allgemeingültiger Aussagen aus und erzeugt Interdependenzen zwischen der Aufbauorganisation und der Outsourcing-Entscheidung von Unternehmen. Der Untersuchung liegt in diesem Fall die Sichtweise zugrunde, daß die Aufbauorganisation des Unternehmens die Möglichkeiten des Outsourcing determiniert. Der Ansatz dieser Arbeit liegt jedoch darin, Dienstleistungsarten aufgrund ihrer Merkmale auf Ausgliederungs- oder Auslagerungsfähigkeit (transaktionskostentheoretisch) zu untersuchen und nachfolgend die effiziente (kostenminimale) Outsourcing-Organisationsform zu entwickeln. Es ist deshalb vielmehr sinnvoll, Unternehmen allgemein nach für die Organisation von Dienstleistungen relevanten Kriterien zu identifizieren und somit als status quo eine Referenzsituation für unternehmerische Outsourcing-Entscheidungen zu modellieren. Es ist für die in dieser Arbeit angestrebte Untersuchung deshalb notwendig, ein integratives Organisationsmodell für Dienstleistungen mit allgemeiner Gültigkeit für die Referenzsituation unternehmerischer Outsourcing-Entscheidungen einzusetzen. Zu diesem Zweck wird in dem folgenden Abschnitt das Mintzberg-Modell vorgestellt.

2.3.1.5 Das Mintzberg-Modell und unternehmensinterne Dienstleistungen

Das Mintzberg-Modell[107] basiert auf der Grundannahme, daß jede Organisation durch die

---

107   Vgl. auch zu den folgenden Ausführungen Henry Mintzberg [1979], S. 18 ff.

Identifikation von fünf Grundbausteinen dargestellt werden kann und verfolgt den Zweck, organisationales Geschehen zu systematisieren, ohne von einer bestimmten Aufbauorganisation auszugehen. Die Grundbausteine resultieren aus der Zusammenfassung verschiedener Teile der Organisation und den jeweils zugeordneten Mitarbeitern bzw. Führungskräften. Sie bestehen aus der strategischen Spitze, der mittleren Linie und dem operativen Kern, die durch Linienbeziehungen verbunden sind, sowie der Technostruktur und den unterstützenden Einheiten, die als Stäbe an die Linie gebunden werden. Die folgende Abbildung 2 visualisiert die Grundbausteine von Organisationen nach Mintzberg.

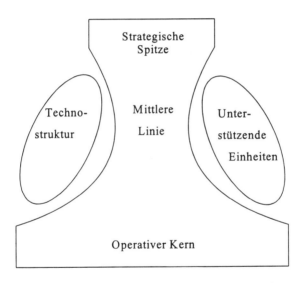

Abb. 2: Grundbausteine von Organisationen nach Mintzberg

Die strategische Spitze[108] (strategic apex) trägt dafür Verantwortung, daß die Organisation ihre Ziele in effektiver Weise erfüllt und der Unternehmensumwelt gerecht wird[109]. Die strategische

---

108   Zu den Ausführungen zur strategischen Spitze siehe H. Mintzberg [1979], S. 24 ff.
109   Vgl. H. Mintzberg [1979], S. 25.

Spitze nimmt somit die maßgeblichen Führungsaufgaben im Unternehmen wahr und trägt die Gesamtverantwortung[110]. Aus der Hauptaufgabe der Unternehmensleitung, dem Erreichen der Sach- und Formalziele des Unternehmens, lassen sich verschiedene Teilaufgaben ableiten. Eine der wichtigsten Teilaufgaben besteht in der Regelung der organisatorischen Innenbeziehungen, wie der Gestaltung der Struktur der Organisation und Entscheidung über die zur Verfügung stehenden Ressourcen mittels persönlicher Weisung. Innerhalb dieses Bereichs wird die Funktionsfähigkeit des Unternehmens als integrierte Einheit sichergestellt. Der zweite Aufgabenbereich betrifft die Regelung der Außen- und Umweltbeziehungen des Unternehmens. Der dritte Aufgabenbereich ist die strategische Planung der Organisation. Hier wird die Unternehmensstrategie festgelegt. Im allgemeinen hat die strategische Spitze den größten und zugleich abstraktesten Überblick über die Organisation. Die Arbeit auf dieser Ebene ist gekennzeichnet durch ein Minimum an Standardisierung, beträchtliche Entscheidungsfreiheit und relativ lange Entscheidungszyklen. In der strategischen Spitze werden organisationale (funktionsübergreifende) Dienstleistungen des dispositiven Faktors mit hoher strategischer Bedeutung abgebildet[111]. Der Baustein der strategischen Spitze organisiert somit die funktionsübergreifenden, strategischen Dienstleistungen des dispositiven Faktors als eine Gruppe unternehmensinterner Dienstleistungen, die in der Arbeit als Dienstleistungsgruppe 1 bezeichnet wird. Leistungen, die die strategische Führung und Entscheidung sowie die Unternehmensorganisation betreffen, werden hierunter subsumiert. Als Beispiel für diese Dienstleistungsgruppe soll die strategische Führung herangezogen werden, die neben der Mitarbeiterführung auch den Aufbau eines Weisungs- und Entscheidungssystems beinhaltet.

Der operative Kern (operating core)[112] der Organisation umfaßt diejenigen Mitarbeiter, deren Arbeit direkt mit der Fertigung von Produkten und der Erstellung von Dienstleistungen[113] verbunden ist. Da hier ausführende Arbeit geleistet wird, wird dieser Bereich als operativer Kern bezeichnet. Diesem Bereich kommen die Aufgaben der Beschaffung der zur Leistungserstellung benötigten Materialien, der Leistungserstellung an sich, der Distribution der Produkte und der

---

110　　　Vgl. G. Schanz [1994], S. 21.

111　　　Ein prägnantes Beispiel stellt hier die strategische Führung dar.

112　　　Vgl. zu den Ausführungen zum betrieblichen Kern H. Mintzberg [1979], S. 24.

113　　　Die hier angesprochenen Dienstleistungen fungieren als Absatzobjekte, wie bspw. bei Dienstleistungsunternehmen.

Bildung der "direkt unterstützenden Einheiten" zu. Hierunter können alle Tätigkeiten subsumiert werden, die den Erstellungsprozeß von Produkten und Dienstleistungen unterstützen. Insbesondere zählen hierzu dann die funktionalen produktbegleitenden[114] Dienstleistungen. Der Zusatz produktbegleitend beinhaltet den operativen Charakter der Dienstleistungen[115], so daß diesen keinesfalls eine strategische Bedeutung zukommt. Abgesehen von dem Bereich der direkt unterstützenden Einheiten stellt der operative Kern aber einen Baustein dar, dessen Mitarbeiter keine weiteren Dienstleistungen anbieten, sondern vor allem Leistungsnehmer von internen Dienstleistungen sind. Innerhalb des operativen Kerns werden somit Dienstleistungen der Funktionen Beschaffung, Produktion und Distribution mit niedriger strategischer Bedeutung identifiziert. Diese bilden somit eine der zu betrachtenden Dienstleistungsgruppen, die im folgenden als Dienstleistungsgruppe 2 bezeichnet wird. Als Beispiel für diese Dienstleistungsgruppe soll die Reparatur (von Betriebsmitteln) herangezogen werden.

Die mittlere Linie (middle line) bildet eine formale Autoritätskette von Führungskräften, durch die die strategische Spitze mit dem betrieblichen (operativen) Kern verbunden ist [116]. Die Hauptaufgabe[117] der mittleren Linie liegt demzufolge in der Vermittlungsfunktion zwischen der Strategieformulierung der strategischen Spitze und der konkreten Umsetzung in Form des Leistungsprogramms im operativen Kern. Für die mittlere Linie ist vor allem der hierarchische Aufbau durch einen Fluß von Weisungen von oberen Hierarchieebenen zu den unteren Ebenen kennzeichnend. Weitere Aufgaben der mittleren Linie sind die Sammlung und Aggregation von Informationen, das Eingreifen in Entscheidungsabläufe und die Pflege der interpersonellen Beziehungen innerhalb und außerhalb des Unternehmens. Die Manager der mittleren Linie stehen somit in einem Kräftefeld, das von allen anderen Bausteinen auf sie einwirkt[118]. Den Bereich der mittleren Linie durchlaufen - entsprechend ihrer Koordinationsfunktion zwischen

---

114 Produktbegleitende Dienstleistungen werden vor oder nach dem Verkauf (pre- oder after-sales-services) erstellt und weisen einen Bezug zu den Produkten auf, vgl. W. Engelhardt und M. Reckenfelderbäumer [1993], S. 265, diese stellen somit Dienstleistungen in den Funktionsbereichen Beschaffung, Produktion und Distribution als Absatzfunktion dar.

115 Beispielsweise gehören zu den Dienstleistungen dieses Bereichs Reparatur- und Wartungsaufgaben, die in der Produktion ausgeführt werden. Diese stellen immaterielle Leistungen dar, die von personellen Leistungsträgern an materiellen Objekten erbracht werden, die sich innerhalb des Unternehmens befinden.

116 Vgl. H. Mintzberg [1979], S. 26.

117 Zu den Aufgaben der mittleren Linie vgl. H. Mintzberg [1979], S 26 ff. und G. Schanz [1994], S. 26 ff.

118 Vgl. H. Mintzberg [1979], S. 29.

allen anderen Bausteinen - grundsätzlich alle Dienstleistungsarten: funktionsübergreifende Dienstleistungen ebenso wie funktionale Dienstleistungen, jeweils mit und ohne strategische Bedeutung. Entsprechend der vorrangigen Koordinierungsfunktion der mittleren Linie, deren Bedeutung erst mit zunehmender Unternehmensgröße wächst, ist es sinnvoll, festzuhalten, daß dieser Bereich nicht als eigenständiger Dienstleistungsanbieter fungiert[119].

Der Baustein der Technostruktur (technostructure) wird von den Analytikern gebildet, die der Aufgabe nachgehen, gewisse Formen der Standardisierung zu bewirken. Diese Formen lassen sich nach MINTZBERG[120] in drei Gruppen differenzieren: die Standardisierung der Arbeitsprozesse durch die Spezialisten für Arbeitsstudien, die Standardisierung der Arbeitsergebnisse durch die Spezialisten für Planung und Steuerung und die Standardisierung der Fähigkeiten bzw. Kenntnisse durch die Spezialisten für Ausbildung und Schulung. Der Schwerpunkt der Standardisierungsaktivitäten der Technostruktur liegt aufgrund dieser Inhalte beim operativen Kern, aber in zunehmendem Maße werden auch die mittlere Linie und die strategische Spitze von der Technostruktur beeinflußt. Diese Beeinflussung erfolgt beispielsweise durch Trainingskurse für Manager der mittleren Linie oder durch die Entwicklung von umfassenden strategischen Plänen und Steuerungs-, Informations- und Kontrollsystemen für das gesamte Unternehmen. Die Technostruktur wird entsprechend der angloamerikanischen Auffassung in einem Stab bzw. nach deutscher Auffassung in Zentralbereichen organisiert. Sie erfährt ihre Aufgabe, Arbeitsabläufe über die Zeit effektiv zu gestalten, aufgrund der Dynamik, der das Unternehmen unterliegt. Insofern handelt es sich bei den in diesem Baustein abgebildeten Dienstleistungen um ausschließlich strategische, funktionsübergreifende Dienstleistungen. In diesem Punkt wird der Zusammenhang zur strategischen Spitze deutlich. In Form von Zentralbereichen organisiert übernimmt die Technostruktur Entscheidungs- und Leitungsaufgaben der oberen Führungsebene, die durch spezifische Fachkompetenz geprägt sind und das Know-How der Führungsebene übersteigen. Der Baustein der Technostruktur erfaßt damit auch strategische, funktionsübergreifende Dienstleistungen, die sich in Abgrenzung zu den Dienstleistungen der strategischen Spitze durch sehr hohe Fachkompetenz (spezifisches Wissen), jedoch nicht durch direkte

---

119　Die mittlere Linie wird aber dementsprechend bei internem oder externem Outsourcing die wichtige Koordinierungsfunktion zwischen Unternehmen und Dienstleistern ausfüllen.

120　Vgl. H. Mintzberg [1979], S. 30 f.

Führungskompetenz auszeichnen. Die ausgewiesene Fachkompetenz, die zur Erstellung dieser (dritten) Gruppe von Dienstleistungen (Dienstleistungsgruppe 3) notwendig ist, gestaltet sich für Unternehmen zu einer Know-How-Barriere, die genau dann zum Problem wird, wenn es sich wie bei der Technostruktur simultan um strategische Leistungen handelt. Aufgrund dieses Zusammenhangs, der durch die transaktionskostentheoretische Betrachtung noch verdeutlicht werden wird, entsteht im Rahmen der Technostruktur eine weitere eigenständige und abgrenzbare Gruppe von unternehmensinternen Dienstleistungen. In diese Gruppe fällt als klassisches Beispiel auch das strategische Informationsmanagement, das im Rahmen der Grundlagen des Outsourcing explizit betrachtet wurde, und hier vor allem die Entwicklung eines Informationssystems.

Als fünfter und letzter Baustein verbleiben die unterstützenden Einheiten (support staff), deren Bedeutung und Einfluß gerade in größeren Organisationen zunehmend gestiegen ist. In diesem heterogenen Baustein werden diejenigen Dienstleistungen zusammengefaßt, die das Unternehmen als Organisation unterstützen. Im Gegensatz zur Technostruktur, die auf Standardisierungsoperationen mit Schwerpunkt im operativen Bereich hinwirkt, agieren die unterstützenden Einheiten als Stäbe ohne formale Weisungsbefugnisse sowohl für die drei Bausteine der Linie als auch funktionsübergreifend für die Unternehmensorganisation. Demzufolge lassen sie sich in spezialisierte und generalisierte Einheiten differenzieren. Die generalisierten, unterstützenden Einheiten erfüllen funktionsübergreifende Dienstleistungen ohne Fachkompetenz und ohne strategische Bedeutung (Kantine). Die spezialisierten Einheiten leisten hingegen als zentrale Stabsstelle funktionsübergreifende Dienstleistungen ohne strategische Bedeutung jedoch mit Fachkompetenz (betriebliche Datenverarbeitung) und mit strategischer Bedeutung (Controlling), die nicht von der Technostruktur und der strategischen Spitze wahrgenommen werden. Ferner übernehmen diese Stäbe auch funktionale Dienstleistungen mit und ohne strategische Bedeutung, die die Kapazität oder Fachkompetenz der Linie übersteigen (Marktforschung und Kundenbetreuung), und agieren somit als Dienstleistungsstellen mit informellem, fachlichem Weisungsrecht. Zusammenfassend lassen sich für die unterstützenden Einheiten die folgenden fünf Dienstleistungsgruppen identifizieren.

Zunächst werden hier funktionsfreie Dienstleistungen erstellt, die definitionsgemäß keine strategische Bedeutung haben (können). Für diese Dienstleistungsgruppe 4 fungiert die Kantinenverpflegung als Beispiel.

Die funktionsübergreifenden Dienstleistungen (mit Querschnittsfunktion) ohne strategische Bedeutung werden in ihrer Gesamtheit ausschließlich in diesem Baustein als Dienstleistungsgruppe 5 abgebildet. Exemplarisch für diese Gruppe wird die Datenverarbeitung betrachtet, die die Daten (Kosten und Preise) aller Funktionen übergreifend verarbeitet.

Funktionsübergreifende Dienstleistungen mit strategischer Bedeutung werden genau dann im Baustein der unterstützenden Einheiten abgebildet, wenn sie weder der obersten Führungsebene (strategische Spitze) zuzuordnen sind noch der Standardisierung dienen und die Fachkompetenz zu ihrer Erstellung nicht zum limitierenden Faktor im Sinne von Know-How-Barrieren wird. Funktionsübergreifende, strategische Dienstleistungen bilden die Dienstleistungsgruppe 6 und als prägnantes Beispiel wird hierfür das Controlling herangezogen.

Als funktionale Dienstleistungen ohne strategische Bedeutung verbleiben nach Abzug der Dienstleistungen, die innerhalb des operativen Kerns erstellt werden, noch die operativen Dienstleistungen der Funktionen Absatz (bspw. Preisgestaltung, Produktpolitik) und Finanzierung (bspw. externes Rechnungswesen). Als charakteristisches Beispiel für diese Dienstleistungsgruppe 7 wird die Kundenbetreuung herangezogen.

Die fünfte Gruppe von Dienstleistungen innerhalb dieses Bausteins bilden die funktionalen Dienstleistungen mit strategischer Bedeutung, die aufgrund dessen, daß sie ausschließlich hier erstellt werden, einen hohen Anteil ausmachen. Marktforschung soll exemplarisch als Stellvertreter für diese Dienstleistungsgruppe 8 gewählt werden.

Die folgende Abbildung 3 visualisiert die Einordnung exemplarischer Dienstleistungen nach Mintzberg in die vorgestellten Unternehmensbausteine. Auf der Grundlage der gewählten Systematisierung, unternehmensinterne Dienstleistungen nach den Kriterien der Funktionsbezogenheit und der strategischen Bedeutung zu differenzieren, bildet die Abbildung der aus der Systematisierung gewonnenen vier Dienstleistungsarten im Mintzberg-Modell einen organisatorischen Bezugsrahmen zur Untersuchung des Outsourcing.

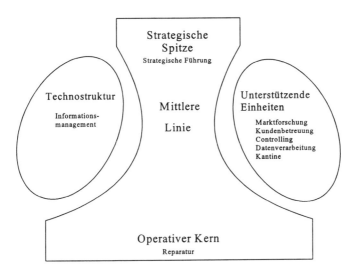

Abb. 3: Exemplarische Dienstleistungen im Mintzberg-Modell

Die aus der Verknüpfung des Systematisierungsansatzes mit dem Mintzberg-Modell resultieren-den acht verschiedenen Dienstleistungsgruppen, die in der folgenden Tabelle 3 veranschaulicht sind, stellen jeweils den Gegenstand einer Outsourcing-Entscheidung dar. Dieser Ansatz bietet den entscheidenden Vorteil einer generellen Betrachtungsgrundlage für Unternehmen un-abhängig von deren Größe, Branche, Rechtsform und auch unabhängig von einer konkreten Form der Aufbauorganisation, da sich jedes beliebige Unternehmen durch das "organisatorische Skelett" nach Mintzberg abbilden läßt. Somit ist keine fallbezogene Betrachtung erforderlich. Die mit Hilfe der Transaktionskostentheorie deduzierten Aussagen über Outsourcing-Ent-scheidungen sind auf jedes beliebige Unternehmen unter Berücksichtigung bestimmter Restrik-tionen[121] übertragbar.

---

121   Auf diese Restriktionen, vor allem die durch das Mitarbeiterpotential gegebenen "Know-How-Barrieren", wird im Rahmen der Grundlagen des Outsourcing in Abschnitt 2.3.2.2 eingegangen.

Unternehmensbausteine	Gruppen von Dienstleistungen
Strategische Spitze	- funktionsübergreifende, strategische Dienstleistungen des dispositiven Faktors (1)
Operativer Kern	- funktionale, operative Dienstleistungen der Funktionen Beschaffung, Produktion und Distribution (2)
Technostruktur	- funktionsübergreifende, strategische Dienstleistungen der oberen Führungsebene mit Know-How-Barrieren (3)
Unterstützende Einheiten	- funktionsfreie (operative) Dienstleistungen (4) - funktionsübergreifende Dienstleistungen (mit Querschnittsfunktion) ohne strategische Bedeutung (5) - funktionsübergreifende, strategische Dienstleistungen ohne Know-How-Barrieren (6) - funktionale Dienstleistungen ohne strategische Bedeutung (der Funktionen Absatz - ohne Distribution - und Finanzierung) (7) - funktionale Dienstleistungen mit strategischer Bedeutung (8)
Tab. 3: Unternehmensbausteine und Gruppen von Dienstleistungen	

2.3.1.6 Zwischenergebnis

In den vorangegangenen Abschnitten wurden unternehmensinterne Dienstleistungen definiert, systematisiert und hinsichtlich ihrer organisatorischen Eingliederung diskutiert. Gestaltet sich die exakte Definition und trennscharfe Systematisierung im Hinblick auf die vorliegende Untersuchungsrichtung schon schwierig, so ist eine eindeutige, organisatorische Abbildung der internen Dienstleistungen innerhalb des Unternehmens mit Hilfe der klassischen Mikro- und

Makrostrukturen nicht möglich. Das Mintzberg-Modell verzichtet hingegen von vorne herein auf eine aufbauorganisatorische Abbildung expliziter Linienstellen, -instanzen und Stäbe und beschränkt sich darauf, organisationales Geschehen von Institutionen zu systematisieren. Dies geschieht durch die Identifikation von fünf Bausteinen, die durch die Abgrenzung verschiedener Aufgabenfelder identifiziert werden können. Für die Erfassung unternehmensinterner Dienstleistungen hat dies zur Konsequenz, daß die sich aus der Systematisierung (vgl. Abschnitt 2.2) ergebenden vier Dienstleistungsarten diesen Bausteinen zugeordnet werden können und dadurch acht Dienstleistungsgruppen resultieren.

Die strategische Spitze bildet die strategischen (funktionsübergreifenden) Dienstleistungen des dispositiven Faktors ab. Der operative Kern erfüllt produktbegleitende, operative Dienstleistungen der Funktionen Beschaffung, Produktion und Distribution. Die Technostruktur erfaßt die strategischen, funktionsübergreifenden Dienstleistungen der oberen Führungsebene, die deren Kompetenz und Kapazität übersteigen und somit für das Unternehmen eine Know-How-Barriere darstellen. Die unterstützenden Einheiten erstellen als heterogener Baustein schließlich die folgenden Dienstleistungsarten: die funktionsfreien Dienstleistungen (als generalisierte Stäbe), die funktionsübergreifenden Dienstleistungen mit strategischer Bedeutung (ausgenommen diejenigen, die in der Technostruktur und der strategischen Spitze erstellt werden) und ohne strategische Bedeutung sowie funktionale, strategische Dienstleistungen und funktionale, operative Dienstleistungen (ausgenommen diejenigen des operativen Kerns, die den Funktionen Beschaffung, Produktion und Distribution zuzuordnen sind, so daß die operativen Dienstleistungen der restlichen Absatzfunktionen und der Finanzierung verbleiben).

Eine eineindeutige Zuordnung der Dienstleistungsarten zu den Bausteinen ist mit Hilfe des Mintzberg-Modells weiterhin nicht gegeben. Es bildet aber durch die systematische Erfassung von Dienstleistungen in seinen Bausteinen eine allgemeingültige Referenzsituation für Unternehmen im Hinblick auf Outsourcing-Entscheidungen.

Die grundlegende Annahme zum Aufbau eines Outsourcing-Modells besteht dementsprechend darin, daß jedes beliebige zu betrachtende Unternehmen in Form des Unternehmensskelettes nach Mintzberg durch die fünf Bausteine strategische Spitze, mittlere Linie, operativer Kern,

Technostruktur und unterstützende Einheiten dargestellt und beschrieben werden kann. Die acht Gruppen von Dienstleistungen, die in dem vorangegangenen Abschnitt erläutert wurden, bilden die Entscheidungsobjekte für die Outsourcing-Überlegungen. Es liegt implizit somit die Annahme zugrunde, daß alle möglichen Dienstleistungen, die in einem Unternehmen[122] nachgefragt werden können und ohne Outsourcing-Entscheidungen auch dort erstellt werden, in diesen acht Gruppen eindeutig erfaßt werden können. Darüber hinaus wird die weitere Untersuchung zeigen, inwieweit die acht Dienstleistungsgruppen aufgrund ihrer Unterschiedlichkeit und Unterscheidbarkeit auch unterschiedlich, jeweils in konkreten Vertragsformen zu organisieren sind - sofern sie Gegenstand einer Outsourcing-Entscheidung sind.

2.3.2 Outsourcing

2.3.2.1 Begriffsbestimmung

Um Outsourcing-Entscheidungen der mit dem Modell von Mintzberg erfaßten Dienstleistungsgruppen fällen zu können, muß ein theoretischer Bezugsrahmen des Outsourcing erstellt und erörtert werden. Zunächst soll der Begriff des Outsourcing exakt definiert werden und seine Bedeutung für die Strategie des Unternehmens geklärt werden, bevor anschließend der Versuch unternommen wird, einen Bezugsrahmen für unternehmerische Outsourcing-Entscheidungen aufzubauen. Innerhalb dieses Rahmens werden Outsourcing-Strategien dargestellt und Organisationsformen in Abhängigkeit der institutionellen Einbindung für das Outsourcing vorgestellt. In diesem Kapitel kommt es darauf an, die Grundlagen unternehmerischer Outsourcing-Entscheidungen systematisch zu erfassen.

Dem Begriff Outsourcing liegt in der Literatur keine einheitliche Definition zugrunde. Dies liegt zum einen daran, daß den größten Teil der Outsourcing-Literatur Fallbeschreibungen von Praktikern ausmachen, die in einer wenig systematischen Weise über Aspekte des Outsourcing

---

122   Es kann jedes nicht nach weiteren Kriterien eingegrenztes produzierendes Industrie- wie auch Dienstleistungs-
       unternehmen betrachtet werden, für das im interessantesten Fall alle dienstleistungsrelevanten Bausteine
       (strategische Spitze, operativer Kern, Technostruktur und unterstützende Einheiten) positiv ausgeprägt sind.
       Dies ist aber keine notwendige Voraussetzung, da die der Outsourcing-Überlegung zugrundeliegende
       Dienstleistung nur mittels der Bausteine identifizierbar zu sein hat.

berichten, ohne eine inhaltliche Klärung des Begriffs vorzunehmen. Zum anderen werden in den wissenschaftlichen Abhandlungen zum Outsourcing[123] unterschiedliche Definitionen verwendet, die auf der unterschiedlichen Abgrenzung des Gegenstandsbereiches des Outsourcing beruhen.

Ausgehend vom Wortstamm ergibt sich der Begriff Outsourcing aus den Teilen "outside", "resource" sowie "using" und beschreibt dementsprechend die Nutzung externer Ressourcen zur Durchführung betrieblicher Leistungen, die sich in der ursprünglichen Abgrenzung insbesondere auf die Informationsverarbeitung beziehen[124]. In der Arbeit wird Outsourcing umfassender als der Fremdbezug (Ausgliederung oder Auslagerung) von unternehmensinternen Dienstleistungen verstanden. Der historische Gegenstandsbereich des Outsourcing beschränkt sich jedoch auf die Informationsverarbeitung. Diese ist umfassender als das Rationalisierungsinstrument Datenverarbeitung zu verstehen und zeichnet sich durch die Dimensionen Ausprägungen von Information (i.S. von zweckorientiertem Wissen) und Verarbeitungsfunktionen aus[125]. Der Fremdbezug von unternehmensinternen Dienstleistungen kann durch Ausgliederung der Leistung an ein kapitalmäßig verbundenes Unternehmen (z.B. Beteiligungsunternehmen) oder durch Auslagerung der Leistung an externe Leistungsanbieter (sogenannte Outsourcer) erfolgen. Der erste Fall wird als internes und der zweite Fall als externes Outsourcing bezeichnet[126].

Auch wenn der Begriff Outsourcing in der betriebswirtschaftlichen Literatur erst seit Beginn der 90er Jahre verwendet wird, ist die dahinterstehende betriebswirtschaftliche Fragestellung nach Eigenerstellung oder Fremdbezug von Leistungen nicht erst seit dieser Zeit relevant[127]. Spätestens seit den 60er Jahren wurde diese Problematik in der Materialwirtschaft sowie im Bereich der immateriellen Wirtschaftsgüter und Dienstleistungen verstärkt erörtert. So wurde damals die "Datenverarbeitung außer Haus" propagiert, da in der damaligen Großrechner-Welt noch das

---

123   Als die Autoren der wesentlichen Beiträge sind hier A. Picot [1991a, 1992], G. Knolmayer [1991, 1992, 1993, 1994], N. Szyperski [1993] und H. Buhl [1993] zu nennen.

124   Vgl. Fußnote 1.

125   Ausprägungen sind Daten i.e.S., Text, Bild, Sprache und Meßwert, unter Verarbeitungsfunktionen sind die Aktivitäten Verarbeiten i.e.S., Speichern, Erfassen und Übertragen zu verstehen, vgl. P. Schmitz [1992], Sp. 959 f.

126   Zur Ausgliederung vgl. auch A. Heinzl [1991] und ders. [1992].

127   Zur Frage Outsourcing - alter Wein in neuen Schläuchen vgl. U. Buhl [1993a].

Grosch'sche Gesetz galt[128]. Dieses Gesetz besagt, daß die Leistung von Rechnern (Hardware-Leistung) mit dem Quadrat der in sie investierten Kosten (Hardware-Kosten) steigt. In den nachfolgenden beiden Jahrzehnten verbesserte sich das Preis-Leistungsverhältnis kleiner Rechner wesentlich stärker als das der Universalrechner. Das organisatorische Konzept "Datenverarbeitung außer Haus" wurde von der technischen Entwicklung überrollt, das Grosch'sche Gesetz widerlegt und der Niedergang externer (Service-) Rechenzentren schien nur noch eine Frage der Zeit zu sein[129].

Vor diesem Hintergrund stellt sich die Frage, warum die Diskussion Eigenerstellung oder Fremdbezug von Informationsverarbeitungsleistungen, die im folgenden mit IV-Leistungen abgekürzt werden, Ende der 80er Jahre unter dem Begriff Outsourcing[130] eine Renaissance erfahren hat. Dieser Frage soll im folgenden Abschnitt schwerpunktmäßig für den ursprünglichen Gegenstandsbereich des Outsourcing und den in der betriebswirtschaftlichen Literatur fast ausschließlich diskutierten IV-Leistungen nachgegangen werden.

2.3.2.2 Bedeutung des Outsourcing

Die Bedeutung des Outsourcing kann aus der Unternehmensstrategie abgeleitet werden, da die Ursprünge des Outsourcing strategische Entscheidungen bezüglich Eigenerstellung und Fremdbezug von Leistungen sind. Durch den Fortschritt der Informationstechnik[131] werden Outsourcing-Entscheidungen wesentlich beeinflußt, da einerseits die Eigenerstellung von im Unternehmen nachgefragten Informationsverarbeitungsleistungen zunehmend komplexer wird und andererseits der Informationsaustausch zwischen Unternehmen und Dienstleistern zunehmend erleichtert wird. Da die Informationstechnik für die in der Arbeit zu betrachtenden

---

128   Vgl. G. Knolmayer [1992], S. 128 f.

129   Das Konzept, nach dem ein Dienstleister das Rechenzentrum des Anwenders (Unternehmen) betreibt, wird heute als Facilities Management bezeichnet. Facilities Management stellt nach Andersen Consulting neben Processing Service, Systems Management und System Integration eine Durchführungsart des Outsourcing dar, die in der Praxis am häufigsten anzutreffen ist, vgl. H. Streicher [1993], S. 19.

130   Beispiele für wesentliche Outsourcing-Verträge in Deutschland finden sich bei H. Streicher [1993], S. 30 ff.

131   Informationstechnik bezeichnet die gesamte Technik, die im Bereich der Datenverarbeitung bzw. Informationsverarbeitung heute Anwendung findet, vgl. H. Schulze [1990], S. 1512.

Unternehmen, die Informationstechnik ausschließlich nutzen und nicht planmäßig selbst entwickeln, exogen vorgegeben ist und eben nicht gestaltbar ist, wird sie hier nicht zur Erklärung des Outsourcing herangezogen[132]. Fruchtbar ist es hingegen, die strategische Bedeutung des Outsourcing für das Unternehmen näher zu betrachten, ohne eine Enumeration von Vor- und Nachteilen des Outsourcing zu betreiben[133]. Die strategische Bedeutung des Outsourcing[134] stellt die Motivation und die Grundlage für die Outsourcing-Entscheidung dar.

Eine Unternehmensstrategie verfolgt im wesentlichen (planvoll) das Ziel, langfristige Wettbewerbsvorteile zu schaffen und diese optimal auszunutzen. Outsourcing kann zur Verwirklichung einer Unternehmensstrategie durch die Verfolgung von vier strategischen Zielen beitragen[135].

In der "Konzentration auf das Kerngeschäft" liegt das erste, wesentliche strategische Ziel des Outsourcing.[136] Im Hinblick auf das Lean-Management (Production)-Konzept gilt für das Unternehmen einerseits, sich gerade im Bereich der Informationsverarbeitung von Routinetätigkeiten zu befreien und sich auf Tätigkeiten, in denen seine Wettbewerbsvorteile liegen, zu konzentrieren[137]. Andererseits bewirken sich verkürzende Lebenszyklen für Produkte und Dienstleistungen die Notwendigkeit, häufiger Anpassungen des Informationssystems[138], insbesondere aber auch der Unternehmensorganisation als Ganzes vorzunehmen. Trotz fallender Hardware-Kosten steigen so die Investitionen in die Entwicklung und Pflege des Informationssystems. Anwendungen innerhalb des Informationssystems setzen nicht die Eigenerstellung des Informationssystems voraus, sondern fordern dessen intelligente Nutzung. Die zunehmende Verbreitung von Kommunikationsstandards, Standardsoftware und offenen Systemen erleichtert

---

132   Es ist allerdings zu betonen, daß Schübe der Informationstechnologie Märkte schaffen und Unternehmensgrößen beeinflussen können, vgl. Abschnitt 4.2. Informationstechnik-Strategien werden insbesondere bei N. Szyperski und J. Kronen [1991] diskutiert.

133   Eine solche wird noch in Form einer Argumentenbilanz vorgestellt, vgl. Abschnitt 3.1.2.

134   Die strategische Bedeutung des Outsourcing betont auch Hess, s. W. Hess [1993], S. 4 f.

135   Vgl. auch zu den vier strategischen Zielen des Outsourcing auch N. Szyperski und J. Kronen [1991], S. 14.

136   Vgl. bspw. W. Hess [1993], S. 13.

137   Mit Routinetätigkeiten ist bspw. die Verarbeitung von Standarddaten gemeint, die auch über das Rechenzentrum eines Dienstleisters erfolgen könnte - es heißt hier: "do what you can best and outsource the rest".

138   Ein Informationssystem ist ein aufeinander abgestimmtes Arrangement von personellen, organisatorischen und technischen Elementen, das dazu dient, den Handlungsträger mit zweckorientiertem Wissen zu versorgen, vgl. A. Picot [1990], S. 296.

durch verbesserte Kompatibilität und Modularisierung die Konfiguration von Anwendungs-
systemen. Daher sind externe Marktpartner möglicherweise in der Lage, bessere Leistungen zu
geringeren Kosten[139] anzubieten. Durch die Konzentration auf wettbewerbsrelevante Tätigkeiten
sinkt die vertikale Größe des Unternehmens. Die Verringerung der Organisationseinheiten führt
wiederum zur Flexibilitätssteigerung in Form schnellerer Reaktion auf Umweltparameter.

Outsourcing-Überlegungen üben ferner eine Promotorfunktion für Reorganisationen im Unternehmen aus, was ein zweites, weiteres strategisches Ziel darstellt. Durch den Entscheidungsprozeß, bislang unternehmensintern erstellte Dienstleistungen fremdzubeziehen, werden
Schwachstellen in der bisherigen Organisation sichtbar, da die von der unternehmensinternen
Abteilung erbrachten Leistungen sich dem Wettbewerb mit den externen Dienstleistern stellen
müssen. Auch bei einer Entscheidung für das "Insourcing" (Eigenerstellung statt Fremdbezug)
ergeben sich durch diesen Vergleich Anhaltspunkte für Reorganisationen.

Eine Risikoabwälzung des Unternehmens auf den externen Dienstleister wird durch Outsourcing
möglich, da die Leistungserstellung durch einen expliziten Vertrag besser zu kontrollieren und
zu überwachen ist als durch Arbeitsverträge, die die Leistungserstellung implizit begründen. Das
Unternehmen vergütet dem Vertragspartner nur vertragskonforme Leistungen, insofern findet
ein Risikotransfer statt.

Schließlich kann durch Outsourcing auch Diversifikation des Unternehmens ermöglicht werden,
wenn zur Erschließung neuer Geschäftsfelder bspw. notwendige Anwendungssysteme entwik-
kelt werden[140] oder, allgemeiner betrachtet, Dienstleistungen notwendig sind. Diese zur Diversifikation notwendigen Dienstleistungen, die bislang aufgrund begrenzten unternehmerischen
Know-Hows nicht eigenerstellt werden konnten, werden durch Outsourcing dann von einem
spezialisierten Dienstleister, der über das entsprechende Know-How verfügt, unternehmens-
extern erstellt.

---

139   Bezüglich der Kostenvorteile werden economies of scale, die heute vor allem in der Mehrfachverwendung des
      Wissens von Systemprogrammierern liegen, angeführt, vgl. G. Knolmayer [1992], S. 129.
140   Als prominenter Fall wird in der Literatur die britische Versicherung Norwich Union angeführt, die auch
      Krankenversicherungen anbieten konnte, als EDS das notwendige Anwendungssystem dazu entwickelt hatte.

Outsourcing-Entscheidungen sind von hoher unternehmerischer Tragweite und haben langfristige Konsequenzen. Insofern bringen Outsourcing-Entscheidungen nicht nur Chancen,
sondern eben auch Risiken mit sich. Diese bestehen vor allem in der Abhängigkeit von der
Kompetenz und Zuverlässigkeit des Outsourcers. Die Risikoabwälzung bei der Leistungserstellung erkauft das Unternehmen mit dem Risiko der Zusammenarbeit, das durch unterschiedliche Unternehmenskulturen und Schnittstellenprobleme zwischen eigenerstellter und
fremdbezogener Leistung entsteht.

Selbst unter Vernachlässigung strategischer Ziele erwächst für Unternehmen schlicht die
Notwendigkeit, Outsourcing-Überlegungen anzustellen. Die Entwicklung von der Produktions-
über die Dienstleistungs- zur Informationsgesellschaft, die sich in der herausragenden Bedeu-
tung des Produktionsfaktors Information[141] dokumentiert, drängt Unternehmen zu neuen
Lösungen für Konzipierung, Betrieb und Finanzierung ihrer Informationssysteme. Der mögliche
Kompetenzmangel der Anwender, d.h. die erforderlichen Integrationsleistungen bezüglich
Software und Hardware zu erbringen, und der Kostendruck im EDV-Bereich - trotz fallender
Hardwarekosten steigen die notwendigen Investitionen in Informationssysteme und in die
Systempflege - sind somit die "Pushfaktoren"[142] des Outsourcing.

Nachdem die Bedeutung des Outsourcing für Unternehmen skizziert wurde, kommt es im
folgenden darauf an, Bestimmungsgrößen des Outsourcing über die Identifikation von
Outsourcing-Strategien zu ermitteln.

2.3.2.3 Bestimmungsgrößen des Outsourcing

Eine Strategie besteht hauptsächlich aus langfristigen Entscheidungen bezüglich bestimmter
Aktionsparameter des Unternehmens. Eine Informationsstrategie dient der Umsetzung der
Unternehmensstrategie und basiert auf den Größen, die das Informationssystem determinieren.

---

141   Vgl. hierzu insbesondere A. Picot und E. Franck [1988] und dieselben [1993].

142   Vgl. N. Szyperski, P. Schmidt und J. Kronen [1993], S. 236 f.

Die Informationsstrategie beinhaltet die Ermittlung des strategisch bedeutsamen Informations-bedarfs, die Priorisierung von Einsatzfeldern des Informationssystems und mögliche Formen des Informationsbedarfs. Erst dann kann innerhalb des taktischen Informationsmanagements geklärt werden, welche IV-Leistungen zur internen Erstellung (zentral oder dezentral), zur Ausglie-derung oder zur Auslagerung anstehen.[143]

Outsourcing-Entscheidungen resultieren aus einer Outsourcing-Strategie, die die in Abschnitt 2.3.2.2 erläuterten strategischen Ziele Konzentration, Reorganisation, Risikoabwälzung und Diversifikation umsetzt. Eine Outsourcing-Strategie spiegelt die Informationsstrategie eines Unternehmens wider und stellt eine Teilstrategie der umfassenden Informationsstrategie dar. Es sollen hier keine umfassenden Informationsstrategien abgeleitet werden, sondern direkt Outsourcing-Strategien systematisch nach den Kriterien Know-How-Spezifität und Spezifität der Informations- und Kommunikations-Technologie differenziert werden. Know-How-Spezifi-tät bildet ab, in welchem Maße Fachkompetenz speziell zur Erstellung einer bestimmten Informationsverarbeitungsleistung verlangt wird. Das Merkmal der IuK-Technologie beschreibt, inwieweit es sich um eine Standardtechnologie oder um eine speziell für das Unternehmen entwickelte oder zumindest angepaßte Technologie handelt. Dieser Ansatz geht auf PICOT und MAIER zurück und wird durch die folgende Abbildung 4 visualisiert.[144] Danach können Outsourcing-Entscheidungen einerseits aus einer Standardisierungs- und andererseits aus einer Differenzierungs- und Innovationsstrategie abgeleitet werden.

Die Standardisierungsstrategie basiert auf der Standardisierung von Betriebssystemen, Anwen-dungsprogrammen und Netzinfrastrukturen. Die Standardisierung führt zur Abnahme der Spezifität dieser Technologien und entsprechender IV-Leistungen und damit zur Entstehung eines Marktes für diese Leistungen. Durch die Standardisierungsstrategie wird das strategische Ziel Konzentration umgesetzt. Damit gehen auch Kostenvorteile (zumindest Kostentransparenz) und eine Qualitätsverbesserung in dem Sinne einher, daß Altlasten abgebaut werden - beispiels-weise veraltete Individualsoftware durch moderne Standardsoftware substituiert wird.

---

143   Vgl. dazu gesondert Abschnitt 2.3.2.5.3.

144   Vgl. auch zu den folgenden Ausführungen A. Picot und M. Maier [1992], S. 18 f.

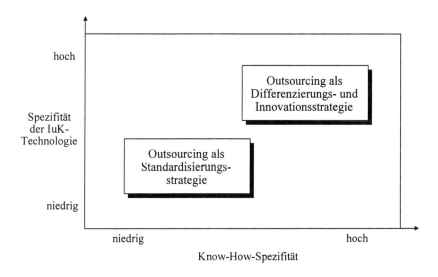

Abb. 4: Outsourcing-Strategien

Die Grundlage für die Differenzierungs- und Innovationsstrategie bildet andererseits die zuneh-mende Differenzierung und Spezialisierung in Form zunehmend differenzierter Verfahren und Technologien der Informationsverarbeitung. Diese Entwicklung betrifft vor allem den Bereich der Programmiersprachen und der Datenbanken. In diesem Fall wirken dann Know-How-Barrieren des Unternehmens und der Kostendruck durch notwendige Investitionen auch für kostspielige Software-Entwicklungswerkzeuge. Besonders durch kurze Innovationszyklen (kurze Lebenszyklen für Produkte und Dienstleistungen) veraltet spezifisches Know-How schnell - wenn es überhaupt existiert - und Investitionen können sich nicht amortisieren. Unternehmen können daher gezwungen sein (vgl. Pushfaktoren in Abschnitt 2.3.2.2), Know-How-spezifische und Technologie-spezifische IV-Leistungen fremdzubeziehen. In besonderem Maße können durch diese Strategie die strategischen Ziele Risikoabwälzung und Diversifikation umgesetzt werden. Das strategische Ziel Reorganisation wird durch beide Gruppen von Outsourcing-Strategien verfolgt, da jeweils Outsourcing-Entscheidungen zu treffen sind. Auf der Grundlage dieser Strategien und der strategischen Ziele sind nun Organisationsformen des Outsourcing in Abhängigkeit der institutionellen Einbindung vorzustellen.

2.3.2.4 Organisationsformen des Outsourcing

Da Outsourcing, wie erläutert, nur in Ausnahmefällen "Befreiung von der gesamten Informationsverarbeitung" bedeutet, geht es nach der Ermittlung der fremdzubeziehenden IV-Leistungen um die Auswahl einer institutionellen Einbindungsform für diese IV-Leistungen. Das Spektrum dieser Outsourcing-Organisationsformen wird in der Abbildung 5[145] verdeutlicht.

| Gründung gemein-samer Service-Gesellschaften | Kapitalbeteiligung am Dienstleistungs-unternehmen | langfristige vertragliche Bindung | kurz- und mittel-fristige vertragliche Regelungen | Fremdbezug auf der Basis spontaner Marktbeziehungen |

Abb. 5: Organisationsformen des Outsourcing

Einige Beispiele aus der betrieblichen Praxis sollen diejenigen in Abbildung 5 vorgestellten institutionellen Einbindungsformen veranschaulichen, denen mindestens kurzfristige vertragliche Regelungen zugrunde liegen. Der Form der Gründung einer gemeinsamen Service-Gesellschaft entspricht die Verbindung zwischen dem Axel Springer-Verlag und Debis (Daimler Benz Interservice).[146] Im Juli 1992 gründeten die Springer Verlags GmbH und die Debis Systemhaus CCS GmbH AG, eine Tochter der Stuttgarter Debis Systemhaus GmbH (die wiederum eine Daimler-Benz-Tochter ist), die Debis Systemhaus RZ-Service 2000 GmbH&

---

145   Vgl. A. Picot und M. Maier [1992], S. 16.

146   Vgl. zur ausführlichen Beschreibung der angeführten Beispiele H. Streicher [1993], S. 32 f.

Co.KG, die organisatorisch aus dem Großrechenzentrum des Springer-Verlags hervorging. Anteilsmehrheit und unternehmerische Führung der neuen Service-Gesellschaft liegen bei der Debis-Tochter; Springer verfügt über eine Kapitalbeteiligung von 49%. Charakteristisch ist für diese Einbindungsform, daß die gemeinsame Service-Gesellschaft ihre Leistungen auch auf dem Markt anbietet.

Bei der Zusammenarbeit zwischen Debis und der Frankfurter Metallgesellschaft handelt es sich um eine Kapitalbeteiligung am Dienstleistungsunternehmen. Bei Debis wurden Beteiligungsmodelle entwickelt, nach denen bspw. Rechenzentren von Unternehmen in eine Debis-GmbH umgewandelt werden, an der sich die Unternehmen beteiligen. So hält die Frankfurter Metallgesellschaft nach dem Verkauf ihrer MG-Informationsverarbeitungs GmbH an Debis noch 40% der Anteile.

Eine langfristige vertragliche Bindung schloß bspw. IBM mit namhaften US-Banken für den Betrieb von Rechenzentren für eine Laufzeit von 10 Jahren ab, wobei IBM die Mehrheit der bisherigen RZ-Mitarbeiter dieser Unternehmen übernommen hat.

Ein Beispiel für eine kurzfristige vertragliche Bindung liefert die DATEV Institution, die eine berufsständische Vereinigung der Steuerberater und Wirtschaftsprüfer darstellt. Unternehmen dieser Branche können, indem sie mindestens ein Jahr Mitglied bei DATEV werden, die IV-Leistungen Datenverarbeitung, -übertragung und -speicherung für Buchführung, Lohnabrechnungen, Bilanzen und Steuererklärungen von DATEV fremdbeziehen. Die interne Abwicklung wäre vor allem bedingt durch die häufigen Änderungen im Steuerrecht und die daraus resultierenden Softwareänderungen kostenintensiver.

Nachdem in diesem Kapitel der Versuch unternommen wurde, die theoretische Motivation unternehmerischer Outsourcing-Entscheidungen im wesentlichen für den Bereich der IV-Leistungen systematisch aufzubereiten[147] und das praktische Outsourcing-Phänomen theoretisch

---

147 Dies ist in der bisher erschienenen Literatur zum Outsourcing nicht Gegenstand der Betrachtung. Die wissenschaftliche Betrachtung beschränkt sich in diesem Zusammenhang auf die Enumeration von Faktoren, Vorteilen/Nachteilen, Gründen, Zielen, Chancen/Risiken, Problemen und Voraussetzungen des Outsourcing.

zu beschreiben, geht es in den nächsten Abschnitten abschließend darum, Outsourcing zu bewerten. Zu diesem Zweck werden die traditionellen Bewertungsansätze zum Outsourcing aus der betriebswirtschaftlichen Literatur herangezogen, die schon der Bewertung der klassischen Make-or-buy-Entscheidung dienten, um aus deren Defiziten wiederum die Vorteilhaftigkeit einer ökonomisch fundierten Methode zur Entscheidungsfindung für das Outsourcing abzuleiten.

2.3.2.5 Traditionelle Bewertungsansätze zum Outsourcing

2.3.2.5.1 Kostenrechnerische Ansätze

Der Vergleich relevanter Kostendaten ist das in der Praxis dominierende Instrument zur Unterstützung der Entscheidungsfindung[148]. Es wird dabei der Versuch unternommen, entscheidungsrelevante Kosten der Eigenfertigung mit Fremdbezugskosten zu vergleichen. Für bestimmte IV-Leistungen ergeben sich bei Fremdbezug (insbesondere für den Betrieb von Rechenzentren, vgl. Beispiel in Abschnitt 2.3.2.4) erhebliche Potentiale zur Erzielung von economies of scale[149]. Die exakte Messung und Quantifizierung von Kosten ist jedoch bestenfalls für gut definierbare oder strukturierbare Aufgaben möglich. IV-Leistungen sind zum großen Teil aber nicht klar zu definieren und zu bewerten. Eine objektive und sachgerechte Ermittlung der Kosten ist daher nicht möglich. Verschärft wird das Problem der Kostenbewertung dadurch, daß externe Anbieter IV-Leistungen zunächst unter Selbstkosten anbieten, um nach Vertragsabschluß die Anfangsverluste durch Anpassungs- und Änderungskosten zu kompensieren. Darüber hinaus bleiben bei rein kostenrechnerischen Vergleichen Kriterien wie Qualität, Unabhängigkeit, Flexibilität und Risikominderung unberücksichtigt. Kostenrechnerische Vergleiche erweisen sich für die Entscheidung über Eigenerstellung oder Fremdbezug von IV-Leistungen aufgrund der ausschließlichen Produktionskostenbetrachtung[150] als untauglich.

---

148   Vgl. hierzu insbesondere A. Picot [1991a], S. 340 ff.

149   Grundsätzlich werden unter economies of scale Kostenersparnisse verstanden, die bei wachsender Ausbringungsmenge durch vermehrte Chancen zu produktivitätssteigernder Spezialisierung, durch Lernprozesse oder durch Kapazitätsgrößenvorteile entstehen.

150   Vgl. dazu den folgenden Abschnitt 3.3.3.1.

BAUR[151] kritisiert kostenrechnerische Verfahren für kurzfristige und langfristige Entscheidungen über Eigenfertigung oder Fremdbezug in Bezug auf den Rechenansatz und die Datenbasis. Zum einen beschränkt sich der produktionskostenorientierte Ansatz auf den Vergleich der Alternativen Eigenfertigung und Fremdbezug und integriert institutionelle Einbindungsformen[152] zwischen diesen Alternativen nicht.[153] Zum anderen eröffnen subjektive Einflüsse bei der Bestimmung der Produktionskostenhöhe, bezüglich der Abgrenzung der relevanten Kosten oder subjektiver und unsicherer Schätzungen von zukünftigen Kosten, die Entscheidung. BAUR bescheinigt einem Verfahren, das sich nur auf produktionskostenrechnerische Daten stützt, eine Scheinobjektivität, da es eben nicht zu ojektiven Make-or-buy-Entscheidungen führt.[154] Die Scheinobjektivität der Daten untergrabe die Akzeptanz der Ergebnisse bei den Betroffenen und der Kostenrechnung käme teilweise nur noch eine Alibifunktion zu.[155] Diese Kritik an der mangelnden (systematischen) Vollständigkeit der zugrundegelegten Datenbasis führt wiederum zu der Schlußfolgerung, neben den Produktionskosten auch Transaktionskosten zu betrachten, die bei kostenrechnerischen Verfahren gänzlich unberücksichtigt bleiben[156].[157]

BONGARD sieht die Nachteile kostenrechnerischer Verfahren ebenfalls vor allem in der mangelnden Abgrenzbarkeit relevanter Kosten, der Unsicherheit der Abschätzung von Kostenentwicklungen in der Zukunft und der Vernachlässigung von Transaktionskosten.[158] Da bei Outsourcing-Entscheidungen eine Reihe qualitativer Faktoren eine erhebliche Rolle spielt, aber kostenrechnerische Ansätze qualitative Faktoren nicht berücksichtigen, kommt BONGARD zu

---

151   Vgl. C. Baur [1990], S. 13 ff.

152   Vgl. Abbildung 5 der Arbeit.

153   Auch Reiß konstatiert, daß Outsourcing nicht in die Welt des radikalen Entweder-oder, sondern in die Welt des Sowohl-als-auch gehört und eben nicht als klassisches Make-or-buy-Problem fehlinterpretiert werden darf, s. M. Reiß [1997], S. 26.

154   C. Baur [1990], S. 22.

155   C. Baur [1990], S. 23.

156   Vgl. D. Schneider [1989], S. 154 und A. Picot, R. Reichwald, H. G. Schönecker [1985], S. 820.

157   Eine deutliche Abkehr von der kostenrechnerischen Behandlung der Make-or-buy-Fragestellung dokumentiert sich auch in der betriebswirtschaftlichen Literatur zu diesem Thema. Im Gegensatz zu dem noch weitgehend kostenrechnerische Aspekte berücksichtigenden Sammelband von Männel, vgl. W. Männel [1973], enthält der 1989 veröffentlichte Sammelband von Hess, Tschirky und Lang ausschließlich nicht quantifizierbare Aspekte, vgl. W. Hess, H. Tschirky und P. Lang [1989].

158   Vgl. St. Bongard [1994], S. 189.

dem Schluß, daß eine Abkehr vom ausschließlichen Einsatz dieser Verfahren naheliegt.[159][160]

BÜHNER und TUSCHKE konzentrieren ihre Kritik an kostenorientierten Auslagerungsentscheidungen auf die Ermittlung der Eigenerstellungskosten nach traditionellen Rechnungsverfahren.[161] Mangelnde Zurechenbarkeit großer Teile der Gemein- bzw. Fixkosten auf einzelne Funktionen läßt hier nur eine ungefähre Bestimmung der tatsächlichen Eigenerstellungskosten zu. Eine Verbesserung wird von BÜHNER und TUSCHKE einerseits in der Prozeßkostenrechnung sowie in einem Ansatz zur Variabilisierung der Fixkosten und andererseits auch im Transaktionskostenansatz gesehen, der mit den Vertragskosten einen erweiterten Kostenbegriff verwendet. Die Schwierigkeit der monetären Bewertung der Transaktionskosten soll dann mit einem Kennzahlenansatz gelöst werden.[162]

2.3.2.5.2   *Checklisten und Argumentenbilanzen*

Pragmatische unternehmenspolitische Ansätze bestehen in der Aufzählung bestimmter Vor- und Nachteile von Eigenfertigung und Fremdbezug und liefern für das Outsourcing sogenannte Checklisten und Argumentenbilanzen. Checklisten bestehen in einer einfachen Auflistung von Vor- und Nachteilen des Outsourcing. Argumentenbilanzen beinhalten in Bilanzform Argumente für und gegen das Outsourcing bezüglich explizit aufgeführter Kriterien, die mit unterschiedlichen Gewichten in die Outsourcing-Entscheidung einfließen können.

---

159   Siehe St. Bongard [1994], S. 190. Auch Bürger schätzt die Kostenfrage bei Outsourcing-Entscheidungen als zweitrangig ein, s. F. C. Bürger [1992], S. 50.

160   Bongard betrachtet ferner im Rahmen der Betrachtung von Wirtschaftlichkeitsanalysen auch verschiedene Nutzenkategorien und gelangt zu den Methoden der Nutzwertanalyse und der Kosten-Nutzen-Analyse, die jedoch beide einem Manipulationsspielraum für die bereit halten, s. St. Bongard [1994], S. 192 ff. Die Schwierigkeit, eine Kosten-Nutzen-Analyse für das Outsourcing zu gestalten, betonen auch Gupta und Gupta bei der Betrachtung der Funktionen des Informationssystems, s. U. Gupta und A. Gupta [1992], S. 49. Hinzu kommt selbst bei einer fundierten Analyse, daß andere Faktoren dominieren. So entschied bspw. das Unternehmen Avon trotz einer Kostenersparnis von 5% nicht outzusourcen, da eine Verlagerung der Verantwortlichkeiten von einem internen Informationsmanagement auf en Dienstleister als zu komplex empfunden wurde.

161   Vgl. R. Bühner und A. Tuschke [1997], S. 25.

162   Vgl. dazu R. Bühner und A. Tuschke [1997], S. 27.

Die Verwendung von Checklisten ist gerade in der wenig theoretisch fundierten Literatur zum Outsourcing sehr verbreitet. Bei JAGODA findet sich bspw. eine Enumeration der Plus- und Minus-Punkte zum Outsourcing.[163] Auch BENKO stellt die Vor- und Nachteile des Outsourcing gegenüber.[164] TAKAC listet ebenfalls potentielle Vor- und Nachteile auf.[165] Als wesentliche Vorteile des Outsourcing werden in diesen Checklisten Kostenvorteile, Beseitigung von Know-How-Barrieren und Erhöhung der Flexibilität genannt. Diesen Vorteilen stehen vor allem die Abhängigkeit vom Dienstleister, die verringerte Kontrollmöglichkeit und Verantwortlichkeit sowie der Verlust der Kompetenz im ausgelagerten Bereich gegenüber. Eine eigentliche Bewertung des Outsourcing findet bei diesen Checklisten, die sich auf eine Enumeration der Vor- und Nachteile des Outsourcing beschränken, noch gar nicht statt. Eine Bewertung erfolgt erst dann, wenn Vor- und Nachteile als Einflußgrößen des Outsourcing zusammengefaßt werden und im Hinblick auf die Entscheidungsalternativen beurteilt werden. Beispiele dafür liefern DEMMER[166] und auch DIEMER[167], dessen Checkliste Einflußfaktoren hinsichtlich der eigenen Leistungsfähigkeit im Vergleich zur Leistungsfähigkeit des Dienstleisters mit besser, gleich oder schlechter bewertet. Die Einflußfaktoren in einer Checkliste darzustellen und in ihrer qualitativen Ausprägung dem Leistungsprofil des eigenen Unternehmens gegenüberzustellen, kann nur ein erster Schritt der Bewertung sein. In einem zweiten Schritt, der in der angeführten Literatur jedoch nicht durchgeführt wird, sind die Einflußgrößen im Hinblick auf die konkrete Entscheidungssituation zu quantifizieren und zu gewichten.

Eine Argumentenbilanz systematisiert auch die in Verbindung mit Outsourcing erörterten Kriterien und dient der Entscheidungsunterstützung, wenn die Kriterien durch Verfahren der Nutzwertanalyse quantifiziert und gewichtet werden.[168] Argumentenbilanzen berücksichtigen Interdependenzen zwischen verschiedenen Leistungen, für die Outsourcing-Entscheidungen zu

---

163   F. Jagoda [1991], S. 4.
164   C. Benko [1993], S. 48.
165   P. Takac [1993], S. 34.
166   C. Demmer [1991], S. 48.
167   H. Diemer [1994], S. 48.
168   Vgl. G. Knolmayer [1993], S. 75 f.

treffen sind, nicht. Eine Argumentenbilanz zum Outsourcing nach KNOLMAYER[169] wird in der Tabelle 4 vorgestellt.

Der Ansatz der Argumentenbilanz liefert sicherlich gute Orientierungspunkte. Doch ist auch dieser aufgrund seines Checklisten-Charakters starker Kritik unterworfen, die sich auf die Menge der entscheidungsrelevanten Kriterien bezieht. Der unternehmenspolitischen Kriterienaufstellung fehlt nicht nur die inhaltliche Systematik; auch Auswahl, Operationalisierung und Zusammenspiel der als entscheidungsrelevant bezeichneten Kriterien bleiben durchweg unbestimmt und willkürlich. Abgesehen davon, daß sich immer die Frage nach der Vollständigkeit solcher Argumentenbilanzen stellt und diese nicht zwingend zur Entscheidung führen, wird die Eignung institutioneller Einbindungsformen (Vertragsformen des internen und externen Outsourcing) überhaupt nicht berücksichtigt.

---

169   Diese wurde übernommen von G. Knolmayer [1992], S. 130.

KRITERIEN	PRO	CONTRA
Strategie	- Konzentration auf Kerngeschäft - Vorteile kleiner Organisationen - Flexibilität - Risikotransfer - Standardisierung	- Entstehen irreversibler Abhängig- keiten - Akzeptanz in Fachabteilung - Unterschiedliche Unternehmens- kultur - Störung zusammengehörender Prozesse - Risiko der Zusammenarbeit - Monopolbeziehungen bei Indivi- duallösungen
Leistungen	- Hohe, vielfältige Kompetenz des Dienstleistungsunternehmens - Klar definierte Leistungen und Verantwortlichkeiten - Starke Serviceorientierung - Raschere Verfügbarkeit von Ka- pazitäten	- Know-How-Verlust - Übervorteilung durch Informa- tionsdefizite - Überwindung räumlicher Distan- zen
Kosten	- Kostenreduktion im laufenden Betrieb - Neue economies of scale - Variable statt fixe Kosten - Gute Planbarkeit - Indirekt bessere Verhandlungs- position gegenüber Systemanbie- tern	- Transaktionskosten - Switching costs - Probleme bei Softwarelizenzen - Bezugsgrößenbestimmung für Entgelt - Weniger informelle Kommunika- tion - Steigende Telekommunikations- kosten
Personal	- Mittelfristige Verringerungen der Personalprobleme	- Personalprobleme beim Übergang - Motivationsprobleme
Finanzen	- Finanzmittelbeschaffung - Auswirkungen auf Jahresabschluß	

Tab. 4: Argumentenbilanz zum Outsourcing

2.3.2.5.3   Portfolio-Analyse als Ansatz des strategischen Managements

Ziel der strategischen Portfolio-Analyse ist es, Unternehmensressourcen in solche Geschäftsfelder zu lenken, in denen Wettbewerbsvorteile generiert werden können. Für jedes strategische
Geschäftsfeld werden dann in Abhängigkeit seiner Lage sogenannte Normstrategien vorgeschlagen, die Handlungsempfehlungen für das Unternehmen darstellen. Die Darstellungsform

der Portfolio-Analyse ist die Portfolio-Matrix[170].

PICOT[171] ist als Wegbereiter der Anwendung des strategischen Instrumentariums zur Entscheidungsfindung zwischen Eigenerstellung und Fremdbezug von Leistungen und IV-Leistungen im
besonderen anzusehen. Picot geht innerhalb der strategischen Analyse zum Outsourcing so vor,
daß die möglichen Einbindungsformen des Outsourcing (s. Abschnitt 2.3.2.4) sowie die Eigenerstellung von IV-Leistungen in Abhängigkeit von deren Eigenschaften und der Know-How-
Verfügbarkeit des Unternehmens in eine Sechs-Felder-Portfolio-Matrix positioniert werden
(vgl. Abbildung 6[172]).[173]

Die entscheidungsrelevanten Eigenschaften der IV-Leistungen bestehen für Picot in den Kriterien Spezifität, strategische Bedeutung, Unsicherheit und Häufigkeit. Unter Spezifität versteht
Picot Leistungen, die nur für den Verwendungszweck des Unternehmens nutzbar sind und am
Markt nicht zu verwenden sind. Strategische Bedeutung wird Informationssystemen und IV-
Leistungen genau dann zugeschrieben, wenn sie ein gegenwärtig oder zukünftig hohes strategisches Potential aufweisen und zum Aufbau von Wettbewerbsvorteilen geeignet sind. Unsicherheit bezieht sich auf die Anzahl und Vorhersehbarkeit von Veränderungen bei der Leistungserstellung und fungiert als nachrangiges Kriterium, das die Wirkungsrichtung der vorhergehenden Eigenschaften unterstützt. Die Häufigkeit, mit der die IV-Leistung zu erbringen ist,
stellt ebenfalls ein nachrangiges Kriterium dar. Diese vier Eigenschaften der IV-Leistungen
werden an der vertikalen Achse der Matrix abgetragen. Die horizontale Achse bildet die Know-
How-Barrieren[174] für die Eigenerstellung ab, womit die unternehmensinterne Verfügbarkeit von
Know-How zur Erstellung der betrachteten IV-Leistung gemeint ist. Falls das Know-How im

---

170   Die wohl bekannteste Portfolio-Matrix, die der Boston Consulting Group, positioniert bspw. Produkte nach
       den Kriterien Marktwachstum und relativer Marktanteil in eine Vier-Felder-Matrix. Für diese vier strategi-
       schen Geschäftsfelder werden dann Normstrategien abgeleitet.
171   Vgl. A. Picot [1990], [1991a] und [1992], sowie ders., R. Reichwald und H. Schönecker [1985]. Das Problem
       des Picot-Ansatzes besteht darin, daß hier eine simultane Betrachtung des strategischen und transaktions-
       kostentheoretischen Instrumentariums vorgenommen wird. In diesem Abschnitt werden transaktionskosten-
       theoretische Aspekte jedoch ausgeklammert.
172   Die Abbildung wurde übernommen von A. Picot und M. Maier [1992], S. 22.
173   Vgl. zur strategischen Portfolio-Analyse des Outsourcing A. Picot und M. Maier [1992], S. 20 ff.
174   Auch Bruderer sieht in Know-How-Barrieren den entscheidenden Hinderungsgrund zur Eigenerstellung von
       Leistungen, s. H. Bruderer [1993], S. 78.

Unternehmen zur Leistungserstellung nicht ausreicht, ist internes Know-How aufzubauen. Der Aufbau von Know-How verursacht Kosten, wenn bspw. durch die Einstellung kompetenter Mitarbeiter Personalkosten entstehen oder durch Schulungen Weiterbildungskosten verursacht werden.

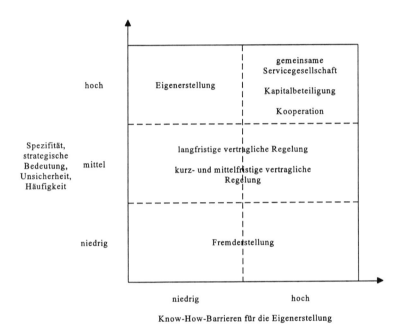

Abb. 6: Portfolio-Matrix für das Outsourcing

Die vier entscheidungsrelevanten Eigenschaften der IV-Leistungen für das Outsourcing werden zwar zusammengefaßt betrachtet, dennoch können differenzierte Überlegungen angestellt werden. Die beiden dominierenden Kriterien für eine Outsourcing-Entscheidung stellen die Spezifität und die strategische Bedeutung der IV-Leistungen dar. Die beiden anderen Kriterien Unsicherheit und Häufigkeit sind zunächst nachrangig. Für Leistungen mit niedriger Spezifität und geringer strategischer Bedeutung ist die Fremderstellung die richtige Einbindungsform. Ein Beispiel stellt der standardisierte Einsatz von Rechenzentren dar. Weisen Leistungen hohe

Spezifität und hohe strategische Bedeutung auf, wird die Eigenerstellung empfohlen. Treten für diese Leistungen jedoch Know-How-Barrieren auf, wird eine Einbindungsform zwischen Eigenerstellung und Fremdbezug nahegelegt. Aufgrund der dann eintretenden starken Abhängigkeit vom Dienstleister wird jedoch eine Kooperationsform mit gegenseitigen Verpflichtungen bzw. eine Kapitalbeteiligung oder gar die Gründung einer gemeinsamen Servicegesellschaft empfohlen. Nehmen IV-Leistungen hinsichtlich der Spezifität und der strategischen Bedeutung eine mittlere Ausprägung ein, sind kurz- bis langfristige vertragliche Regelungen vorzuziehen, die je nach Ausprägung der subsidiären Kriterien Häufigkeit und Unsicherheit in Richtung Eigenerstellung oder Fremdbezug zu modifizieren sind. IV-Leistungen mit hoher strategischer Bedeutung und geringer Spezifität sind nach Picot ein "Glücksfall" und allenfalls kurzfristig gegeben, da sie von der Konkurrenz leicht imitiert werden können.[175] Hingegen sind IV-Leistungen mit hoher Spezifität und geringer strategischer Bedeutung als "Altlasten" durchaus vorhanden und zunächst eigenzuerstellen. Langfristig sind solche Leistungen jedoch zu standardisieren. Entsprechend dieser Ausführungen leiten PICOT und MAIER Normstrategien als Gesamtempfehlungen ab, indem sie nur die dominanten Kriterien Unternehmensspezifität und strategische Bedeutung der IV-Leistungen in Beziehung setzen. Die Normstrategien werden in Abbildung 7 veranschaulicht.[176] Mischstrategien führen zu den in Abbildung 6 dargestellten Einbindungsformen zwischen Eigenerstellung und Fremdbezug.

Picot unternimmt durch die Integration transaktionskostentheoretischer Begriffe[177] (Spezifität, Unsicherheit, Häufigkeit) in die strategische Analyse den Versuch, die Durchführung einer "klassischen" Transaktionskosten-Analyse zu umgehen. Begründet wird dies damit, daß die Zusammenhänge zwischen den jeweiligen Aufgabenbereichen der IV (den IV-Leistungen) und den möglichen Outsourcing-Einbindungsformen bereits durch eine vergleichende Betrachtung der jeweiligen Leistungseigenschaften deutlich werden[178], ohne Transaktionskosten explizit zu untersuchen.

---

175   A. Picot und M. Maier [1992], S. 22.

176   In Anlehnung an A. Picot und M. Maier [1992], S. 23.

177   Die von Picot eingeführten Begriffe Know-How-Verfügbarkeit und strategische Bedeutung, die nicht aus der Transaktionskostentheorie stammen, können jedoch im Sinne der Transaktionskostentheorie als Humankapitalspezifität interpretiert werden. Der Geheimhaltungsaspekt bei der strategischen Bedeutung wird in den Vertrauenskosten erfaßt. Insofern sind diese Begriffe redundant.

178   A. Picot und M. Maier [1992], S. 20.

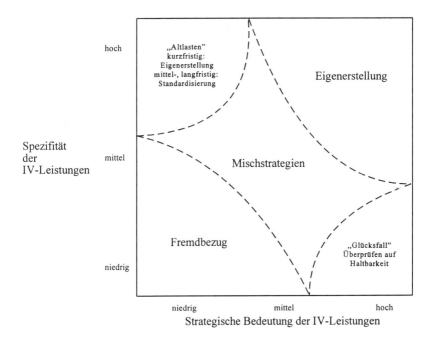

Abb. 7: Normstrategien der Portfolio-Analyse zum Outsourcing

Dieses Vorgehen der strategischen Analyse stellt sicherlich ein anschauliches Grobraster als Vorbereitung zur Transaktionskostenanalyse und Entscheidungsfindung dar. Dennoch ist die zusammengefaßte Betrachtung der vier entscheidungsrelevanten Merkmale von IV-Leistungen zu kritisieren. Es stellt sich die Frage, ob eine nachgeordnete Betrachtung der Unsicherheit zulässig ist, zudem eine Trennschärfe zur strategischen Bedeutung nicht gegeben ist. Eine strategische Leistung wird aufgrund ihrer langfristigen Wirkung auch starker Unsicherheit unterworfen sein. Darüber hinaus erlangt die Häufigkeit bei spezifischen Leistungen durchaus entscheidende Bedeutung, wenn solche Leistungen häufig durchgeführt werden und im Unternehmen Investitionen (bspw. in Personal) notwendig machen, die sich aber amortisieren. Aus dieser Analyse können somit nur Tendenzaussagen getroffen werden, die auf jeden Fall auch gerade in Hinblick auf die vertragliche Gestaltung der Outsourcing-Entscheidung weiter zu differenzieren sind. Im folgenden soll deshalb gezeigt werden, inwieweit die Durchführung einer transaktionskostentheoretischen Analyse zur fundierten Entscheidungsfindung für das Outsourcing geeignet und notwendig ist. Zu diesem Zweck wird die Transaktionskostentheorie im folgenden Kapitel 3 zunächst dargestellt.

3. Transaktionskosten als Entscheidungskriterium für die Organisationsform unternehmerischer Aufgaben

3.1 Bedeutung der Transaktionskostentheorie

Die Transaktionskostentheorie bildet zusammen mit der Property-Rights- und der Principal-Agent-Theorie das Forschungsgebiet der "Neuen Institutionellen Ökonomie", das insbesondere der Relevanz der verfügbaren Institutionen eines Wirtschaftssystems Rechnung trägt. Die Transaktionskostentheorie beschäftigt sich mit der effizienten Organisation wirtschaftlicher Leistungsbeziehungen und ist als mikroökonomische Theorie der Organisation einzuordnen. Ausgangspunkt der Transaktionskostentheorie ist der 1937 veröffentlichte Aufsatz "The Nature of the Firm" von R. COASE. COASE formulierte mit Hilfe des ökonomischen Prinzips die Unternehmensgröße als den Punkt, an dem die Kosten, eine weitere Transaktion innerhalb des Unternehmens zu organisieren, den Kosten, diese Transaktion in den Markt oder ein anderes Unternehmen auszulagern, entsprechen.[179] [180] Somit wurden erstmalig Transaktionskosten formuliert und die Existenz und Größe hierarchischer Organisationen nicht als gegeben hingenommen, sondern über Transaktionskosten erklärt. Dies blieb aber tautologisch, solange nicht nach den transaktionskostenabhängigen Faktoren und damit nach den Ursachen verschiedener Organisationsformen von Transaktionen gefragt wurde.

Die neoklassische Theorie hingegen betrachtet das Unternehmen als Produktionsfunktion (Input-Output-System), das Transaktionen unter vollkommener Information, die durch das Preissystem ohne Ressourcenaufwand verbreitet wird, annahmegemäß durch Abschluß perfekter Kontrakte effizient koordiniert. Die Neoklassik trifft die Annahme vollkommener Konkurrenz, wozu im einzelnen die Unterstellungen eines atomistischen Marktes, der Produktion homogener Güter, vollständiger Markttransparenz und eines freien Marktzutritts gehören. So wird die Effizienz des Unternehmens nur über Produktionskosten, die bei großen Produktionsmengen durch

---

179   Vgl. R. Coase [1937], S. 394.

180   Mit dem Ansatz von Coase und seiner Relevanz für volkswirtschaftliche Problemkreise setzt sich auch E. Bössmann [1981] auseinander.

die Phänomene der Massenproduktion (economies of scale) und bei der Produktion verschiedener Produktarten durch Verbundvorteile von Mehrproduktunternehmen (economies of scope)
determiniert werden, bestimmt. Die Existenz des Unternehmens ist aus neoklassischer Sicht
ausschließlich über Produktionskostenvorteile begründet, und die Grenzen des Unternehmens
werden aus neoklassischer Sicht als technisch vorgegeben betrachtet.

Die neoklassische Theorie konzentriert die Untersuchung somit auf die Wirkungsweise des
Preismechanismus bei der Koordination des Ressourceneinsatzes. Unternehmen und deren
Aufgaben werden aber durch schemenhafte Preis-Mengen-Mechanismen, die mit Hilfe der
"Wunder des Marktes" im Sinne von v. HAYEK in der kurzen Frist zur Gewinnmaximierung[181]
gesteuert werden und in denen Individuen nur als gesichtslose abstrakte Produktionsfaktoren
von Bedeutung sind, unzureichend erfaßt. Das Entscheidungsverhalten sowie die Aufgaben des
dispositiven Faktors werden in der neoklassischen Theorie kaum beachtet. Die neoklassische
Theorie trägt somit zur Erklärung der Probleme ökonomischer Organisation und der Existenz
ökonomischer Institutionen des Kapitalismus (Unternehmen, Märkte und Kooperationen) nicht
bei.

Der Transaktionskostentheorie liegt hingegen der Kerngedanke zugrunde, daß effiziente
wirtschaftliche Strukturen und Prozesse in einer arbeitsteiligen Welt genau dann gegeben sind,
wenn die Abstimmungsprobleme zwischen den Beteiligten möglichst gering sind. Abstimmungsprobleme verursachen Transaktionskosten. Transaktionskosten können dadurch gesenkt
werden, daß Transaktionen in differenzierter Weise Beherrschungs- und Überwachungssystemen (governance structures) und damit Organisationsformen und übergeordneten institutionellen Einbindungsformen zugeordnet werden. Die Transaktionskostentheorie stellt einen inter-
disziplinären Ansatz dar, der sich die Erkenntnisse der Rechtswissenschaft, der Wirtschafts-

---

181   Nach der neoklassischen Vorstellung besteht die Zielfunktion des kapitalistischen Unternehmens in der
       Maximierung des Gewinns unter der Nebenbedingung der in der Produktionsfunktion ausgedrückten tech-
       nischen Gegebenheiten. Die Transaktionskostentheorie weicht von dieser Sichtweise ab, weil Friktionen
       erkannt werden. Unternehmertätigkeit reduziert sich dadurch nicht auf simple Managerfähigkeiten, sich an das
       nötige Marginalkalkül zu halten, s. R. Richter und E. Furubotn [1996], S. 353. Zur grundlegenden wirtschafts-
       theoretischen Diskussion der Beziehung der Transaktionskostentheorie zur Gewinnmaximierung siehe auch
       M. Dietrich [1994], S. 119 ff. Kahle weist unabhängig von einer transaktionskostentheoretischen Betrachtung
       auf eine Fülle von Defiziten einer ausschließlichen Gültigkeit der Gewinnmaximierungsthese für Unternehmen
       hin, vgl. E. Kahle [1997], S. VI f.

theorie und der Organisationstheorie über das Wesen ökonomischer Organisation zunutze macht. Die Nähe zur orthodoxen Wirtschaftstheorie besteht in der Erkenntnis, daß Wirtschaftlichkeit das Kernproblem ökonomischer Organisation ist. Die Rechtswissenschaft findet Eingang, indem der Transaktion ein Vertrag zugrunde gelegt wird, der rechtlich auszugestalten und mit Hilfe gerichtlicher und vor allem außergerichtlicher Regelungen zu überwachen ist. Die Organisationstheorie findet durch die Verhaltensannahmen Berücksichtigung.

3.2 Die Transaktionskostentheorie nach der Konzeption von WILLIAMSON

3.2.1 Verhaltensannahmen

Der Transaktionskostentheorie liegen die Verhaltensannahmen beschränkte Rationalität und Opportunismus zugrunde.[182] [183] Diese spiegeln "die menschliche Natur, so wie wir sie kennen"[184], wider und grenzen die Transaktionskostentheorie klar von der neoklassischen Theorie ab. Beschränkte Rationalität bedeutet im Sinne von SIMON[185], daß die Individuen, die dem Typ des "organization man" entsprechen, rationales Verhalten zwar intendieren, dies aber wegen limitierter Erkenntnisfähigkeit und Informationsverarbeitungskapazität nur in begrenztem Maße erzielt wird.[186] Dieser abgeschwächten Form der Rationalität steht die starke Form der Maximierung der Neoklassik gegenüber, in der Unternehmen als Produktionsfunktion und Verbraucher als Nutzenfunktion betrachtet werden, was dem Menschenbild des "homo oeconomicus" entspricht.

Opportunismus stellt die stärkste Form der Verfolgung des Eigeninteresses durch die Zuhilfenahme von List, in Form von Lügen und Betrügen, zum Nachteil anderer dar und ist von der Nutzenmaximierungsannahme der Neoklassik als schlichte Verfolgung des Eigeninteresses,

---

182   Vgl. O. Williamson [1985a], S. 44 ff.

183   Auch in aktuellen Veröffentlichungen wird die Transaktionskostentheorie nach Williamson zugrunde gelegt. Vgl. bspw. A. Rindfleisch und J. Heide [1997], S. 31 zu den Verhaltensannahmen der beschränkten Rationalität und des Opportunismus.

184   Diese Formulierung stammt von Frank Knight, zitiert nach O. Williamson [1981b], S. 676.

185   Vgl. H. Simon [1961], S. 24.

186   Vgl. dazu auch O. Williamson [1981a], S. 553 und ders. [1981b], S. 676.

ohne anderen Wirtschaftssubjekten direkt zu schaden, abzugrenzen. Opportunismus führt zur unvollständigen und verzerrten Informationsweitergabe[187] und ist deshalb als Ursache von Verhaltensunsicherheit anzusehen.[188] Opportunismus stellt ohne die Verhaltensannahme der beschränkten Rationalität kein Problem für den Abschluß vollständiger Verträge dar, da alle Informationen verfügbar sind und von beiden Vertragsseiten vollständig verarbeitet werden können und somit keine Seite auf die Informationsweitergabe der anderen Seite angewiesen ist. Beschränkte Rationalität stellt wiederum ohne die Annahme des Opportunismus als Ursache von Verhaltensunsicherheit kein Problem dar, da vertragliche Vereinbarungen auf Vertrauen basieren und eingehalten werden. Erst die simultane Existenz von beschränkter Rationalität und Opportunismus führt dazu, daß ein Abschluß vollständiger Verträge, in denen Leistung und Gegenleistung unter Berücksichtigung aller möglichen Umweltzustände geregelt sind, nicht mehr möglich ist.

3.2.2 Dimensionen der Transaktion

3.2.2.1 Vorbemerkung

Die Transaktion stellt die Untersuchungseinheit[189] der Transaktionskostentheorie, und die Transaktionskosten stellen das Effizienzkriterium zur Bewertung der Transaktionsbeziehungen dar. Williamson definiert Transaktion als Leistungsaustausch im Sinne einer ökonomischen Aktivität, indem er schreibt, "a transaction may thus be said to occur when a good or service is transferred across a technologically separable interface"[190]. Da dem Leistungsaustausch nach Auffassung von Williamson ein Vertrag zugrunde liegt, definiert er die Transaktionskosten als Ex-ante-Vertragskosten (Kosten für Entwurf, Verhandlungen und Absicherung einer Verein-

---

187   Es wird dann ferner in vorvertragliche Informationsasymmetrie, die sich in der negativen Risikoauslese (adverse selection) dokumentiert, und in nachvertragliche Informationsasymmetrie als Ursache des moralischen Risikos (moral hazard) differenziert, vgl. O. Williamson [1985a], S. 47.

188   Opportunismus tritt zwar nicht zwangsläufig auf, aber der Gefahr opportunistischen Verhaltens von Individuen ist bei der Gestaltung von Austauschverhältnissen Rechnung zu tragen, vgl. dazu auch A. Picot, H. Dietl und E. Franck [1997], S. 40.

189   So greift Williamson den Gedanken von J. Commons [1931], S. 652 auf, die Transaktion als Basiseinheit der Analyse zu betrachten, siehe O. Williamson [1981c], S. 1543.

190   Zitiert aus O. Williamson [1981c], S. 1544 ff.

barung) und als Ex-post-Vertragskosten (Kosten der Fehlanpassung, des Feilschens und des Betriebes von Beherrschungs- und Überwachungssystemen).[191] Transaktionskosten sind die durch den Prozeß der Transaktion verursachten Kosten. Da Transaktionen durch unterschiedliche Vertrags- bzw. Organisationsformen gestaltet werden, sind die Faktoren, die die Verschiedenartigkeit von Transaktionen begründen, zu untersuchen. Williamson nennt drei Dimensionen,[192] [193] in denen sich Transaktionen unterscheiden: Faktorspezifität, Unsicherheit und Häufigkeit.[194]

3.2.2.2 Faktorspezifität

Die Faktorspezifität stellt die wesentlichste Dimension[195] einer Transaktion dar und spiegelt wider, wie leicht ein Potentialfaktor anderen Verwendungszwecken und Verwendern ohne Wertverlust zugeführt werden kann.[196] Sie stellt darauf ab, in welchem Umfang dauerhafte transaktionsspezifische Investitionen zu tätigen sind. Williamson unterscheidet mit Standort-, Sachkapital- und Humankapitalspezifität sowie zweckgebundenen Sachwerten vier Arten von transaktionsspezifischen Investitionen.[197]

Standortspezifität resultiert aus der Einsparung von Lager- und Transportkosten bei aufeinanderfolgenden Produktionsstufen, wenn diese räumlich nahe beieinander liegen. Wenn derartige

---

191 O. Williamson [1985a], S. 20 f.

192 Vgl. auch zu den folgenden Ausführungen O. Williamson [1985a], S. 52 ff.

193 Vgl. zu der Interpretation der Dimensionen Spezifität, Unsicherheit und Häufigkeit einer Transaktion auch A. Rindfleisch und J. Heide [1997], S. 31.

194 Milgrom und Roberts modifizieren die drei Dimensionen nach Williamson in der Weise, daß sie noch die Schwierigkeit der Leistungsmessung und die Verbundenheit einer Transaktion mit anderen Transaktionen hinzufügen, s. P. Milgrom und J. Roberts [1992], S. 32 f. Williamson integriert die Schwierigkeit der Messung von Arbeitsleistungen nur bei einer unternehmensinternen Betrachtung, da eine Leistungsmessung bei externen Transaktionspartnern ohnehin nicht möglich ist. Interdependenzen zwischen einzelnen Transaktionen treten ebenso nur bei unternehmensinterner Abwicklung auf, so daß entweder unternehmensinterne, zentrale Koordinationsmechanismen zu verstärken sind oder die Mitarbeiter ausschließlich einer Transaktion zuzuordnen sind, s. P. Milgrom und J. Roberts [1992], S. 33. Somit werden Transaktionen doch genau durch die drei Dimensionen nach Williamson charakterisiert.

195 Zur dominanten Bedeutung der Dimension Faktorspezifität für die Entstehung von Transaktionskosten vgl. auch M. Riordan und O. Williamson [1985], S. 367.

196 Vgl. O. Williamson [1991b], S. 16.

197 Vgl. O. Williamson [1985a], S. 55.

Investitionen in Produktionsanlagen eines bestimmten Standorts getätigt werden, entwickelt sich eine langfristige zweiseitige Tauschbeziehung. Standortspezifität ist bei immateriellen Dienstleistungen gegeben, für die kein materielles Trägermedium existiert und für die ein unmittelbarer Kontakt zwischen Anbieter und Nachfrager besteht. Wird bspw. die interne Unternehmensberatung betrachtet, die nicht zeitlich befristet sein soll, liegt Standortgebundenheit des Dienstleistungserstellers vor. Auch ein Catering-Service-Unternehmen ist aufgrund dessen, daß das Essen nur begrenzt transportierbar ist, standortgebunden.

Sachkapitalspezifität beinhaltet ursprünglich gesonderte Investitionen in Produktionsanlagen für einen bestimmten Zweck.[198] Solange das Sachkapital beweglich ist und die Spezifität physischer Natur ist, ergibt sich keine restriktive Bindung der Vertragspartner, da Eigentum an diesem Sachkapital auf den Vertragspartner übergehen kann. Sachkapitalspezifität kann auf Dienstleistungen übertragen werden und für Dienstleistungen dann auftreten, wenn seitens des Anbieters Investitionen in eine nachfrageinduzierte Leistungsdiversifikation getätigt werden. Dies trifft für die Dienstleistungen zu, die vom Dienstleister an spezielle Anforderungen des nachfragenden Unternehmens anzupassen sind. Bspw. sind bei der Wartung und Pflege von Spezialmaschinen Investitionen in spezielles Reparaturwerkzeug oder auch in Schulungsmaßnahmen seitens des Dienstleisters denkbar. Die modifizierte Sachkapitalspezifität für Dienstleistungen ist jedoch im Schwerpunkt ein Spezialfall der Humankapitalspezifität, in dem der Anbieter einer Dienstleistung in Humankapital investiert, um den Erstellungsprozeß an die (Unternehmens-)Spezifika des Nachfragers anzupassen.[199]

Humankapitalspezifität trägt der Tatsache Rechnung, daß im Laufe einer Tätigkeit Lern- und Erfahrungseffekte auftreten. Gerade Tätigkeiten, die besondere Fähigkeiten und Kenntnisse entwickeln, beinhalten Humankapitalspezifität und sind in langfristige Arbeitsverträge ein-

---

198   Ebenda.

199   Die Trennung zwischen Humankapital- und Sachkapitalspezifität bereitet für Transaktionen der Dienstleistungserstellung Schwierigkeiten. Diese sind dadurch bedingt, daß bei der Dienstleistungserstellung Arbeit den dominanten Inputfaktor darstellt und Investitionen in spezifisches Sachkapital deshalb kaum getätigt werden. Das Charakteristische der Sachkapitalspezifität liegt aber darin, daß in Sachkapital - bei Dienstleistungen eben in Humankapital - zum Zweck der Diversifikation investiert wird. Zur Erstellung unternehmensinterner Dienstleistungen investiert der Dienstleistungsanbieter dann in Humankapital, das zur Anpassung seiner Leistung an Unternehmensspezifika benötigt wird. Sachkapitalspezifität wird deshalb im folgenden auch als Humankapitalspezifität im weiteren Sinne verstanden.

zubinden. Für Dienstleistungen, die sich durch solche Tätigkeiten auszeichnen, ist Humankapitalspezifität in besonderem Maße gegeben.

Unter Investitionen in zweckgebundene Sachwerte ist beispielsweise die Erweiterung von
Produktionsanlagen bzw. der allgemeinen Produktionskapazität im Interesse des Vertragspartners (Nachfrageerhöhung) zu verstehen. Auf die Dienstleistung bezogen stellen Kapazitätserweiterungen in Form von Einstellung neuer Mitarbeiter oder Bürovergrößerungen Investitionen in zweckgebundene Sachwerte dar. In Abgrenzung zur Sachkapitalspezifität werden
hier ausschließlich Erweiterungsinvestitionen getätigt, mit denen keine diversifizierten Dienstleistungen angeboten werden können. Durch Investitionen in zweckgebunde Sachwerte können
Dienstleistungen, so wie sie ursprünglich angeboten wurden, schneller erstellt werden.

Das Vorhandensein von Faktorspezifität bewirkt verschiedene Transaktionssituationen. Tausch-
vorgänge (Transaktionen), die sich auf transaktionsspezifische Investitionen stützen, sind im
Gegensatz zu neoklassischen Annahmen weder gesichtslos noch eine Sache des Augenblicks.[200]
Faktorspezifität stellt die Ursache für die Entstehung einer "Small-Numbers-Situation"[201] und
der "Fundamentalen Transformation"[202] dar. Die Small-Numbers-Situation tritt bei Transaktionen mit hohem Ex-ante-Spezifitätsgrad[203] auf und drückt aus, daß diese Transaktionen von
vornherein wenige Transaktionspartner hervorbringen und somit ex ante zu monopolartigen
Austauschbeziehungen mit wechselseitigen Abhängigkeiten führen. Die fundamentale Transformation geht hingegen von einer ex ante konkurrenzintensiven Wettbewerbssituation potentieller Transaktionspartner aus, die erst im Laufe der Zeit durch dauerhafte transaktionsspezifische Investitionen zu einer monopolartigen Austauschbeziehung und damit ex post zu einer
Spezifität transformiert wird und wegen der Schutzbedürftigkeit dieser Investitionen das als

---

200   Vgl. O. Williamson [1985a], S. 56 f.
201   Vgl. auch zu der folgenden Erkärung O. Williamson [1975], S. 26 ff.
202   Vgl. auch zu dieser folgenden Erklärung O. Williamson [1985a], S. 61 ff.
203   Der Spezifitätsgrad einer Transaktion wird nach dem Konzept der Quasi-Rente bewertet. Der Begriff der
      Quasi-Rente drückt den bewerteten Differenzbetrag aus beabsichtigter und nächstbester alternativer Verwen-
      dung einer Ressource aus und trägt somit dem Opportunitätskostenprinzip Rechnung, vgl. dazu B. Klein, R.
      Crawford und A. Alchian [1978], S. 298 ff.

Hold-up-Problem bezeichnete Verhaltensrisiko begründet[204].

3.2.2.3 Unsicherheit

Unter Unsicherheit, der die Transaktion unterworfen sein kann, sind Umweltunsicherheit und Komplexität zu verstehen. Umweltunsicherheit bedeutet Unsicherheit[205] über die nicht zu beeinflussenden Umweltparameter,[206] deren Veränderung im Zeitablauf als Dynamik bezeichnet wird. Komplexität stellt in Abgrenzung zur Umweltunsicherheit die Zustands- und Wirkungsunsicherheit dar.[207] Komplexität in diesem Sinne schlägt sich in der Unsicherheit über Zustand und Wirkung der Gestaltungsparameter der Transaktion nieder. Unsicherheit führt zu schwierigen Problemen ökonomischer Organisation.[208] So bewirkt erst die simultane Existenz von Unsicherheit und Opportunismus eine Situation der "Information Impactedness"[209] [210] (Informationsverkeilung), die eine asymmetrische Informationsverteilung[211] ausdrückt und eine einseitige Ausnutzung des Informationsvorsprungs durch einen Transaktionspartner ermöglicht. Aus der Information Impactedness resultiert dann durch den Aufbau transaktionsspezifischen Wissens wiederum ein erhöhter Spezifitätsgrad der Transaktion.

---

204   Hold up ist der Ausdruck eines Verhaltensproblems, das aus der Principal-Agent-Theorie als das Ausnutzen einer Situation durch den Agenten zum Nachteil des Principals abgeleitet wird. Diese Situation zeichnet sich dadurch aus, daß der Principal irreversible Investitionen getätigt hat und deshalb in ein Abhängigkeitsverhältnis zum Agenten gerät, siehe A. Picot, H. Dietl und E. Franck [1997], S. 86. Bei Übertragung des Hold-up-Problems von der Principal-Agent- auf die Transaktionskostentheorie handelt es sich dann um das durch Opportunismus bedingte Verhaltensrisiko, das durch einseitige, spezifische Investitionen eines Vertragspartners entsteht. Die Bezeichnung Hold up wird zur Verdeutlichung des Verhaltensproblems bei einseitigen, spezifischen Investitionen innerhalb der transaktionskostentheoretischen Betrachtung in Kapitel 4.3 herangezogen.

205   Unsicherheit ist nach Knight durch die Nichtexistenz von apriori und statistischen (aposteriori) Wahrscheinlichkeiten für den Eintritt eines Ereignisses definiert, vgl. F. Knight [1940], S. 197-232.

206   Vgl. J. Reese [1991], S. 364.

207   Vgl. J. Reese [1991], S. 366.

208   Vgl. O. Williamson [1985a], S. 30.

209   Vgl. O. Williamson [1975], S. 31 ff.

210   Dietl interpretiert die Situation der Informationsverkeilung hingegen auf der Basis identischer Informationsniveaus beider Transaktionspartner. Bei gleichem Informationsstand zwischen zwei Wirtschaftssubjekten besteht dann die Gefahr, daß eines versucht, sich durch bewußte Falschaussagen gegenüber Dritten Vorteile zu verschaffen, vgl. H. Dietl [1993], S. 137 und A. Picot und H. Dietl [1990], S. 180.

211   Die asymmetrische Informationsverteilung kann vor Vertragsabschluß vorliegen und begründet dann das Verhaltensproblem der adversen Selektion. Eine nach Vertragsabschluß auftretende Informationsasymmetrie führt zum Verhaltensproblem des Moral Hazard. Vgl. dazu O. Williamson [1985a], S. 47 und E. Rasmusen [1989], S. 133 ff.

3.2.2.4 Häufigkeit

Die Häufigkeit, mit der eine Transaktion durchgeführt wird, stellt darauf ab, ob es sich um eine einmalige, gelegentliche oder wiederkehrende Transaktion handelt. Bei sich wiederholenden Transaktionen können die Transaktionskosten zur Einrichtung des Beherrschungs- und Überwachungssystems[212] bzw. der Organisationsform als Fixkostenblock durch Fixkostendegression abgebaut werden. Die Transaktionskosten sinken auch wegen des Auftretens von Lerneffekten mit zunehmender Transaktionshäufigkeit. Ist der Auslastungsgrad spezialisierter Beherrschungs- und Überwachungssysteme[213] hingegen gering[214], ihr Bedarf und damit ihr Nutzen aufgrund der hohen Faktorspezifität der Transaktion hoch, ist es zweckmäßig, ähnliche, aber voneinander unabhängige Transaktionen zusammenzufassen.

Dem Williamson'schen Markt-Hierarchie-Paradigma[215] folgend kann das Resümee gezogen werden, daß die Organisation der Transaktion über die Hierarchie erfolgt, wenn Faktorspezifität, Häufigkeit und Unsicherheit einer Transaktion tendenziell hoch einzuschätzen sind. Da sich hier aber nicht nur die Frage nach Markt oder Hierarchie stellt, sondern sehr differenzierte Beherrschungs- und Überwachungssysteme zu untersuchen sind, ist eine explizite Beschreibung unterschiedlicher Gestaltungsmöglichkeiten von Verträgen, die diesen Systemen zugrunde liegen, zu betrachten.

---

212 Williamson versteht unter einem Beherrschungs- und Überwachungssystem (governance structure) einer Transaktion institutionalisierte Formen, in denen Transaktionen koordiniert und kontrolliert werden, vgl. O. Williamson [1985a], S. 72 ff. Das Unternehmen stellt ein hierarchisches Beherrschungs- und Überwachungssystem dar. Der Markttausch bildet als (marktliches) System den Gegenpol. Dazwischen liegen drei- und zweiseitige Systeme, die im nächsten Abschnitt durch das Vertragsrecht definiert werden.

213 Spezialisierte Beherrschungs- und Überwachungssysteme tragen den Kontrollanforderungen spezifischer Transaktionen Rechnung. Der Markttausch stellt hingegen ein Standard-System dar, durch das (unspezifische) Standard-Transaktionen gestaltet werden.

214 Der Auslastungsgrad des Systems gibt an, wie häufig die Transaktion in dem für sie gestalteten Überwachungssystem durchgeführt wird.

215 Vgl. O. Williamson [1975], S. 20 ff.

3.2.3   Vertragstheoretische Grundlagen nach MACNEIL

3.2.3.1 Vorbemerkung

Zum Zweck der Präzisierung transaktionskostentheoretischer Aussagen integriert WILLIAM-SON vertragstheoretische Überlegungen in seinen Ansatz[216], die sich in den Überwachungssystemen dokumentieren. Verträge haben zunächst die totale oder teilweise Übertragung von Verfügungsrechten einer Person oder einer Personenmehrheit auf eine andere Person oder einer Personenmehrheit zeitlich befristet oder auf Dauer zum Gegenstand[217] [218]. Es existieren vollständige und unvollständige Verträge. Ein vollständiger Vertrag liegt dann vor, wenn die Vertragsparteien sich vor Vertragsabschluß über die Zuordnung aller Risiken geeinigt haben, die mit der Durchführung des Vertrags verbunden sind. Jede Eventualität ist bei der Vertragsverhandlung zu berücksichtigen, das Risiko einer Vertragspartei zuzuordnen und festzulegen, welche Leistung der Risikoträger im Falle des Risikoeintritts zu übernehmen hat. Je nach Zuordnung der Risiken auf Anbieter oder Nachfrager wird der Preis einer Leistung unterschiedlich hoch sein.[219] Für die ökonomische Analyse ferner bedeutsam ist auch die Unterscheidung zwischen expliziten und impliziten Verträgen[220]. Explizite Verträge, die exakt ausformuliert sind, sind beim Auftreten spezifischer Investitionen und hoher Umweltunsicherheit aufgrund der beschränkten Rationalität der Vertragspartner entweder nicht oder nur unter Inkaufnahme sehr hoher Transaktionskosten durchzusetzen. Deshalb treten dann vertragsähnliche, nichtformale und rechtlich nicht sanktionierbare Praktiken in den Vordergrund; es kommt zum Abschluß impliziter Verträge. Implizite Verträge enthalten beispielsweise folgenden Reputationsmechanismus[221]: derjenige Partner, von dessen Leistung andere Vertragspartner abhängig sind, erhält zusätzlich zu dem Preis der von ihm angebotenen Leistung eine Prämie, die sein Wohlverhalten belohnen und opportunistisches Verhalten vermeiden soll. Implizite Verträge basieren somit auf der Einhaltung bestimmter Regeln und Normen, die den Vertragsparteien bekannt sind, aber nicht schriftlich fixiert werden können oder sollen. Im folgenden

---

216   Vgl. O. Williamson [1985a], S. 23 ff. und O. Williamson [1990b], S. 1 ff.

217   Im Bürgerlichen Gesetzbuch ist der Vertrag erstmals im ersten Buch, dritter Titel, § 145- § 157 beschrieben.

218   Vgl. dazu auch A. Picot et al. [1997], S. 18.

219   Vgl. zu diesen Ausführungen H.-B. Schäfer und C. Ott [1995], S. 325 f.

220   Vgl. zu dieser Unterscheidung A. Picot et al. [1996], S. 54.

221   Vgl. R. Wagner [1994], S. 13.

werden der klassische, der neoklassische und der relationale[222] Vertragstyp nach Macneil[223] systematisch[224] nach den Kriterien der zeitlichen Befristung, der Identität der Vertragspartner und der Vollständigkeit gegenübergestellt. Ferner werden die Vertragstypen in explizite und implizite Verträge differenziert.

3.2.3.2 Klassisches Vertragsrecht

Das klassische Vertragsrecht ist zeitpunktorientiert, da es auf dem Grundgedanken basiert, daß Leistung und Gegenleistung zeitlich zusammenfallen (Spotmarkt). Diese Annahme kann auch dann beibehalten werden, wenn sich die Austauschbeziehung über einen Zeitraum erstreckt, Leistung und Gegenleistung also zeitlich auseinanderfallen, diese zum Zeitpunkt des Vertragsabschlusses aber unter Berücksichtigung aller möglichen Umweltzustände eindeutig festgelegt werden können. Diese Verträge entsprechen dann den Contingent-Claims-Kontrakten[225] in der Arrow-Debreu-Welt. Im Rahmen des klassischen Vertragsrechts werden ausschließlich Transaktionen abgewickelt, für die die schon eingeführten Annahmen der neoklassischen Theorie gelten und für die Isoliertheit[226] und Antizipation aller Eventualitäten zu erreichen ist. Zum einen spielt wegen der Isoliertheit dieser Transaktionen die Identität der Vertragspartner keine Rolle und zum zweiten handelt es sich um vollständige Verträge. Ferner sind Leistung und

---

222   Schanze entwickelt mit seinem Konzept symbiotischer Verträge eine Vertiefung der Idee relationaler Verträge. Symbiotischen Verträgen liegen spezifische Investitionen zugrunde, die sich wiederum in einseitigen und damit besonders kritischen Abhängigkeiten und intensiven Beziehungen zwischen Vertragspartnern ausdrücken. Erfolgreiche symbiotische Verträge zeichnen sich dann durch ausgefeilte Anreizschemata aus, die insbesondere bei der Auswahl und der Überwachung des Vertragspartners wirksam sind. Vgl. E. Schanze [1991], S. 68-103. Picot interpretiert symbiotische Absprachen umfassender als die Organisationsformen bzw. Verträge, die sich durch langfristige Orientierung, Unvollständigkeit, starke Abhängigkeit, aber rechtliche Selbständigkeit zwischen den Vertragspartnern und grundlegende Anpassung der Verhaltensweisen und der Kultur beider Vertragsseiten auszeichnen, s. A. Picot [1993], S. 731.

223   Vgl. I. Macneil [1974], S. 693.

224   Eine Systematisierung von Vertragstypen findet sich auch bei Dietl, der jedoch die Kriterien zeitlicher Horizont, Vertragsinhalt, Identität der Vertragspartner sowie Anpassungs- und Durchsetzungsmechanismus zugrunde legt, s. H. Dietl [1995], S. 572.

225   Contingent-Claims-Kontrakte sind in einer Arrow-Debreu-Welt Verträge, die aufgrund quasi vollständiger Informationen - die Individuen kennen die Wahrscheinlichkeitsverteilungen über den Eintritt von Umweltzuständen - eine perfekte Versicherung gegen zukünftige Umweltzustände darstellen.

226   Isoliertheit einer Transaktion bedeutet, daß diese unabhängig von anderen Transaktionen durchgeführt wird; es bestehen keinerlei Interdependenzen zwischen Transaktionen, die auf der Basis des klassischen Vertragsrechts gestaltet werde, und somit entstehen auch keine Beziehungen zwischen Vertragspartnern.

Gegenleistung im klassischen Vertrag exakt ausformuliert; es liegen also explizite Verträge vor. Treten bei einer Transaktion, die auf der Grundlage eines klassischen Vertrags geregelt ist, Streitfälle auf, so werden sie vor Gericht mit Hilfe von Gesetzen geklärt oder der Vertrag wird aufgelöst, was den Abbruch der Transaktion zur Folge hat. Der einfache, spontane Kaufvertrag stellt ein Beispiel für einen klassischen Vertrag dar.

3.2.3.3 Neoklassisches Vertragsrecht

Unter hoher Unsicherheit und ausgeprägter Langfristigkeit können Transaktionen durch klassische Verträge nicht mehr oder nur unter Inkaufnahme hoher unter Umständen prohibitiver Kosten im voraus ausreichend spezifiziert werden. Zur Abwicklung derartiger Transaktionen kommt es zur Herausbildung des neoklassischen Vertragsrechts, das zeitraumorientiert ist, der Identität der Vertragspartner Rechnung trägt und den Abschluß unvollständiger Verträge ermöglicht, da für spezifische und unsichere Transaktionen die Transaktionskosten für eine vollständige vertragliche Regelung eben prohibitiv hoch sind. Die Risiken einer Transaktion bleiben somit unvollständig spezifiziert. Neoklassische Verträge haben jedoch weiterhin expliziten Charakter, da der Gegenstand der Transaktion wie auch ihre zeitliche Befristung explizit im Vertrag formuliert werden. Das neoklassische Vertragsrecht stellt einen institutionellen Rahmen zur Verfügung, der aufgrund der Unvollständigkeit für die zwangsläufig auftretenden Meinungsverschiedenheiten und Streitfälle eine Schlichtung durch Drittparteien auf außergerichtlichem Wege vorsieht (Schiedsrichter, Schlichter, Sachverständiger). Die Erkenntnis, daß die Vereinbarungen bei gegebener Unsicherheit unvollständig sind und manche Verträge überhaupt nicht zustandekommen, wenn nicht beide Parteien Vertrauen in Schlichtungsverfahren haben, kennzeichnen das neoklassische Vertragsrecht. Das Einbringen außergerichtlicher Regelungen findet darin seine Begründung, daß eine Fortsetzung des Vertrages erwünscht ist. Rahmenverträge, wie bspw. Bauverträge, stellen neoklassische Verträge dar.

3.2.3.4 Relationales Vertragsrecht

Während das neoklassische Vertragsrecht die Abwicklung zeitraumbezogener Transaktionen unterstützt, versuchen relationale Verträge den zunehmenden Anforderungen dauerhafter, durch ein komplexes Geflecht transaktionsspezifischer Leistungsbeziehungen gekennzeichneter Austauschverhältnisse gerecht zu werden. Die Identität der Vertragspartner hat im relationalen Vertragsrecht entscheidende Bedeutung, denn an die Stelle expliziter Abmachungen treten implizite, auf einem gegenseitigen Abhängigkeitsbewußtsein beruhende Vereinbarungen zwischen den Vertragspartnern; eine vollständige, vertragliche Risikozuordnung ist hier ohnehin nicht mehr möglich, da die sich im Laufe der Zeit entwickelnde Beziehung in den Mittelpunkt gestellt wird, nicht eine ursprüngliche Vereinbarung . Die Transaktionsbeziehung basiert auf gegenseitigem Vertrauen, so daß Streitfälle gar nicht erst auftreten sollten. Ist dies doch der Fall, ist eine Einigung ausschließlich zwischen den Vertragsparteien auf der Basis der gemeinsam entwickelten Normen und Werte zu erzielen. Im Rahmen eines unbefristeten Arbeitsvertrags[227] verpflichtet sich der Arbeitnehmer des Unternehmens bspw. grundsätzlich mit seinen Fähigkeiten und Motiven zur Leistungserstellung unabhängig von isolierten Transaktionen. Damit wird sowohl die Fiktion diskreter, eindeutig voneinander abgrenzbarer Transaktionen verworfen als eben auch der Identität der Vertragspartner Rechnung getragen.[228]

3.2.4 Schlußfolgerungen für die Überwachungssysteme von Transaktionen

Kommerzielle Transaktionen lassen sich nach WILLIAMSON zunächst in Abhängigkeit ihrer Dimensionen[229] Häufigkeit und Faktorspezifität in vier verschiedene Beherrschungs- und Überwachungssysteme einordnen, was in der Abbildung 8 veranschaulicht wird.[230]

---

227   Der Arbeitsvertrag regelt die Pflichten des Arbeitnehmers und Arbeitgebers und billigt dem Arbeitgeber ein auf das Arbeitsverhältnis bezogenes Weisungsrecht zu. Falls dieses Direktionsrecht nicht explizit dem Arbeitsvertrag zu entnehmen ist, leitet es sich aus § 315 BGB her, vgl. H. und R. Albach [1989], S. 181.

228   Ein Beispiel für eine relationale Organisationsform stellt die Clan-Organisation nach Ouchi dar, die auf gemeinsamen Normen, Werten und Einstellungen ihrer Mitglieder basiert, vgl. W. Ouchi [1980], S. 134 f.

229   Unsicherheit wird hier zwar als gegeben angenommen, aber wegen der besseren Darstellbarkeit erst später in die Betrachtung einbezogen.

230   In Anlehnung an O. Williamson [1979], S. 253.

Beispiele für Transaktionen, die dem Güteraustausch dienen, lassen sich für jede Merkmals-
kombination finden.[231] So sind nichtspezifische, aber gelegentliche Transaktionen beispielsweise der Kauf von Standardausrüstung, eine gelegentlich gemischte Transaktion ist der Kauf
von spezialgefertigter Ausrüstung, und eine hochspezifische Transaktion, die nur gelegentlich
durchgeführt wird, ist beispielsweise die Errichtung einer Werkanlage. Wiederholte Transaktionen nichtspezifischer Art sind beispielsweise der Kauf von Standardmaterial, von gemisch-
ter Art der Kauf von spezialgefertigtem Material und von hochspezifischer Art die standort-
spezifische Übertragung von Zwischenprodukten aufeinanderfolgender Produktionsstufen.

Häufigkeit	Faktorspezifität		
	nichtspezifisch	gemischt	spezifisch
gelegentliche Transaktionen	Marktüberwachung 1	Markt mit dreiseitiger Überwachung 2 (neoklassisches Vertragsrecht)	
wiederkehrende Transaktionen	(klassisches Vertragsrecht)	Markt mit zweiseitiger Überwachung 3a (relationales Vertragsrecht)	Hierarchie 3b (relationales Vertragsrecht)

Abb. 8: Überwachungssysteme für kommerzielle Transaktionen

Das in der Abbildung mit 1 gekennzeichnete Feld enthält nichtspezifische sowohl gelegentlich
als auch wiederholt auftretende Transaktionen, für die die Beherrschung und Überwachung
durch den Markt die effiziente Organisationsform darstellt. Es handelt sich hier um standardisierte Transaktionen, für die alternative Kauf- bzw. Liefervereinbarungen leicht zu treffen sind.
Bei nur gelegentlich auftretenden Transaktionen können sich die Vertragspartner zwar weniger

---

231   Vgl. ebenda, S. 247.

leicht auf unmittelbare Erfahrung stützen und sich somit weniger vor Opportunismus schützen, es können aber die Erfahrungen anderer Wirtschaftssubjekte herangezogen werden. Diese Transaktionen entsprechen den Annahmen des isolierten Tausches. Die Identität der Parteien ist belanglos, der sachliche Gehalt der Transaktionen wird durch Verweis auf die formalen Vertragsbedingungen bestimmt, und es gelten Rechtsnormen. Die dominante Form des Vertrags ist hier der Kaufvertrag als rein marktliche Abwicklung der Transaktion. Vertragspartner werden gegenseitig vor Opportunismus durch die Marktalternativen geschützt. Sollte es zu Streitverfahren kommen, ist ausschließlich die gerichtliche Klärung vorgesehen, die in diesem Fall meist zur Beendigung des Vertragsverhältnisses führt.

In Feld 2 finden sich zwei Arten von Transaktionen, die dreiseitiger Überwachung[232] bedürfen. Es sind gelegentliche Transaktionen der gemischten und der hochspezifischen Art. Aufgrund der spezifischen Investitionen in solche Transaktionen bestehen bei den Vertragspartnern starke Anreize, einen Vertrag über solche Investitionen auch bis zum Vertragsablauf zu erfüllen. Nicht nur der Verlust der speziellen Investitionen bei alternativer Verwendung, sondern auch die ungewöhnlichen Bewertungsschwierigkeiten bei der Übertragung solcher Güter auf einen Vertragsnachfolger verstärken das Interesse an der Aufrechterhaltung der Beziehung. Reine Marktabwicklung einerseits ist hier angesichts der beschränkten Anwendbarkeit des klassischen Vertragsrechts zur Stützung solcher Transaktionen unbefriedigend. Aufgrund des nur gelegentlichen Auftretens der Transaktion sind die Transaktionskosten zweiseitiger Kontrolle andererseits zu hoch, so daß es einer institutionellen Zwischenform bedarf. Das neoklassische Vertragsrecht hat viele der gesuchten Eigenschaften. Statt der Austragung eines Streitverfahrens vor dem ordentlichen Richter in Form von gerichtlicher Regelung, die auf Abbrechen der Transaktion abzielt, bedient man sich eher der Hilfe Dritter zur Beilegung von Streitigkeiten und zur Beurteilung erbrachter Leistungen. Diese dritte Partei kann ein Schiedsrichter, ein Schlichter oder ein Sachverständiger sein, die zur Schlichtung des Streitfalls und damit der Fortsetzung des Vertrags beitragen.

In Feld 3 werden relationale Verträge in zweiseitige Überwachungssysteme (3a) und die

---

232 Der Begriff dreiseitige Überwachung stellt darauf ab, daß die beiden Vertragsparteien und eine Drittpartei (Schlichter) für die Überwachung der Transaktion zur Verfügung stehen.

Hierarchie als einseitiges Überwachungssystem (3b) unterschieden. Bei den zweiseitigen Systemen bleibt die rechtliche Selbständigkeit der Beteiligten gewahrt, bei dem vereinheitlichten System, in dem die Transaktion dem Markt entzogen und unternehmensintern so organisiert wird, daß sich eine Autoritätsbeziehung ergibt (vertikale Integration), ist dies nicht der Fall. Liegen keine hochspezifischen, sondern gemischte Transaktionen (Feld 3a) vor, kann im Hinblick auf Skalenerträge die Beschaffung der entsprechenden Produktionselemente über den Markt vorgezogen werden. Im Vergleich zur vertikalen Integration erhält die Beschaffung über den Markt Leistungsanreize eher aufrecht als eine große Institution, die zudem noch der Gefahr bürokratischer Verzerrungen unterliegt. Probleme mit der Beschaffung über den Markt zeigen sich bei der Anpassungsfähigkeit und den Vertragskosten. Eine Beschaffung von außen bedeutet Anpassungen an der Schnittstelle mit dem Markt. Sofern die Notwendigkeit von Anpassungen nicht von Anfang an bedacht und im Vertrag ausdrücklich berücksichtigt ist, was oft unmöglich oder unerschwinglich teuer ist, lassen sich Anpassungen an der Schnittstelle mit dem Markt durch einvernehmliche und wirksame Vereinbarungen erreichen. Die Vertragspartner haben in der Regel den Anreiz, die Beziehung aufrechtzuerhalten, da der Verlust wertvoller transaktionsspezifischer Investitionen im Laufe der Beziehung zu vermeiden ist. Die fundamentale Transformation findet auch bei gemischt spezifischen Transaktionen statt, da sich im Laufe der Zeit Erfahrungen in der Zusammenarbeit mit dem Transaktionspartner einstellen, die bei einem Abbruch der Transaktion verloren gingen.

Handelt es sich um spezifische Transaktionen, die auf weitgehender Sach- und Humankapital-spezifität basieren, sind über die marktliche Abwicklung keine merklichen Skalenerträge zu erwarten. Deshalb wird die vertikale Integration angestrebt. Die Tauschanreize werden mit zunehmender Spezifität von Transaktionen geringer, wenn Human- und Sachkapital stärker auf eine einzige Verwendung spezialisiert sind und damit weniger leicht für andere Zwecke eingesetzt werden können. Der Vorteil der vertikalen Integration ist der, daß die Anpassung schrittweise erfolgen kann, ohne daß Vereinbarungen zwischen Unternehmen berücksichtigt, vervollständigt oder revidiert werden müßten. Wo beide Partner einer Transaktion demselben Unternehmen angehören, ist die Annahme gemeinsamer Gewinnmaximierung gegeben. Preisanpassungen in vertikal integrierten Unternehmen werden vollständiger sein als bei Verträgen zwischen Unternehmen. Die Wahrung der Identität an der Schnittstelle in Verbindung mit weitgehender Anpassungsfähigkeit sowohl bei Preisen als bei Mengen ist somit charakteristisch für ausgeprägt hochspezifische Transaktionen, die durch die vereinheitlichte Überwachung (interne Organisation) abgewickelt werden. In dieser Modellierung der Hierarchie steckt die Annahme, daß Mitglieder eines Unternehmens innerhalb der Hierarchie dieselben Ziele (insbesondere Gewinnmaximierung) verfolgen. Dadurch ist die Gefahr opportunistischen Verhaltens relativ zu anderen institutionellen Einbindungsformen erheblich gemindert. Dies ist plausibel, da Arbeitsverträge anreizverträglich und kontrollierbar gestaltet werden können. Die Transaktionskostentheorie geht hier von drei Eigenschaften einer Unternehmensorganisation (Hierarchie) aus, die zur Minimierung der Transaktionskosten führt.[233] Eine Unternehmensorganisation verfügt erstens über die Kontrollmechanismen der Überwachung des Verhaltens wie auch des Outputs der Mitarbeiter. Dadurch wird Opportunismus früher erkannt, und Akzeptanz kann besser hergestellt werden. Zweitens können in einem Unternehmen langfristige Anreize zur Vermeidung von Opportunismus gesetzt werden. Drittens wird auf die Unternehmenskultur Bezug genommen, welche konvergierende Zielsetzungen ihrer Mitglieder fördert und so den Opportunismus von vorne herein reduziert.

Die bisher nicht explizit einbezogene Unsicherheit nimmt dann Einfluß,[234] wenn Faktorspezifität gegeben ist. Für die gemischt spezifische Transaktion werden interessante organisatorische Probleme aufgeworfen. Sofern nicht ein zwei- oder dreiseitiges Beherrschungs- und Überwachungssystem entwickelt werden kann, tendieren solche Transaktionen mit zunehmender Unsicherheit in die Marktüberwachung oder in die Hierarchie. Eine Möglichkeit ist es nämlich, Produktdifferenzierungen zugunsten eines standardisierten Produkts aufzugeben, mit der Konsequenz, daß der Markt als Beherrschungs- und Überwachungssystem gewählt wird. Bleiben die Besonderheiten jedoch erhalten oder werden sie sogar verstärkt, wird die Transaktion statt dessen unternehmensintern abgewickelt.

Für hoch spezifische Transaktionen bewirkt zunehmende Unsicherheit, daß das Erfordernis der Kontinuität der Vertragsbeziehungen in den Vordergrund tritt. Es werden Beherrschungs- und

---

233 Vgl. A. Rindfleisch und J. Heide [1997], S. 32.

234 Vgl. O. Williamson [1985a], S. 79 f.

Überwachungssysteme zu organisieren sein, die die Eigenschaft haben, transaktionsspezifische Güter zu erhalten. Es ist der Gefahr entgegenzuwirken, daß kostspieliges Feilschen und Fehlanpassungen auftreten. Gerade in einer bilateralen Tauschsituation, die durch das neoklassische Vertragsrecht geregelt wird, werden die Probleme durch hinzutretenden Opportunismus deutlich. Verstärkte Unsicherheit wird bei spezifischen Transaktionen deshalb zu einer Abwicklung der Transaktion innerhalb der Hierarchie führen.

Das Zusammenwirken der Dimensionen einer Transaktion und der Verhaltensannahmen führt zum Auftreten von Transaktionskosten. Es können dann Transaktionssituationen entstehen, in denen es zu einem Versagen des reinen Markttauschs auf der Basis von klassischen Verträgen kommt. Diese Situationen werden abschließend erläutert. Erst die simultane Existenz von Opportunismus und Unsicherheit bewirkt eine Situation der "Information Impactedness"[235], die eine einseitige Ausnutzung des Informationssprungs durch einen Transaktionspartner ermöglicht.

Auch die "Small-Numbers-Situation" und die "Fundamentale Transformation" werden erst durch opportunistisches Verhalten zum verschärften Problem in einer Transaktionsbeziehung, da dieses Verhalten zur Ausnutzung der Ex-ante- und Ex-post-Spezifität der Transaktionssituation führt. Letztlich stellt auch die beschränkte Rationalität der Individuen nur ein Problem dar, wenn die Grenze der Rationalität erreicht wird, was beim Auftreten von Unsicherheit der Fall ist. Dann entsteht eine Situation unvollständiger Information, die wiederum einen Abschluß vollständiger Verträge verhindert.

Bei der Untersuchung verschiedener Organisationsformen bzw. institutioneller Einbindungsformen von Transaktionen ist also das Zusammenwirken aller Faktoren, die die Transaktion beschreiben, zu beachten und in eine Bewertung mit Transaktionskosten zu überführen. Die Organisationsform, die in einer komparativen Analyse die geringeren Transaktionskosten (bei gegebenen Produktionskosten) hervorbringt, ist dann die zu wählende transaktionskosteneffi-

---

235   Siehe O. Williamson [1975], S. 31 ff.

ziente Organisationsform.[236]

3.3 Der Transaktionskostenansatz in der Organisationstheorie

3.3.1 Transaktionskostentheorie als ökonomische Organisationstheorie in der Neuen Institutionenökonomik

3.3.1.1 Klassifikation ökonomischer Organisationstheorien in der Wirtschaftstheorie

Die Neue[237] Institutionenökonomik zeichnet sich durch eine vertragsbezogene Sicht von Organisationsverhältnissen, Interesse an einer Theorie hierarchischer Kontrolle und formale Analyse anhand von Modellen unvollständiger Verträge aus. WILLIAMSON[238] gibt mit dem in der folgenden Abbildung 9 dargestellten Schema einen Überblick über die alternativen ökonomischen Organisationstheorien, von denen ein Teil die Neue Institutionenökonomik bildet.

Das abgebildete Schema beinhaltet ökonomische Theorien der Unternehmens- und Marktorganisation, die nur rudimentär unterschieden werden. Nicht ökonomische Ansätze, wie speziell die soziologischen, bleiben unerwähnt. Die erste kategorische Unterscheidung innerhalb des Schemas wird zwischen den Theorien getroffen, die keine vertragliche Anordnung zugrunde legen (Technologische Ansätze) und denen, die die ökonomische Organisation aus vertraglichen Gesichtspunkten betrachten (Makro- und Mikroökonomische Regelungen). Die ersten Ansätze der sechziger Jahre betrachteten das Unternehmen aus technologischer Perspektive (zumeist als Produktionsfunktion) und weniger aus vertraglicher bzw. organisatorischer Sicht. Vertragliche Fragen wurden ignoriert, weil angenommen wurde, daß

- die Grenzen des Unternehmens gegeben sind (diese wurden hauptsächlich über

---

236   Vgl. auch S. Masten, J. Meehan und E. Snyder [1991], S. 1.

237   Hodgson geht explizit auf das zeitliche Adjektiv neu ein, indem er die Neue von der Alten Institutionen-
        ökonomik unterscheidet, die auf Veblen, Commons und Mitchell zurückgeht. Vgl. auch zu diesen Ansätzen G.
        Hodgson [1998]. Auch Wegehenkel kommentiert die Alte und Neue Institutionenökonomie, vgl. L. We-
        gehenkel [1984], 30 ff.

238   Vgl. O. Williamson [1990a], S. 104 ff.

Skalen- und Verbundeffekte definiert)

-    Verfügungsrechte vollständig definiert sind

-    eventuell auftretende Auseinandersetzungen kostenfrei und effizient von den
     Gerichten entschieden werden.

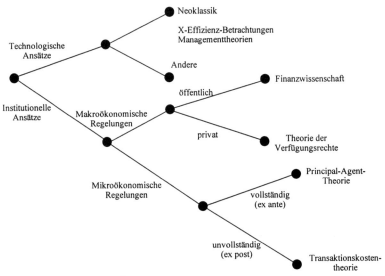

Abb. 9: Ökonomische Theorien der Organisation

Alle Kontrakte wurden somit als effizient betrachtet; es bestand kein Anlaß, Unterschiede
zwischen verschiedenen Vertragsformendiesen zu prüfen und zu untersuchen, ob diese Unterschiede Bedeutung für den Vergleich von Institutionen haben. Allgemeiner gesprochen betrachtet die Neoklassik das Unternehmen eher in "individuellen" als "marktlichen Kategorien"[239]. Die
wesentlichen Betrachtungsgegenstände der neoklassischen Theorie sind Preise und Output[240].

---

239   Diese Unterscheidung stammt von David Kreps in seinem Aufsatz Unternehmenskultur und ökonomische
       Theorie [1995], S. 92 ff.
240   Vgl. K. Arrow [1986], S. 388.

Obwohl viele interessante ökonomische Phänomene mit Hilfe der neoklassischen Theorie untersucht wurden, bleiben beispielsweise folgende Fragen[241] aus dieser Sicht unbeantwortet.

- Welche Faktoren sind für die Unternehmensentscheidung verantwortlich, Produkte oder Dienstleistungen selbst zu erstellen oder fremd zu beziehen?
- Wofür und warum entstehen Verwaltungskosten?
- Welche Faktoren begründen die Grenzen des Unternehmens?

Die erste Generation von Ökonomen, die sich mit Institutionen auseinandergesetzt haben,[242] beschäftigten sich mit der Frage der Geeignetheit der orthodoxen (neoklassischen) Theorie zur Lösung der obigen Fragen. Die Ökonomen dieser Generation, wie Veblen, Mitchell und Commons[243] waren der harschen Kritik der neoklassischen Ökonomen ausgesetzt, die behaupteten, Institutionalismus führe zu nichts, solange keine explizite Theorie vorhanden sei. Die Einbindung der Analyse von Institutionen in die Theorie der Neoklassik gelang erst mit der Neuen Institutionenökonomik[244], die die Theorie der Verfügungsrechte, die Principal-Agent-Theorie und die Transaktionskostentheorie umfaßt. Gegenstand der folgenden Ausführungen soll die Skizzierung der Ansätze sein. Ziel der Ausführungen ist es, die Entstehung der drei Theorien aus einer Gedankenwelt zu verdeutlichen und somit die Transaktionskostentheorie in diesen umfassenden Kontext der Neuen Institutionenökonomie einzuordnen.

---

241 Siehe O. Williamson [1990a], S. 106.

242 Einen Überblick über Erklärungsansätze für Institutionen, der zwischen den älteren, nichtvertraglichen und den neuen, vertraglich orientierten Ansätzen der Institutionenökonomik differenziert, geben auch H. Bonus und R. Weiland [1995], S. 29 ff.

243 Vgl. zu einem historischen Abriß der Institutionellen Ökonomie und der Vorstellung amerikanischer wie auch europäischer Ökonomen dieser Richtung auch T.W. Hutchison [1984], S. 20 ff.

244 Vgl. D. C. North [1984].

3.3.1.2 Vertraglich orientierte Erklärungsansätze von Organisationen

3.3.1.2.1 Die Theorie der Verfügungsrechte

Property-Rights sind Verfügungsrechte[245] und werden als Grundlage für ökonomische und soziale Beziehungen von Individuen angesehen.[246] [247] Der Property-Rights-Ansatz geht davon aus, daß für das Eigentum an einem Gut nicht allein der Besitz und die physischen Eigenschaften des Gutes relevant sind, sondern auch und vor allem die an diesem Gut bestehenden Eigentumsrechte[248]. Es werden vier Arten von Eigentumsrechten unterschieden:

- das Recht, ein Gut zu nutzen (usus)
- das Recht, seine Erträge einzubehalten (usus fructus)
- das Recht, seine Form und Substanz zu ändern (abusus)
- das Recht, das Gut (und damit das Bündel der an ihm bestehenden Rechte) zu einvernehmlichen Konditionen anderen ganz oder teilweise zu überlassen[249].

Die Eigentumsrechte[250] an einem Gut können ganz oder teilweise verschiedenen Trägern zugeordnet sein. Wenn alle oben genannten Arten von Eigentumsrechten einem einzigen Träger zugeordnet sind, erlaubt ihm dies die ausschließliche Nutzung des Gutes[251]. Die Nutzung ist jedoch nicht unbeschränkt, da die Eigentumsrechte durch Nutzungsbeschränkungen, insbesondere in Form gesetzlicher Regelungen, sowie durch Transaktionskosten eingeschränkt werden[252]. Zum einen untersucht der Property-Rights-Ansatz vor diesem Hintergrund unterschiedliche

---

245 Furubotn und Richter unterscheiden zunächst zwischen absoluten und relativen sowie anderen Verfügungsrechten. Absolute Verfügungsrechte umfassen Privateigentum, Urheber- und Menschenrechte. Relative Verfügungsrechte beziehen sich auf Gläubiger-Schuldner-Verhältnisse und andere Verfügungsrechte auf Familienrechte bzw. auf nicht durch Gesetz geschützte Rechte, vgl. dazu E. Furubotn und R. Richter [1996], S. 88.

246 Vgl. E. Furubotn und S. Pejovich [1972], S. 1139.

247 Eine Darstellung der Theorie der Verfügungsrechte als allgemeine Organisationstheorie findet sich bei Schreyögg, der auch die unternehmensinterne Organisation untersucht, vgl. G. Schreyögg [1988], S. 154 ff.

248 Vgl. R. Coase [1960], S. 43 f.; H. Demsetz [1967], S. 347; A. Alchian und H. Demsetz [1973], S. 17.

249 Vgl. M. Tietzel [1981], S. 210 sowie E. Furubotn und R. Richter [1996], S. 82.

250 In Abgrenzung zu den Verfügungsrechten, die sich auf die Nutzung von Gütern beziehen, führt Witt den Begriff der "transaction rights" ein, die Regeln festlegen, wie und mit wem Transaktionen durchgeführt werden können, vgl. U. Witt [1987], S. 181.

251 Vgl. A. Alchian [1965], S. 129 ff.

252 Vgl. S. Pejovich [1971], S. 141 ff.

Ausgestaltungen, Zuordnungen und Beschränkungen von Eigentumsrechten und ihren Einfluß auf das wirtschaftliche Verhalten der Menschen. Zum anderen untersucht er diejenigen Faktoren, die zu Änderungen von Eigentumsrechten führen sowie die ökonomische Bedeutung dieser Änderungen[253].

Dem Property-Rights-Ansatz liegt die zentrale Hypothese zugrunde, daß die Ausgestaltung der Eigentumsrechte die Allokation und Nutzung von Gütern auf spezifische und vorhersehbare Weise beeinflußt[254]. Eine bestimmte Ausgestaltung und Verteilung von Eigentumsrechten stellt für die betroffenen Individuen ein Anreizsystem dar, das sie veranlaßt, die Güter auf bestimmte Weise zu nutzen. Der Property-Rights-Ansatz betrachtet Individuen dabei nicht nur in ihrer Rolle als selbständige Wirtschaftssubjekte, sondern auch als Mitglieder von Organisationen. Es wird untersucht, wie die einzelnen Eigentumsrechte und ihre Nutzung die Allokation der Produktionsfaktoren, die Art und Zusammensetzung der produzierten Güter sowie ihre Verteilung und ihren Konsum in unterschiedlichsten Bereichen des Wirtschafts- und Gesellschaftslebens beeinflussen.

Der Untersuchung von Nutzungsbeschränkungen gilt im Rahmen des Property-Rights-Ansatzes besondere Aufmerksamkeit. So wird analysiert, in welcher Weise gesetzliche Verwendungsbeschränkungen eines Gutes Angebot, Nachfrage, Produktion und Verteilung dieses Gutes sowie dessen Inputfaktoren beeinflussen. Die Bedeutung von Transaktionskosten für die Nutzung von Eigentumsrechten hat zuerst COASE, wie in Abschnitt 3.1 ausgeführt, herausgestellt, indem er unter der Annahme positiver Transaktionskosten die Relevanz der ursprünglichen Verteilung der Eigentumsrechte betont, da die Änderung von Eigentumsrechten in diesem Fall mit (Transaktions-) Kosten verbunden ist. Art und Höhe der Transaktionskosten verschiedener Institutionen beeinflussen die Allokation der Eigentumsrechte sowie ihre Nutzung durch den jeweiligen Eigentümer.

Transaktionskosten, gesetzliche und andere Nutzungsbeschränkungen, Produktionskosten sowie

---

253   Vgl. A. Alchian und H. Demsetz [1973], S. 17.
254   Vgl. E. Furubotn und S. Pejovich [1972], S. 1139.

Erlöse aus der Nutzung von Eigentumsrechten können kurzfristig als gegeben angesehen werden. Allerdings ändern sich langfristig einer oder mehrere dieser Faktoren. Auch die Auswirkungen solcher Änderungen auf die Ausgestaltung und Zuordnung von Eigentumsrechten sowie die sich daraus ergebenden ökonomischen Folgen werden innerhalb des Property-Rights-Ansatzes untersucht[255]. Technischer Fortschritt kann bspw. die Kosten der Definition, Zuordnung und Sicherung von Eigentumsrechten an bestimmten Gütern verringern. Falls es sich bei diesen Gütern zuvor um freie (öffentliche) Güter gehandelt hat - da die Kosten einer Definition, Zuordnung und Sicherung der an ihnen bestehenden Eigentumsrechte zu hoch waren -, können sie nun gegebenenfalls in Privateigentum überführt werden, wodurch sich das bei öffentlichen Gütern auftretende Problem der Übernutzung vermeiden ließe. Bei der Theorie der Verfügungsrechte handelt es sich insofern um eine Organisationstheorie, als daß sie der Frage nachgeht, welchem Organisationsmitglied die Entscheidungskompetenz über die Verwendung eines bestimmten Gutes (Zuteilung von Verfügungsrechten) delegiert, um eine effiziente Allokationsentscheidung zu erzielen.

3.3.1.2.2   Die Principal-Agent-Theorie

Die Principal-Agent-Theorie, auch als Agency-Theorie bezeichnet, behandelt Situationen, in denen ein Wirtschaftssubjekt (Principal) Arbeit an einen anderen (Agenten) delegiert; sie thematisiert somit arbeitsteilige Auftraggeber-Auftragnehmer-Beziehungen. Der Agent trifft bei der Durchführung des Auftrags Entscheidungen, die sowohl sein eigenes Nutzenniveau als auch das des Principals beeinflussen[256].

Die Beziehung zwischen Agent und Principal stellt ein Vertragsverhältnis dar. Der Agent führt Handlungen aus und erhält dafür eine nach im vorhinein festgelegten Kriterien berechnete Vergütung. Der Principal erhält das durch die Handlungen des Agenten entstehende Ergebnis (etwa in Form von Gewinn)[257].

---

255   Vgl. H. Demsetz [1967], S. 350 ff.; S. Pejovich [1972], S. 314 ff.
256   Vgl. E. Wenger und E. Terberger [1988], S. 506.
257   Vgl. J. Schumann [1971], S. 453.

Die Agency-Beziehung zeichnet sich durch folgende Merkmale aus[258]:

–   Principal und Agent versuchen jeweils ihren eigenen Nutzen zu maximieren; die Ziel-
    funktionen des Principals und des Agenten sind nicht kongruent.

–   Principal und Agent haben unterschiedliche Risikoneigungen. Aufgrund ihrer unter-
    schiedlichen Risikoneigungen präferieren Principal und Agent jeweils unterschiedliche
    Handlungsoptionen. Üblicherweise wird unterstellt, daß der Principal risikoneutral und
    der Agent risikoavers eingestellt ist.

–   Die Handlungen des Agenten und/oder die handlungsrelevanten Sachverhalte können
    vom Principal nicht direkt bzw. nicht kostenlos beobachtet werden; es liegt asymme-
    trische Informationsverteilung vor.

–   Das Ergebnis ist nicht ausschließlich vom Handeln des Agenten bestimmt, sondern auch
    von anderen Einflüssen. Daher kann der Principal nicht unmittelbar vom Ergebnis auf
    die Handlungen und somit die Leistung des Agenten zurückschließen.

Das aus dem Informationsgefälle zwischen Principal und Agent entstehende Agency-Problem
kann nach Arrow[259] in zwei Problemfelder unterschieden werden:

–   Versteckte Aktion (hidden action): Der Principal kann die Handlungen des Agenten
    nicht oder zumindest nicht kostenlos beobachten. Die Leistung kann eben nicht ein-
    deutig aus den Handlungsergebnissen abgeleitet werden, weil diese auch von anderen
    Einflüssen abhängen. Beispielsweise kann ein Aktionär als Principal das Verhalten des
    Vorstands als Agent zumeist nicht direkt beobachten. Die Geschäftsentwicklung der
    Aktiengesellschaft wird zudem nicht nur durch die Maßnahmen des Vorstands, sondern
    auch durch das Verhalten der Konkurrenten, durch staatliche Eingriffe, durch die kon-
    junkturelle Entwicklung sowie durch sonstige Faktoren beeinflußt. Der Fall der "hidden
    action" birgt somit die Gefahr in sich, daß der Agent die fehlenden Kontrollmöglich-
    keiten des Principals opportunistisch ausnützt. Diese Form der Verhaltensunsicherheit

---

258   Siehe K. Arrow [1985], S. 37 f. und K. Eisenhardt [1989], S. 58.
259   Siehe K. Arrow ebenda.

wird auch als Moral Hazard bezeichnet.[260]

– Versteckte Information (hidden information): Der Agent verfügt über handlungsrelevante Informationen, die dem Principal nicht oder nicht kostenlos zugänglich sind. Beispielsweise kann ein Unternehmensleiter als Principal die Leistung eines internen Spezialisten als Agent gegebenenfalls aufgrund mangelnder Fachkenntnisse nicht beurteilen. Informationen über den Agenten oder dessen Leistungen, die dem Principal vor Aufnahme der Leistungsbeziehung verborgen sind, bezeichnet SPREMANN als "hidden characteristics".[261] Wenn der Agent dem Principal falsche Eigenschaften vortäuscht, entsteht die Gefahr der adversen Selektion.[262] [263]

Bei der Analyse dieses Problemkomplexes verfolgt die Agency-Theorie drei Zielsetzungen[264]: Erstens sollen die spezifischen Ursachen und Merkmale des in einer Vertragsbeziehung auftretenden Agency-Problems herausgearbeitet werden. Zweitens sollen die zur Lösung eines Agency-Problems verwendeten oder denkbaren institutionellen Arrangements beschrieben und bewertet werden. Drittens soll die effiziente Vertragsform zur Regelung einer Agency-Beziehung entwickelt werden, wobei die spezifischen Merkmale der Beziehung wie Risikoneigung der Akteure, Verteilung und Kosten der Information zugrundegelegt werden.

Die Agency-Theorie unterteilt sich in zwei, weitgehend komplementäre Richtungen[265]:

– Die normative Agency-Theorie, ist theoretisch orientiert.[266] Unter Verwendung ma-

---

260 Vgl. A. Alchian und S. Woodward [1988], S. 68.

261 Vgl. K. Spremann [1990], S. 566.

262 Vgl. H. Dietl [1993], S. 137 f.

263 Spremann betrachtet noch den Fall der "hidden intention", s. K. Spremann [1990], S. 566. Der Fall der "hidden intention" liegt vor, wenn der Principal zu Beginn der Leistungsbeziehung nicht weiß, wie der Agent sich im Laufe der Beziehung verhalten wird. Im Gegensatz zur "hidden action" bleiben dem Principal die Handlungen des Agenten jedoch nicht verborgen. Zum Problem wird "hidden intention" deshalb dann, wenn der Principal aufgrund irreversibler Abhängigkeiten ex post den Agenten nicht zu einem interessenkonformen Verhalten bewegen kann, vgl. H. Dietl [1993], S. 141. Der Agent kann die Situation dann opportunistisch ausnutzen. Diese Form der Verhaltensunsicherheit, die im Unterschied zur adversen Selektion ex post-Charakter hat, wird als Hold up bezeichnet, vgl. A. Alchian und S. Woodward [1987], S. 114.

264 Vgl. dazu H. Feldmann [1995], S. 49.

265 Vgl. M. Jensen [1983], S. 334 f.

266 Zum normativen Principal-Agent-Ansatz siehe vor allem S. Grossmann und O. Hart [1983].

thematischer Modelle wird vor allem versucht, effiziente Vertragsformen für die Kooperation von Principal und Agent zu entwickeln. Die Differenz zwischen dem Nutzen des
Principals in einer erstbesten Lösung bei kostenloser, vollständiger Information und dem
in einer zweitbesten Lösung bei asymmetrischer Informationsverteilung, opportunistischem Verhalten des Agenten und Unsicherheit der Handlungsergebnisse soll durch die
Vertragsgestaltung minimiert werden.[267] Die Bestimmung der Entlohnungsfunktion des
Agenten ist der wichtigste Aktionsparameter zur Minimierung dieser Differenz, die auch
als Agency-Kosten bezeichnet wird. Die Entlohnungsfunktion ist so festzulegen, daß der
Agent einen Anreiz hat, nicht nur seinen eigenen Nutzen, sondern auch den des Principals zu maximieren.

–   Die positive Agency-Theorie ist empirisch orientiert.[268] Es werden Erklärungsansätze für
in der Realität zu beobachtende institutionelle Arrangements zur Regelung von Agency-
Beziehungen aufgestellt. Dabei wird davon ausgegangen, daß sich diejenigen Arrangements durchsetzen, die zur Einsparung von Agency-Kosten führen. Die erfolgsabhängige
Bezahlung des Agenten sowie Informationssysteme zu seiner Überwachung gelten in der
positiven Agency-Theorie als wichtigste Instrumente zur Lösung des Agency-
Problems.[269]

3.3.1.2.3   Die Theorie der Transaktionskosten

Den organisationstheoretischen Gehalt der Transaktionskostentheorie zu verdeutlichen, ist der
Zweck der folgenden Ausführungen. Die zentrale Frage, mit der sich Organisationen ausein-
anderzusetzen haben, lautet: an welches Organisationsmitglied wird die Entscheidungskompetenz über die Verwendung eines bestimmten Gutes (Zuteilung von Verfügungsrechten) delegiert, um letztlich effiziente Allokationsentscheidungen zu erzielen. Diese Frage macht ausschließlich dann Sinn, wenn Entscheidungsprozesse innerhalb einer Organisation (eines Unter-

---

267   Vgl. J. Pratt und R. Zeckhauser [1985], S. 3.
268   Zur positiven Agency-Theorie siehe insbesondere M. Jensen und W. Meckling [1976] sowie E. Fama [1980].
269   Gestaltungsempfehlungen zur Reduzierung der Verhaltensunsicherheit gibt Dietl, der die Einrichtung eines
       Informationssystems besonders zur Eindämmung der Adversen Selektion empfiehlt. Die erfolgsabhängige
       Bezahlung wirkt dem Moral Hazard entgegen, s. H. Dietl [1993], S. 145 ff.

nehmens) Friktionen unterliegen. Ist dies nicht der Fall, hat die Organisationsstruktur und damit die Verteilung der Entscheidungskompetenzen keinen Einfluß auf die Effizienz der Gleichgewichtsallokation[270]. Angenommen ein Organisationsmitglied A hat das Entscheidungsrecht über die Verwendung eines bestimmten Gutes[271], dann würde A jene Allokation wählen, die ihm für jedes gegebene Nutzenniveau des nicht entscheidungsbefugten Organisationsmitglieds B die höchstmögliche Wohlfahrt stiftet. Gleiches gilt, wenn eine Organisationsstruktur betrachtet wird, in der B die Entscheidungskompetenz gegeben ist. Beide Organisationsstrukturen unterscheiden sich demzufolge in Bezug auf die Effizienz der Gleichgewichtsallokation nicht, da sich der jeweilige Entscheider gemäß eines Kalküls verhält, das sich als das eines allwissenden wohlwollenden paretianischen Planers interpretieren läßt. Diese Äquivalenz unterschiedlicher Organisationsstrukturen unter Abwesenheit jeglicher Friktion ist die Kernaussage des COASE-Theorems[272].

Das COASE-Theorem steht jedoch unter dem Vorbehalt, daß bei der Umsetzung der fraglichen Allokationsentscheidung keine Transaktionskosten entstehen. Daraus läßt sich umgekehrt der Schluß ziehen, daß die Verteilung der Entscheidungsbefugnisse bei Existenz von Transaktionskosten wohl nicht zwangsläufig, aber doch möglicherweise für die Effizienz der Gleichgewichtsallokation von maßgeblicher Bedeutung ist. Unter welchen Voraussetzungen dies zutrifft, wird innerhalb der Transaktionskostentheorie untersucht. Wie in Abschnitt 3.2 beschrieben, setzt WILLIAMSON voraus, daß der Entscheidungsprozeß in Organisationen von zweierlei Friktionen behindert wird: Zum einen sind die beteiligten Akteure nicht uneingeschränkt, sondern beschränkt rational. Zum zweiten existieren für jedes Individuum Anreize und Möglichkeiten, sich durch opportunistisches Verhalten auf Kosten der jeweiligen Interaktonspartner zu verbessern. Beide Faktoren gemeinsam bewirken, daß ein Planungs- und Entscheidungsprozeß wie in einer Arrow-Debreu-Welt nicht möglich ist. Eine vollständige Spezifikation sämtlicher Güterverwendungen, die zu jedem Zeitpunkt und in jedem möglichen Zustand der Welt erfolgen sollen, ist durch diese Friktionen ausgeschlossen. Somit sind ex ante getroffene Transaktionsvereinbarungen unvollständig und zusätzlich haben sie angesichts der Anreize zu opportu-

---

270   Vgl. hierzu die Ausführungen zur neoklassischen Theorie.
271   Zu diesem Beispiel siehe J. Grosser [1994], S. 121 f.
272   Zur Erklärung des Coase-Theorems vgl. auch P. Milgrom und J. Roberts [1992], S. 38.

nistischem Verhalten zunächst den Charakter relativ unverbindlicher Versprechungen. Um diesem Problem Rechnung zu tragen, sind Vereinbarungen mit Mechanismen (die WILLIAM-SON als Beherrschungs- und Überwachungssysteme bezeichnet) auszustatten, die ihre Einhaltung zum Preis von Transaktionskosten sicherstellen.

In der Tradition von COASE werden Organisationen in der Transaktionskostentheorie im Gegensatz zu (Spot-)Märkten als langfristig angelegte Interaktionsstrukturen betrachtet. Deshalb ergeben sich die Dimensionen von Transaktionen als Merkmale, die zeitliche Aspekte beinhalten: die Unsicherheit, die Häufigkeit und die fundamentale Transformation als Erscheinungsform der Spezifität. Hochgradig spezifische Güter können, nachdem sie einmal auf ihren beabsichtigten Einsatz hin modifiziert wurden, nachträglich nicht mehr ohne wesentlichen Wertverlust einer alternativen Verwendung zugeführt werden. Für die Eigentümer dieser Ressourcen entstehen mit dem Eintritt in die Organisation Kosten, die durch ein Ausscheiden nicht wiedergewonnen werden können (sunk costs). Dies eröffnet den Gegenspielern Möglichkeiten, Nachverhandlungen über die entstehenden Quasi-Renten anzusetzen. Wenn die Produktivität spezifischer Güter höher ist als jene unspezifischer Güter, ist eine Substitution des betreffenden Guts nicht möglich. Der das Gut nutzende Transaktionspartner steht somit vor der Wahl, die eingegangene Transaktionsbeziehung fortzuführen und sich die Produktivitätsvorteile zu erhalten, oder die Beziehung aufzulösen und das Gut durch weniger produktive unspezifische Ressourcen zu ersetzen. Diese Konstellation vermittelt den Lieferanten von transaktionsspezifischen Ressourcen ein gewisses Drohpotential gegenüber ihren Partnern, das in Nachverhandlungen über die Verteilung von Erträgen eingesetzt werden kann.

3.3.1.2.4 *Vergleich der Ansätze der Neuen Institutionenökonomik*

Die Skizze der drei vertraglich orientierten Erklärungsansätze von Organisationen, die zusammen die moderne Institutionenökonomik bilden, verdeutlicht, daß sich die Ansätze erheblich voneinander unterscheiden.[273] Dies zeigt bereits eine Gegenüberstellung der Untersuchungs-

---

273 Vgl. zu den folgenden Ausführungen bezüglich des Vergleichs der drei Ansätze H. Feldmann [1995], S. 56 ff.

gegenstände. So beschäftigt sich der Property-Rights-Ansatz mit der Ausgestaltung, Zuordnung und Beschränkung von Eigentumsrechten, die Agency-Theorie mit institutionellen Arrangements zur Regelung von Auftraggeber-Auftragnehmer-Beziehungen und die Transaktionskostentheorie mit Organisations- und Koordinationsformen innerhalb des Unternehmensbereichs bzw. zwischen Unternehmen und Markt. Die Unterschiedlichkeit der modernen institutionenökonomischen Theorien zeigt sich vor allem darin, daß jede dieser Theorien den Einfluß anderer Faktoren auf die Ausprägung institutioneller Arrangements analysiert. So stehen beim Property-Rights-Ansatz vor allem der Einfluß der Kosten und des Nutzens der Definition, Ausgestaltung, Zuordnung und Beschränkung von Eigentumsrechten im Vordergrund; die Agency-Theorie analysiert primär die Bedeutung asymmetrischer Informationsverteilung, und die Transaktionskostentheorie behandelt die Rolle der Faktorspezifität sowie der Unsicherheit und Häufigkeit von Transaktionen. Selbst der Einfluß von Transaktionskosten - eines gemeinsamen Elements der verschiedenen Ansätze - wird von ihnen in unterschiedlichem Maße berücksichtigt. Am umfassendsten analysiert ihn die Transaktionskostentheorie, während die Agency-Theorie Transaktionskosten als Agency-Kosten bezeichnet, die sich aus den Signalisierungskosten des Agenten, den Überwachungskosten des Principals sowie dem verbleibenden Wohlfahrtsverlust zusammensetzen.[274]

Bei den jeweils zugrundegelegten Verhaltensannahmen ergibt sich hingegen ein einheitlicheres Bild.[275] Alle Ansätze gehen vom methodologischen Individualismus[276] und dem darauf aufbauenden Verhaltensmodell aus, das aussagt, daß das in einer Gesellschaft beobachtbare Geschehen auf das Handeln einzelner Menschen, einschließlich ihrer Interaktion mit anderen Menschen, zurückgeführt wird. Es werden nur unterschiedliche Schwerpunkte gesetzt, indem die Transaktionskostentheorie die Bedeutung beschränkter Rationalität betont und die Agency-Theorie der unterschiedlichen Risikoneigung der Akteure besondere Aufmerksamkeit widmet.

Wird die jeweilige Untersuchungsperspektive verglichen, so zeigt sich, daß im Rahmen aller

---

274   Siehe E. Fama und M. Jensen [1983], S. 327.

275   Vgl. dazu B. Frey [1990].

276   Methodologischer Individualismus bedeutet zunächst, daß von einem individuellen menschlichen Wesen als handelndes Wirtschaftssubjekt ausgegangen wird, s. P. Rubin [1995], S. 16. Dennoch sind Individuen in soziale Normen und Werte eingebunden und ihr Handeln unterliegt in einer Organisation bestimmten Regeln.

drei Ansätze sowohl statische bzw. komparativ-statische als auch dynamische Analysen beschrieben werden. Diesbezüglich am weitesten entwickelt sind der Property-Rights-Ansatz und die Transaktionskostentheorie. Der Property-Rights-Ansatz untersucht nicht nur gegebene Eigentumsrechtsstrukturen, sondern auch die Entstehung und den Wandel von Eigentumsrechten. Die Transaktionskostentheorie berücksichtigt dynamische Aspekte vor allem bei der Analyse langfristiger Vertragsverhältnisse und vertikaler Integrationen.

Neben der Berücksichtigung einer Ex-ante-Perspektive (Analyse der Situation bis zum Zustandekommen eines institutionellen Arrangements) ist auch die Berücksichtigung einer Ex-post-Perspektive (Analyse der Situation nach Zustandekommen eines institutionellen Arrangements) bezüglich der Untersuchungsperspektive institutionenökonomischer Theorien relevant. Während sich der Property-Rights-Ansatz auf die durch die Verteilung und Ausgestaltung von Eigentumsrechten determinierte Ex-ante-Anreizordnung beschränkt und hinsichtlich der Vertragserfüllung von effektiv durchsetzbaren Eigentumsrechten ausgeht, berücksichtigt die Transaktionskostentheorie, daß Eigentumsrechte nicht unbedingt problemlos durchsetzbar sind. Daher analysiert die Transaktionskostentheorie auf der Basis der nach Vertragsschluß auftretenden Transaktionskosten auch die Ex-post-Anreizordnung und die institutionellen Regelungen zur Sicherstellung der Vertragserfüllung[277].

Trotz der Unterschiedlichkeiten der neueren institutionenökonomischen Theorien, ist nicht zu übersehen, daß sie sich in vieler Hinsicht ergänzen. Dies wird schon bei einer Betrachtung der Agency-Theorie und des Property-Rights-Ansatzes deutlich. Während der Property-Rights-Ansatz alternative Ausgestaltungen von Eigentumsrechten analysiert, setzt die Agency-Theorie eine bestimmte Eigentumsrechtsstruktur voraus und untersucht davon ausgehend die Probleme, die dann auftreten, wenn ein Principal einen Agenten mit der Ausübung seiner Eigentumsrechte beauftragt. Die Transaktionskostentheorie und der Property-Rights-Ansatz können ebenfalls als komplementär angesehen werden. Die Property-Rights-Analyse der Entstehung und des Wandels von Eigentumsrechten sowie insbesondere die Analyse der Auswirkungen von Eigentumsrechten auf das wirtschaftliche Verhalten der Individuen stellen eine wichtige Grundlage der

---

277   Vgl. O. Williamson [1990], S. 109 f.

Transaktionskostentheorie dar[278]. Die Agency-Theorie hat mit der Transaktionskostentheorie gemein, daß beide Ansätze Vertragsbeziehungen behandeln. Sie ergänzen sich insofern, als die Agency-Theorie die Bedeutung des Informationsstandes und die Risikoneigung der Vertragspartner in den Mittelpunkt stellt, während die Transaktionskostentheorie insbesondere die Faktorspezifität sowie beschränkte Rationalität und die Gefahr opportunistischen Verhaltens ins Zentrum der Betrachtung stellt.

3.3.2 Transaktionskostentheorie als betriebswirtschaftliche Organisationstheorie

Die Transaktionskostentheorie, wie sie sich bis jetzt weiterentwickelt hat, bietet gerade der betriebswirtschaftlichen Organisationslehre eine fundierte ökonomische Organisationstheorie.[279] Die Grundlage dessen, was heute als Allgemeine Betriebswirtschaftslehre vermittelt wird, entstammt betriebswirtschaftlichen Fragestellungen innerhalb des Systems neoklassischer Markttheorie und ihrer Theorie der Unternehmung. Die volkswirtschaftliche Mikrotheorie unterliegt mit dem Entstehen der "Neuen Institutionellen Ökonomie", die sich aus zum Teil fundamentaler Opposition gegenüber der neoklassischen Theorie entwickelte, einem offensichtlichen Wandel. Es stellt sich natürlich die Frage, welche Konsequenzen dies für die Betriebswirtschaftslehre hat[280 281]. Gerade die betriebswirtschaftliche Organisationstheorie fand unter der Dominanz der neoklassischen betriebswirtschaftlichen Theorie nicht die ihr angemessene Bedeutung und wurde in starkem Maße von den Begriffen "Verhalten" und "Situation"[282] determiniert, wohingegen Kosten oder gar Effizienz eine untergeordnete Rolle spielten[283].

---

278   Vgl. C.-E. Schenk [1992], S. 353 f.

279   Schmidt beschreibt drei Anwendungsfelder der Transaktionskostentheorie als betriebswirtschaftliche Organisationstheorie: die Unternehmung und ihre Grenze, die interne Aufbauorganisation und die Unternehmensverfassung, vgl. R. Schmidt [1992], Sp. 1858 ff.

280   Genau diese Fragestellung wurde auf der Jahrestagung des Verbandes der Hochschullehrer für Betriebswirtschaft 1990 in Frankfurt unter dem Motto "Betriebswirtschaftslehre und ökonomische Theorie" thematisiert, vgl. D. Ordelheide, B. Rudolph und E. Büsselmann [1991], Vorwort.

281   Das Verhältnis von Mikroökonomie und Betriebswirtschaftslehre betrachtet Braun grundlegend, um daraus speziell die Möglichkeit der Integration der Eigentumstheorie in die Betriebswirtschaftslehre aufzuzeigen., vgl. W. Braun [1988], S. 335 ff.

282   Verhaltenswissenschaftliche und situative Ansätze spielen die entscheidende Rolle in der Organisationslehre.

283   Weimer kommt zu dem Schluß, daß organisationstheoretische Forschungsarbeiten im Schatten der Produktionstheorie stehen und die Betrachtung organisatorischer Effizienz letztlich Forschungsarbeiten aus dem angloamerikanischen Sprachraum zu verdanken ist, vgl. T. Weimer [1988], S. 61-71.

Genau hierin liegt aber die Chance der Transaktionskostentheorie als ökonomische Organisationstheorie, Eingang in die Betriebswirtschaftslehre zu finden und damit eine neue Perspektive zu eröffnen.

PICOT ist als Wegbereiter der Einführung der Transaktionskostentheorie in die deutsche Organisationslehre anzusehen.[284][285] Ausgangspunkt seiner Betrachtung bildet die Formulierung eines Organisationsproblems, das in der zeitlichen und sachlichen Koordination der Teilaufgaben einer unternehmerischen Gesamtaufgabe besteht, die das sachliche Ziel wirtschaftlicher Tätigkeit darstellt[286]. Die Koordination dieser Teilaufgaben als Transaktionen, deren Eigenschaften PICOT mit Mehrdeutigkeit[287] der Transaktion, Unsicherheit der Umwelt und Häufigkeit der Transaktion beschreibt und die zusammen mit rechtlichen und technologischen Bedingungen die Kosteneinflußgrößen der Transaktion bilden, erfolgt innerhalb (interne Organisationsgestaltung) und außerhalb (Arbeitsteilung zwischen Unternehmen und Umwelt) des Unternehmens[288] über verschiedene Organisationsformen[289]. Diese führen gerade in einer realen Welt, die durch die Verhaltensannahmen beschränkte Rationalität und Opportunismus sowie durch die Dimensionen Umweltunsicherheit und Komplexität beschrieben wird, zu spezifischen Kostenkonsequenzen, die das Organisationsproblem konstituieren. Diese Kosten für den Produktionsfaktor Organisation werden als Transaktionskosten bezeichnet.

---

284 Picot gelang dies vor allem durch seinen 1982 veröffentlichten Aufsatz "Transaktionskostenansatz in der Organisationstheorie", vgl. auch zu den folgenden Ausführungen A. Picot [1982].

285 Picot führte transaktionskostentheoretische Analysen für verschiedene betriebswirtschaftliche Problemstellungen durch. Neben Outsourcing-Entscheidungen betrachtete er auch das unternehmerische Innovationsverhalten transaktionskostenorientiert, s. A. Picot und D. Schneider [1988], S. 105 ff.

286 Vgl. hier auch die Ausführungen in Abschnitt 2.3.1.1.

287 Die Eigenschaft Mehrdeutigkeit stellt gegenüber der Dimension Faktorspezifität nach Williamson eine Erweiterung dar, da Picot hierunter mehrere Aspekte wie die Spezialitäten des Transaktionssubjekts, die Anzahl der verfügbaren Transaktionspartner, Meßprobleme des Leistungsbeitrags der Transaktionspartner, Vertrauensprobleme und mangelnde Qualifikation der Transaktionspartner subsumiert. Vgl. A. Picot [1982], S. 271 f.

288 Abweichend von der ursprünglichen "Markt versus Hierarchie" - Debatte werden das Unternehmen auf der einen und der Markt auf der anderen Seite mittlerweile als Extrempunkte eines Kontinuums von Koordinationsmöglichkeiten gesehen, vgl. A. Picot und H. Dietl [1990], S. 181. Auch Williamson selbst differenziert die ursprüngliche Dichotomie zwischen Markt und Hierarchie, indem die von dem Rechtssoziologen Macneil entworfene Typologisierung der drei Vertragsrechtssysteme in klassische, neoklassische und relationale Verträge den Formen Markt, Hybrid und Hierarchie zuordnet (siehe auch Abb. 3.1), vgl. O. Williamson [1991b], S. 29.

289 Da die Organisation des Unternehmens in dieser Untersuchung nicht nur nach innen gerichtet verstanden wird, werden die Begriffe Organisations- und Koordinationsform synonym gebraucht.

Transaktionskosten stellen nach PICOT dann das geeignete Kriterium zur Auswahl der effizienten Organisationsform dar, wenn Produktionskosten gegenüber der Veränderung einer Organisationsform invariant sind und effizienter Wettbewerb zwischen den Akteuren stattfindet. Die erste Annahme kann modifiziert werden, indem Produktionskosten mit in die Analyse einbezogen werden[290], sobald sie sich in Abhängigkeit verschiedener Organisationsformen verändern. Gleichfalls kann die zweite Annahme erweitert werden, wenn neben das Effizienzziel ein konkurrierendes Ziel wie Flexibilität tritt, da nicht nur Wirtschaftlichkeit, sondern auch Anpassungsfähigkeit ein Kernproblem ökonomischer Organisation darstellt[291], indem eine Tradeoff-Analyse durchgeführt wird. Von verschiedenen zur Auswahl stehenden Organisationsformen ist dann die transaktionskosteneffiziente zu wählen, welche die minimalen Transaktionskosten aufweist. Es ist anzumerken, daß es bei der Organisation von Transaktionen immer um die Vermeidung von Verschwendung im Sinne von Transaktionskosteneinsparung und diskrete Strukturen geht, nicht aber um strenge Optimierung, wie sie aus der Marginalanalyse folgt[292]. WINDSPERGER formuliert noch deutlicher, daß unter unvollständiger Information, die aus Opportunismus, beschränkter Rationalität der Individuen und Unsicherheit der Umwelt hervorgeht, Koordinationsprobleme entstehen, die durch effiziente Koordination der Transaktionen mit Hilfe des transaktionskostenminimalen Organisationsdesign gelöst werden[293].

Die Transaktionskostentheorie ist somit als ökonomische Organisationstheorie charakterisiert, und die Akzeptanz ihres Gedankenganges scheint - gerade im Rahmen der Konzeption von WILLIAMSON - keine Schwierigkeiten innerhalb der betriebswirtschaftlichen Organisationstheorie zu bereiten.[294] Problematisch gestaltet sich allerdings das Verständnis der zentralen

---

290   Zur Abgrenzung von Transaktions- und Produktionskosten vgl. Abschnitt 3.3.2.1.

291   Vgl. O. Williamson [1991b], S. 19.

292   Vgl. dazu O. Williamson [1991b], S. 17. Die Transaktionskostenanalyse unterliegt eher dem Ziel der Satisfizierung als der Optimierung, da das klassische ökonomische Prinzip mit dem Ziel optimale Ergebnisse zu erzielen, nur unter der Voraussetzung uneingeschränkt rationaler Individuen, vollkommener Information und somit letztlich nur bei wohlstrukturierten Entscheidungsproblemen anzuwenden ist, vgl. J. Reese [1994], S. 23 f. und S. 29.

293   Vgl. J. Windsperger [1983], S. 894 und [1985], S. 200.

294   Eine Ausnahme von der allgemeinen Akzeptanz des transaktionskostentheoretischen Ansatzes innerhalb der Betriebswirtschaftslehre stellt jedoch der Beitrag von D. Schneider [1985] über die Unhaltbarkeit des Transaktionskostenansatzes dar. Dieser Beitrag setzt einen Disput zwischen Schneider, Ehrmann und Windsperger in Gang. Windsperger begründet in seiner Replik auf Schneider, daß dessen inhaltliche Kritikpunkte nur zum Teil - vor allem in Bezug auf die Abgrenzung des Transaktionskostenbegriffes - haltbar sind und die Theorie der Unternehmerfunktion durchaus mit dem Transaktionskostenansatz kompatibel ist, vgl. J.

Begriffe "Transaktion" und "Transaktionskostenarten". Der Begriff Transaktion spaltet seine Verwender in zwei Lager. Die eine Gruppe legt der Transaktion ein Property-Rights-Verständnis zugrunde, indem sie Transaktion als die dem Leistungsaustausch vorangehende Aushandlung und Vereinbarung eines Tausches von Verfügungsrechten mit Hilfe eines Vertrages beschreibt.[295] Die andere anwendungsorientierte Gruppe lehnt dieses Verständnis gerade im Hinblick auf die Frage der internen Organisationsgestaltung ab und definiert Transaktion als Leistungsaustausch im Sinne einer ökonomischen Aktivität[296] mit dem Argument, daß bei der Beurteilung organisatorischer Regelungen diese Definition operationaler ist und zu klareren Ergebnissen führt [297]. Gerade für die interne Organisationsgestaltung existieren innerhalb der Hierarchie Weisungsrechte statt "quid pro quo"-Verträge; so stellt sich die Frage, ob durch die Analyse von Arbeitsverträgen alle Transaktionskosten erfaßt werden können, die eine Organisationsform verursacht.[298] Zur Verdeutlichung der unterschiedlichen Ausrichtungen beider Transaktionsbegriffe wird das Beispiel des innerbetrieblichen Innovationsprozesses herangezogen. Bei einem an Verfügungsrechten orientierten Transaktionsverständnis werden durch die Transaktion "Innovation" nur die Kosten als Transaktionskosten verursacht, die durch die Aushandlung und Vereinbarung der Arbeitsverträge der Mitarbeiter entstehen, die am Innovationsprozeß beteiligt sind. Die Kosten, die durch den Innovationsprozeß verursacht werden, stellen dann aber Produktionskosten dar, die den Verbrauch menschlicher Arbeitskraft - in Arbeitsstunden gemessen - bewerten. Unterschiedliche organisatorische Gestaltungsmöglich-

---

Windsperger [1987]. Ehrmann weist ebenfalls Schneiders Kritik am Transaktionskostenansatz zurück und wirft ihm vor, daß seine Interpretation der Theorie der Unternehmerfunktion ihre Anwendbarkeit auf institutionenökonomische Fragestellungen beschränkt, s. T. Ehrmann [1990], S. 849. Schneider kommt in Erwiderung auf Ehrmann dann zu dem Schluß, daß dieser es versäumt, zwischen Institutionen als unbeabsichtigtes Ergebnis menschlicher Handlungen (nur in diesem Fall eignet sich die Transaktionskostentheorie für einen Institutionenvergleich nach Schneiders Meinung nicht) und als Durchführung eines menschlichen Plans zu trennen und seine Kritik deshalb haltlos sei, und legt Ehrmann einen Berufswechsel nahe, vgl. D. Schneider [1991], S. 372. Ehrmann setzt sich dann wiederum sachlich mit Schneiders Beitrag auseinander und behält seine Position bei, vgl. T. Ehrmann [1991]. Dieser Disput dokumentiert eine durchaus emotionale Auseinandersetzung mit der Transaktionskostentheorie, was ihren starken Einfluß auf die Betriebswirtschaftslehre widerspiegelt.

295   Vgl. dazu D. Brand [1990], S. 92; E. Michaelis [1985], S. 72 und A. Picot [1982], S. 269.

296   H. Albach [1981], S. 720. Albach definiert Transaktion zwar nicht explizit, sieht Transaktionskosten aber als Folge von ökonomischen Aktivitäten innerhalb des Unternehmens oder auf den Märkten. Die oben gegebene Definition der Transaktion verwenden auch de Pay und Weimer, vgl. de Pay [1989a], S. 13 und Weimer [1988], S. 76.

297   Vgl. D. de Pay [1989], S. 13 und T. Weimer [1988], S. 108, Fußnote 214.

298   Auch aus der Interdependenz von Vertragsgestaltung und organisatorischen Regelungen erwachsen bei einem vertragsorientierten Transaktionsverständnis zusätzliche Probleme, vgl. dazu E. Michaelis [1985], S.236 ff.

keiten können hier nicht mit Hilfe von Transaktionskosten bewertet werden. Wird die Transaktion hingegen als Leistungsaustausch definiert, werden durch den Innovationsprozeß Transaktionskosten verursacht, deren Höhe durch unterschiedliche Organisationsdesigns verändert
wird.[299]

Auch WILLIAMSON definiert, wie in Abschnitt 3.2 ausführlich erörtert, Transaktion im Sinne
des Leistungsaustauschs, legt ihr letztlich aber auch einen Vertrag (-styp) zugrunde, wenn er
feststellt, daß die Transaktionskostentheorie das Problem ökonomischer Organisation als
Vertragsproblem formuliert[300]. In dieser Arbeit wird der Auffassung von Williamson gefolgt, da
auch bei relationalen Verträgen, zu denen Arbeitsverträge gehören, die im Abschnitt 3.2.3.1
klassifizierten Transaktionskostenarten identifiziert bzw. Produktionskosten angesetzt werden
können. Im nächsten Abschnitt wird eine Abgrenzung von Transaktions- und Produktionskosten
vorgenommen.

3.3.3   Transaktionskosten und organisatorische Effizienz

3.3.3.1 Transaktionskosten versus Produktionskosten

Es stellt sich die Frage, wie sich Transaktionskosten von Produktionskosten abgrenzen lassen.
Modelltheoretisch läßt sich die Unterscheidung klar treffen. Im WALRAS-Modell[301] sind
Transaktionskosten annahmegemäß Null,[302] da die Entscheidungssubjekte mit vollkommener
Information und vollkommener Voraussicht ausgestattet sind.[303] Alle verfügbaren Ressourcen
werden für die Produktion ver- und gebraucht und nicht für die "Organisation des Tausches" in
Anspruch genommen. Die Minimierung der Produktionskosten führt dann zur effizienten
Allokation der Ressourcen. Werden die Annahmen der neoklassischen Theorie im Sinne der

---

299   Werden bspw. die beiden Organisationsdesigns Rugby-Team- und Relay-Race-Approach zur Gestaltung eines
      Innovationsprozesses herangezogen, kann für den Fall der Produktinnovation gezeigt werden, daß der Rugby-
      Team-Approach die transaktionskostengünstigere Organisationsform darstellt, vgl. S. Schätzer [1991] sowie
      grundlegend zum Rugby-Team- und Relay-Race-Approach H. Albach [1993], S. 146.
300   Siehe O. Williamson [1985a], S. XII und S. 20 sowie ders. [1991b], S. 25 ff.
301   Die wesentlichen Eigenschaften des Walras-Modell werden detailliert bei C. Dahlmann [1980] beschrieben.
302   Vgl. J. Barzel [1985], S. 4 f.
303   Vgl. dazu E. Furubotn und R. Richter [1996], S. 9 ff.

Transaktionskostentheorie gelockert, sind Transaktionskosten offensichtlich positiv und bestimmen zusammen mit den Produktionskosten die effiziente Ressourcenallokation.

Produktionskosten, im Sinne des betrieblichen Rechnungswesens als periodenbezogener, monetär bewertbarer Faktorverzehr definiert, entstehen als Kosten des Produktionsprozesses, der sich in der Produktionsfunktion als technische Relation zwischen Input und Output widerspiegelt. Produktionskostenarten, klassifiziert nach der Art der ge- und verbrauchten Produktionsfaktoren, sind dementsprechend Personal-, Werkstoff- und Betriebsmittelkosten.[304] Transaktionskosten entstehen durch den Prozeß der Transaktion, der einem Organisationsprozeß entspricht, und werden durch die "Organisationsfunktion" determiniert. Die Problematik besteht darin, daß Organisationsfunktionen als exakte Relation zwischen Input und Output nicht existieren. Transaktionskosten werden über den Kostenbegriff des betrieblichen Rechnungswesens hinausgehend als "Opfer"[305], die zur Organisation einer Transaktionsbeziehung gebracht werden, beschrieben.[306] Zur Erfassung von Transaktionskosten ist offensichtlich eine Ausweitung des betriebswirtschaftlichen Kostenverständnisses[307] über monetär meßbare Größen hinaus auf solche Indikatoren notwendig, die einen indirekten und langfristigen Faktorverbrauch anzeigen, der dann möglicherweise nur qualitativ oder ordinal bewertbar ist.[308] [309]

---

304 Vgl. L. Haberstock [1985], S. 74.

305 Vgl. A. Picot [1982], S. 270.

306 Coase verwendet den Ausdruck "disadvantages" als Synonym für "costs", wenn er schreibt "other disadvantages - or costs - of using a price mechanism", R. Coase [1937], S. 39.

307 Weber stellt fest, daß die traditionelle Kostenrechnung auf die Abwicklung eines Massenphänomens ausgerichtet ist und nicht auf spezifische Transaktionen zwischen Unternehmen und Kunden, s. J. Weber [1993], S. 21.

308 Die Schwierigkeit der Bewertung von Transaktionen ist genau der Grund dafür, daß eine Integration der Transaktionskosten in das betriebliche Rechnungswesen bislang scheiterte. So stellt Albachs 1989 veröffentlicher Aufsatz Kosten, Transaktionen und externe Effekte im betrieblichen Rechnungswesen bislang den umfassendsten Versuch in diese Richtung dar, der hier jedoch nicht weiterverfolgt wird, da eine Meßbarkeit von Transaktionskosten im Sinne des betrieblichen Rechnungswesens in dieser Arbeit nicht angestrebt wird. Neben der Einbeziehung von Transaktionskosten in das betriebliche Rechnungswesen stellen Hammes und Poser noch drei weitere Ansätze zur Operationalisierung von Transaktionskosten vor: eine indirekte Messung von Transaktionskosten durch die Berechnung von Quasi-Renten im Rahmen der empirischen Analyse von vertikaler Integration, eine Berechnung von Transaktionskosten auf den Finanzmärkten sowie eine Berechnung von Transaktionskosten über den Transaktionssektor einer Volkswirtschaft, vgl. auch zu den einzelnen Ansätzen M. Hammes und G. Poser [1992], S. 887 ff.

309 Die mangelnde Meßbarkeit von Transaktionskosten stellt den stärksten Kritikpunkt an der Transaktionskostentheorie dar, vgl. bspw. D. Schneider [1985], S. 1241, der eine operationale Definition der Transaktionskosten fordert. Kieser leitet daraus ab, daß eine empirische Überprüfung transaktionskostentheoretisch abgeleiteter Hypothesen nicht möglich ist, vgl. A. Kieser [1988], S. 317. Tietzel formuliert seine Kritik noch weitergehender, indem er schreibt, daß solange Transaktionskosten nicht quantifizierbar sind, Effizienzvergleiche problema-

Die Unterscheidung von Produktions- und Transaktionskosten ist dann sinnvoll, wenn die Klassifikation überschneidungsfrei und vollständig sind, so daß eine beliebige Kostenart direkt einzuordnen ist. Unabhängigkeit zwischen beiden Kategorien besteht jedoch nicht.[310] Bezüglich der Unterscheidbarkeit von Transaktions- und Produktionskosten vertritt ARROW die Position, daß Transaktionskosten durch eine Änderung der Ressourcenallokation variiert werden, Produktionskosten hingegen nur von der Technologie und nicht von der Wahl der institutionellen Einbindungsform abhängen.[311] Hier kommt die traditionelle mikroökonomische Sichtweise zum Ausdruck, eine gegebene Produktionsfunktion zu unterstellen,[312] in der die Organisation als gleichbleibend vorausgesetzt wird, gleichwohl aber Produktionsfaktoren (insbesondere Arbeit) verbraucht werden. Bevor verschiedene Abgrenzungsmöglichkeiten zwischen Produktions- und Transaktionskosten betrachtet werden, ist auf den Zusammenhang zwischen dispositivem Faktor und Produktionsfunktion einzugehen.[313]

Nach GUTENBERG[314] besteht die Aufgabe der Unternehmer in marktwirtschaftlichen Systemen in der Kombination der Elementarfaktoren. Wenn die Produktionsfunktion die Gesamtheit der Bedingungen innerbetrieblicher Leistungserstellung wiedergeben soll, wäre es erforderlich, auch den dispositiven Faktor einzubeziehen, der die Kombination der Elementarfaktoren plant, organisiert und kontrolliert. Das Organisationsproblem des Unternehmens ist jedoch nicht auf die Kombination der menschlichen Arbeitskraft mit den Betriebsmitteln und Werkstoffen beschränkt. Dennoch widmet sich die betriebswirtschaftliche Organisationstheorie vor allem dem Problem sinnvoller organisatorischer Gestaltung von Aufbau und Ablauf innerhalb des

---

tisch und willkürlich sind, s. M. Tietzel [1981], S. 238. Auch Bössmann stellt fest, daß Transaktionskosten nicht objektiv und eindeutig feststellbar sind und somit nicht ohne weiteres als Daten zur Bestimmung der jeweils zweckmäßigsten Koordinationsform benutzt werden können, vgl. E. Bössmann [1982], S. 675.

310   Beispielsweise soll eine ökonomische Aufgabe alternativ entweder durch eine Vollzeitkraft oder im Rahmen eines "job-sharing" von zwei Personen, die sich das Entgelt der Vollzeitkraft teilen, in gleicher Qualität gelöst werden. Für den Arbeitgeber fallen je nach gewählter Alternative unterschiedliche Lohnzusatzkosten an. Diese unterschiedlichen Personalkosten sind Produktionskosten im klassischen Sinne, die jedoch von der Wahl der Transaktionsalternative abhängen. Transaktionen determinieren somit Transaktionskosten wie auch Produktionskosten.

311   Siehe K. Arrow [1969], S. 60.

312   Williamson nennt dies in seinen Untersuchungen zur vertikalen Integration technologischen Determinismus. Dieser sagt aus, daß die Technologie die ökonomische Organisation genau dann determiniert, wenn es eine dominante Technologie gibt und für diese nur eine einzige Organisationsform in Frage kommt, siehe O. Williamson [1985a], S. 87.

313   Vgl. auch zu den folgenden Ausführungen E. Michaelis [1986], S. 24 ff.

314   Vgl. E. Gutenberg [1983], S. 5.

Unternehmens, ohne über diese Grenzen hinauszuschauen. Gerade die Optionen organisatorischer Gestaltung, die auf der Arbeitsteilung mit der Umwelt beruhen, sind aber in das Organisationsproblem einzubeziehen, das in dieser Arbeit immer in der umfassenden Problemsicht formuliert wird. Für den organisierenden Teil des dispositiven Faktors ist die Einbeziehung in die Produktionsfunktion schwierig, da Produktionskoeffizienten nicht zu ermitteln sind und eine Bewertung dieser Leistungen schwerfällt. Modelle der Produktions- und Kostentheorie betrachten daher nur die menschlichen Arbeitsleistungen, die unmittelbar auf den Produktionsprozeß wirken und deren Einsatz bei Veränderung der Produktionsweise variiert. Produktionsfunktionen spiegeln offenbar nur einen Ausschnitt der gesamten Unternehmensaktivität wider, konkret den Produktionsprozeß im technischen Sinne und nicht den Organisationsprozeß.[315]

In der Literatur werden verschiedene Möglichkeiten zur Abgrenzung von Produktions- und Transaktionskosten vorgeschlagen.[316] Eine theoretische Abgrenzungsmöglichkeit bietet WEGEHENKEL[317] an, indem er als Referenzsituation das Modell der vollständigen Konkurrenz heranzieht. Wie ausgeführt, können hier keine Transaktionskosten auftreten. Die Differenz zwischen den Gesamtkosten der Realität und den Produktionskosten, die das Modell der vollständigen Konkurrenz liefert, stellen dann die Transaktionskosten dar. Diese theoretisch-analytische Differenzierung ist jedoch zur Lösung anwendungsbezogener Problemstellungen kaum hilfreich, da Transaktionskosten als Restgröße resultieren und nicht beeinflußbar sind.

Ein weiterer Ansatzpunkt zur Differenzierung von Transaktions- und Produktionskosten stellt die kostenverursachende Institution dar. ALBACH[318] nimmt eine Differenzierung in Produktionskosten für klassische Transaktionen (anonymer Markt), Transaktionskosten für neoklassische Transaktionen (Zwischenform) und Koordinationskosten für relationale Transaktionen (Unternehmen) vor. Eine solche Kosteneinteilung ist jedoch schwierig anzuwenden, da die drei institutionellen Einbindungsformen anonymer Markt, Zwischenform und Markt nicht klar

---

315 Diese Sichtweise der traditionellen Kostenrechnung als Produktionsrechnung findet sich auch bei Weber, der den Realprozeß der Faktorkombination in Produktionsfunktionen abbildet und den dispositiven Faktor (als Führungssystem) kostenrechnerisch in Verwaltungs- und Vertriebskostenstellen sowie in Vorkostenstellen der Fertigung abbildet, s. J. Weber [1993], S. 20.

316 Vgl. zum ausführlicheren Überblick B. Grote [1990], S. 37 ff.

317 Siehe L. Wegehenkel [1981], S. 15 ff.

318 Siehe H. Albach [1989a], S. 32.

abgrenzbar sind. Zudem stellt sich die Frage, wodurch sich Koordinations- und Transaktions-kosten unterscheiden, wenn Koordinationskosten durch die Bewältigung organisatorischer Unsicherheiten verursacht werden. Ferner ist es problematisch, für klassische Transaktionen ausschließlich Produktionskosten anzusetzen, denn auch durch diese Transaktionen werden Transaktionskosten verursacht, wenn auch in geringerem Ausmaß als für die neoklassischen und relationalen Transaktionen.

Es kommt deshalb darauf an, eine konkrete Definition für die beiden Kostenkategorien Trans-aktionskosten und Produktionskosten zu entwickeln, die deren unterschiedliche Qualität zum Ausdruck bringt. Entscheidend für die Effizienz einer Organisationsform bzw. einer institutio-nellen Einbindungsform ist die Summe aus Produktions- und Transaktionskosten.[319] Produk-tionskosten einer Dienstleistung sind genau die Kosten, die durch den Prozeß der Leistungs-erstellung verursacht werden ohne Berücksichtigung der institutionellen Einbindungsform. Transaktionskosten stellen in Abgrenzung zu Produktionskosten nach allgemeiner Überein-stimmung Kosten dar, die durch den (Organisations-)Prozeß der Transaktion entstehen und somit von der institutionellen Einbindungsform abhängen. Entsprechend der Definition einer Transaktion können in der Literatur jedoch die unterschiedlichsten Klassifikationen von Trans-aktionskostenarten gefunden werden, was in der folgenden Tabelle 5 exemplarisch dargestellt wird.

---

319 So schließt Goldberg, daß eine Betrachtung der institutionellen Einbindungsform nicht ausschließlich auf der Basis von Produktionskosten, sondern durch die Integration "anderer Faktoren" erfolgen muß, siehe V. Goldberg [1985], S. 397 f.

PICOT	BRAND
1. Anbahnungskosten 2. Vereinbarungskosten 3. Kontrollkosten 4. Anpassungskosten	1. Such-/Informationskosten 2. Vereinbarungs-/Kontrollkosten 3. Anpassungskosten
MICHAELIS	**WINDSPERGER**

1. Kosten der Rechtsinstitutionalisierung
2. Kosten der Einrichtung einer Struktur des Vertrages
3. Informations-/Vertragsabschluß-/Durchführungs-/Kontroll-/Anpassungskosten
	A. Kosten der internen Koordination
	  1. Suchkosten
	  2. Informationskosten
	  3. Entscheidungskosten
	  4. Disincentivekosten
	  5. Kontrollkosten
	B. Kosten der externen Koordination
	  1.-5. wie unter A.
	  6. Bargainingkosten
	  7. Kontraktvollstreckungskosten

ALBACH	**DE PAY**
1. Suchkosten 2. Anbahnungskosten 3. Verhandlungskosten 4. Entscheidungskosten 5. Vereinbarungskosten 6. Kontrollkosten 7. Anpassungskosten 8. Änderungskosten	1. Such-/Selektionskosten 2. Informationskosten 3. Entscheidungskosten 4. Aushandlungs-/Vergleichskosten 5. Kontrollkosten 6. Vertrauens-/Disincentivekosten
WEIMER	
1. Anbahnungskosten 2. Entscheidungskosten 3. Kontrollkosten 4. Anpassungskosten	
Tab. 5: Exemplarische Transaktionskostenarten in der Literatur	

Der Organisationsprozeß der Transaktion besteht in der Arbeit aus der Realisierung der jeweiligen Outsourcing-Entscheidung als Entscheidung der Ausgliederung bzw. Auslagerung der Dienstleistung. Der Entscheidung über die Organisation unternehmensinterner Dienstleistungen liegt stets ein Vertrag zugrunde. Die Transaktionskosten können somit durch den Prozeß der Vertragsanbahnung, -vereinbarung, -kontrolle und -anpassung erfaßt werden. Die Vertragsphasen sind durch Schnittstellen abgrenzbar. So endet die Vertragsanbahnung damit, daß aus einer

Menge potentieller Vertragspartner derjenige ausgewählt wird, mit dem es zur Vertragsverein-
barung kommen soll. Die Vereinbarungsphase umfaßt dann die Vertragsverhandlung, -verein-
barung und -formulierung.[320] Diese Phase wird durch den schriftlichen Vertrag, aber auch durch
die von beiden Vertragsparteien einvernehmlich vereinbarten mündlichen Vertragsregeln
beschlossen. Die Phase der Vertragskontrolle begleitet die Durchführung der Transaktion und
sichert die Einhaltung der vertraglichen Regelungen; sie endet mit dem Abschluß der Transaktion. Die Anpassungsphase wird erst bei langfristigen Verträgen relevant. In dieser Phase
werden genau dann Anpassungsmaßnahmen notwendig, wenn Ereignisse eintreten, die die
Transaktion zwar beeinflussen, aber in der Vereinbarungsphase des Vertrags nicht berücksichtigt wurden bzw. werden konnten. Die Anpassungsphase verläuft somit parallel zur Kontroll-
phase. Die Aktivitäten der Anpassungsphase sind ferner abhängig von der Vereinbarungsphase
bzw. der Menge der Vertragsvereinbarungen. Entscheidend für die Abgrenzung der vier Vertragsphasen sind ihre beschriebenen, unterschiedlichen Entstehungsgründe.

Den vier Vertragsphasen können spezifische Transaktionskostenarten zugeordnet werden.
Zunächst ist eine Klassifikation von Transaktionskosten jedoch zu entwickeln und zu begründen. Transaktionskosten werden durch den Abwicklungsprozeß der Transaktion verursacht. Da
die Transaktion selbst wiederum durch die Ausprägungen ihrer Dimensionen und durch die ihr
zugrundeliegenden Verhaltensannahmen charakterisiert wird, ist eine Klassifikation der Transaktionskosten nach den Transaktionsfaktoren Spezifität, Unsicherheit, Häufigkeit, Opportunismus und beschränkte Rationalität sinnvoll und schlüssig.

Wenn Opportunismus für eine Transaktion relevant wird, zeigt sich dies in den Interessen- und
Zieldivergenzen der Transaktionspartner. Zur Beseitigung der Divergenzen sind vertrauensbildende Vereinbarungen und Maßnahmen zu treffen, die Vertrauenskosten verursachen. Durch
Opportunismus entstehen deshalb Vertrauenskosten. Vertrauenskosten treten nach Vertragsabschluß bei der Durchführung der Transaktion sowohl in der Kontroll- als auch in der Anpassungsphase auf.

---

320   Diese Einteilung der Transaktionskostenarten wählen auch A. Picot, H. Dietl und E. Franck [1997], S. 66 und
       O. Williamson [1985a], S. 20.

Die beschränkte Rationalität der Vertragspartner schlägt sich in der beschränkten Informations-verarbeitungskapazität und deshalb verzerrten Informationsweitergabe nieder. Durch Informations-verluste und Informationsverfälschung bei der Informationsweitergabe werden Informations-kosten verursacht. Informationskosten stellen Opportunitätskosten dar.[321] Informations-kosten können in allen vier Vertragsphasen auftreten, weil die (potentiellen) Vertragspartner in allen Phasen miteinander kommunizieren.

Die Transaktionskosten, die aufgrund der Dimensionen einer Transaktion entstehen, ergeben vier weitere Transaktionskostenarten. Diese können jeweils genau einer Vertragsphase zu-geordnet werden und werden deshalb entsprechend den Vertragsphasen vorgestellt. Anbah-nungskosten entstehen erst bei Spezifität einer Transaktion und machen dann einen hohen Anteil der Transaktionskosten aus, wenn die Transaktion selten durchgeführt wird. Anbah-nungskosten stellen im wesentlichen Suchkosten dar, die durch die Informationssuche und -beschaffung über potentielle Transaktionspartner und deren Konditionen entstehen. Je spezi-fischer eine Transaktion ist, desto kostenintensiver gestaltet sich die Suche eines Transaktions-partners.

Vereinbarungskosten werden durch die Verhandlung der Vertragsvereinbarungen und die Vertragsformulierungen verursacht. Vereinbarungskosten werden umso höher ausfallen, je spezifischer und unsicherer sich die zugrundeliegende Transaktion gestaltet. Im Rahmen relationaler Verträge, also bei unternehmensinterner Abwicklung der Transaktion, werden aus diesen Vereinbarungskosten Entscheidungskosten, da keine genau spezifizierten Vertrags-leistungen mehr zu formulieren sind, sondern Entscheidungen über die Abwicklung der Trans-aktion fallweise zu treffen sind.

Kontrollkosten entstehen für Vereinbarungen und Maßnahmen zur Sicherung der Durchführung der Transaktion und damit der Einhaltung der Leistungsvereinbarungen des zugrundeliegenden Vertrags. Kontrollkosten werden wiederum vom Ausmaß der Spezifität bestimmt, aber auch von der Häufigkeit, mit der die Transaktion durchgeführt wird. Bei einer häufig abgewickelten

---

321   Vgl. dazu J. Reese [1990], S. 526.

Transaktion werden Lerneffekte auftreten, die zu einer Reduzierung der Kontrollkosten führen. Entsprechend werden bei selten durchgeführten Transaktionen die Kontrollkosten steigen.

Anpassungskosten werden nur unter hoher Unsicherheit und bei langfristiger Betrachtung durch Anpassungsmaßnahmen verursacht, die durch Änderung der Einflußgrößen der Transaktion über die Zeit notwendig werden. Aufgrund veränderter Bedingungen innerhalb der Vertragslaufzeit sind Vertragsvereinbarungen dann anzupassen.

In der folgenden Tabelle 6 ist der Zusammenhang zwischen Transaktionsfaktoren und Transaktionskostenarten veranschaulicht. Dabei bringen die Angaben ohne Klammern die dominante Kausalität zwischen Transaktionsfaktor und Transaktionskostenart zum Ausdruck, die vorab durch die Definitionen der Transaktionskostenarten erklärt wurde. Bspw. werden Anbahnungskosten durch Spezifität und Häufigkeit verursacht. Dabei ist die Korrelation zwischen Spezifität und Anbahnungskosten positiv; die Korrelation zwischen Häufigkeit und Anbahnungskosten ist hingegen negativ. Bei einer Transaktionskostenanalyse ist jedoch das Zusammenwirken der Transaktionsfaktoren entscheidend. Deshalb ist auch der unterstützende Einfluß der anderen Faktoren durch die Angaben in den Klammern in der Tabelle dargestellt. So erhöhen sich die Anbahnungskosten auch mit zunehmender Unsicherheit und beschränkter Rationalität sowie zunehmendem Opportunismus. Generell ist aus der Argumentation der Transaktionskostentheorie nach Williamson (vgl. Kapitel 3.2) abzuleiten, daß eine deutliche Ausprägung von Spezifität, Unsicherheit, Opportunismus und beschränkter Rationalität alle sechs Transaktionskostenarten einer Transaktion erhöht. Zunehmende Häufigkeit[322] bewirkt hingegen eine Reduzierung der Anbahnungs- und Kontrollkosten, was aus den jeweiligen Definitionen der Kostenarten hervorgeht. Vertrauenskosten einer Transaktion, die häufiger durchgeführt wird, werden

---

322   Bei der Betrachtung des Einflusses der Häufigkeit auf die Transaktionskostenarten wird die Komplexität der transaktionskostentheoretischen Betrachtung wiederum deutlich. Es zeigt sich zunächst die Interdependenz zur Spezifität. Ist Spezifität für eine Transaktion gar nicht gegeben, nimmt die Häufigkeit auch nur geringen Einfluß auf die Transaktionskosten (-arten). Bei fehlender Spezifität wird eine Transaktion grundsätzlich über den Markt und auf der Basis des klassischen Vertragsrechts abgewickelt. Transaktionen werden in diesem Fall isoliert und zeitpunktorientiert durchgeführt. Transaktionskosten fallen ohnehin nur in geringem Ausmaß an und werden durch die Häufigkeit nur dann gesenkt, wenn die Transaktion immer wieder mit dem gleichen Transaktionspartner durchgeführt wird. Ist Spezifität hingegen gegeben wirkt eine hohe Häufigkeit, mit der die Transaktion durchgeführt wird, nur dann transaktionskostensenkend, wenn die Transaktion in die "richtige" Organisationsform - nämlich die Unternehmenshierarchie - eingebunden wird. Von diesen Voraussetzungen wird bei den hier angestellten Überlegungen zur Häufigkeit ausgegangen.

auch gesenkt, weil die Transaktionspartner sich im Laufe der Zeit besser kennenlernen. Die Transaktionspartner gewinnen zudem Erfahrung darin, Vereinbarungen zu treffen, wenn die Transaktion häufiger durchgeführt wird. Das senkt entsprechend die Vereinbarungskosten. Es läßt sich hingegen keine generelle Aussage über die Auswirkung der Häufigkeit auf die Informations- und Anpassungskosten treffen. Es ist zu betonen, daß die Tabelle 6 Tendenzen veranschaulichen soll, aber keine explizite Transaktionskostenanalyse ersetzen kann. In einer Transaktionskostenanalyse sind durch das Zusammenwirken der Transaktionsfaktoren bedingte Transaktionssituationen, Eigenschaften der der Transaktion zugrundeliegenden Leistung sowie Marktbedingungen und vor allem die institutionelle Einbindungsform zu berücksichtigen. Die in der Tabelle 6 gewählte Darstellung hat somit ausschließlich den Zweck, die Transparenz einer Transaktionskostenanalyse, wie sie in Kapitel 4.3 durchgeführt wird, zu erhöhen.

Transaktions-kostenarten / Transaktions-faktoren	Ver-trauens-kosten	Infor-mations-kosten	Anbah-nungs-kosten	Verein-barungs-kosten	Kontroll-kosten	An-passungs-kosten
Spezifität	(positiv)	(positiv)	positiv	positiv	positiv	(positiv)
Unsicherheit	(positiv)	(positiv)	(positiv)	positiv	(positiv)	positiv
Häufigkeit	(negativ)	---	negativ	(negativ)	negativ	---
Opportunis-mus	positiv	(positiv)	(positiv)	(positiv)	(positiv)	(positiv)
Beschränkte Rationalität	(positiv)	positiv	(positiv)	(positiv)	(positiv)	(positiv)

Tab. 6: Zusammenhang zwischen Transaktionsfaktoren und Transaktionskostenarten

Zum Schluß dieses Kapitels soll ein Beispiel verdeutlichen, welche Kosten für die Organisation einer ausgewählten unternehmensinternen Dienstleistung anfallen und inwiefern ausschließliche Produktions- bzw. Transaktionskostenbetrachtungen zu unterschiedlichen Entscheidungen führen können. In diesem Beispiel soll die Softwareentwicklung für das EDV-gestützte Planungssystem des Unternehmens herangezogen werden. Hierbei geht es vorwiegend um die Planung langfristiger und schlechtstrukturierter Probleme. Es resultiert somit für die Softwareentwicklung des Planungssystems hohe Komplexität und damit Unsicherheit. Auch wenn die Entwicklung eines Planungssoftware-Systems einmalig ist, so ist es das Vorgehen der Systementwicklung nicht. Es sind wiederkehrend Subsysteme bzw. Softwaremodule für das Informationssystem des Unternehmens zu entwickeln und zu integrieren. Aufgrund unternehmensspezifischer Anforderungen kommt der Fremdbezug eines Standard-Software-Produktes nicht in Frage. Dennoch ist zu prüfen, ob die Transaktion "Entwicklung eines Software-Systems" effizient über das externe Outsourcing abzuwickeln ist. Als Organisationsformen bzw. institutionelle Einbindungsformen werden ausschließlich die Eigenerstellung und der Fremdbezug in der Form, daß die Leistung von einem Outsourcer (einem unabhängigen Dienstleistungsanbieter) bezogen wird, angeführt. Für diese Organisationsformen wird zum einen eine Produktionskostenbetrachtung und zum anderen eine Transaktionskostenbetrachtung durchgeführt.

Zunächst werden ausschließlich die Produktionskosten einbezogen. Der Systementwicklungsprozeß als Transaktionsprozeß verursacht bei Eigenerstellung Produktionskosten in Form von Projektkosten für menschliche Arbeitsleistung als bewerteter Verzehr des Faktors Arbeit. Diese Personalkosten können durch Multiplikation des Lohnsatzes der Projektmitarbeiter an der Systementwicklung und des geschätzten Zeitaufwands veranschlagt werden. Die Höhe der Lohnkosten hängt entscheidend von dem Know-How und der Erfahrung der involvierten Mitarbeiter, speziell von Kenntnissen der Entwurfssprachen, der Programmiersprachen und der Programmierfähigkeit ab. Es ist plausibel, daß diese Kenntnisse und Erfahrungen der Mitarbeiter des Unternehmens, wenn überhaupt vorhanden, geringer sein werden als die der Mitarbeiter eines auf die Systementwicklung spezialisierten Outsourcers. Ein Dienstleister, der die Dienstleistung "Softwaresystementwicklung" auf dem Markt anbietet, wird über ein fundiertes Know-How verfügen. Sein Angebotspreis spiegelt für das Unternehmen die Produktionskosten bei Fremdbezug wider. Bei reiner Produktionskostenbetrachtung wird der Fremdbezug der Dienstleistung in der hier vorgeschlagenen Form günstiger sein, da der Outsourcer Kostenersparnisse, die bei wachsender "Ausbringungsmenge" durch vermehrte Chancen zu produktivitätssteigernder Spezialisierung durch Lernprozesse oder Kapazitätsgrößenvorteile entstehen (economies of scale), im Preis weitergeben kann. Die Fremderstellungskosten sind dementsprechend niedriger anzusetzen als die Projektkosten für die Eigenerstellung der Leistung

Systementwicklung. Bei einer reinen Produktionskostenbetrachtung kommt es zur Bevorzugung des Marktes in Form des externen Outsourcing.

Eine ausschließliche Transaktionskostenbetrachtung wird im folgenden vorgenommen. Dabei wird ein direkter Vergleich zwischen Eigenerstellung und Fremdbezug für die einzelnen Transaktionskostenarten der Leistungserstellung Systementwicklung durchgeführt. Zu diesem Zweck ist zunächst auf die Ausprägungen der Dimensionen der Transaktion Systementwicklung Spezifität, Häufigkeit und Unsicherheit einzugehen. Die Ausprägung dieser Dimensionen hängt stark von der Art des zu entwickelnden Softwaresystems ab. Da die Entwicklung eines Planungssystems Gegenstand dieses Beispiels ist, resultiert wegen der Planung langfristiger und schlechtstrukturierter Probleme hohe Komplexität und Unsicherheit. Da wiederkehrend Subsysteme bzw. Softwaremodule für das Informationssystem des Unternehmens zu entwickeln und zu integrieren sind, handelt sich somit um eine wiederkehrende Transaktion. Die Spezifität der Systementwicklung ist stark ausgeprägt. Zum einen machen die hohen Anforderungen und komplexen Methoden dieser Softwareentwicklung Investitionen in Humankapital notwendig, zum anderen liegt Sachkapitalspezifität vor, da das Softwaresystem speziell auf die Abläufe des Unternehmens zugeschnitten ist. Es kann festgehalten werden, daß es sich bei der betrachteten Softwaresystementwicklung um eine Transaktion mit wiederkehrender Häufigkeit, hoher Komplexität und ausgeprägter Spezifität handelt.

Die Anbahnungskosten bei Fremdbezug der Systementwicklung bestehen in den Suchkosten nach einem geeigneten Transaktionspartner (Outsourcer) und der Prüfung seiner Konditionen. Aufgrund der gegebenen Spezifität der Transaktion ist diese Suche sorgfältig durchzuführen und verursacht hohe Kosten. Bei unternehmensinterner Abwicklung hingegen bestehen mit Arbeitsverträgen bereits relationale Verträge, auf deren Grundlage die Transaktion durchgeführt werden kann. Da die Transaktion wiederkehrend auftritt, läßt sich zügig ein Projektteam aus Mitgliedern der EDV-Abteilung sowie anderer Fachabteilungen bilden. Die Anbahnungskosten werden somit für den Fall des externen Outsourcing höher ausfallen.

Vereinbarungskosten entstehen für das Outsourcing durch die Verhandlungen und Vertragsvereinbarungen mit dem Transaktionspartner. Aufgrund ausgeprägter Komplexität und Spezifität der Systementwicklung sind hohe Kosten für die Ausformulierung expliziter Verträge im Rahmen des klassischen Vertragsrechts anzusetzen. Bei eigenerstellter Systementwicklung werden aus Vereinbarungskosten Entscheidungskosten. Auf explizite Verträge in Form von bedingten oder perfekten Verträgen wird verzichtet. Es bestehen relationale Verträge, durch die Mitarbeiter des Unternehmens mit ihrer Arbeitsleistung für die Leistungserstellung verantwortlich gemacht werden. Diese Arbeitsleistung kommt bei dem Projekt Systementwicklung deshalb in Entscheidungskosten zum Ausdruck, die durch die Abstimmung zwischen den Mitgliedern des Projektteams (Entscheidungsträger) über die Handlungsalternativen entstehen. Je spezifischer und unsicherer die zu erbringende Leistung ist, desto stärker werden die Vereinbarungskosten im Fall des Outsourcing die Entscheidungskosten bei Eigenerstellung übersteigen.

Kontrollkosten entstehen für die Sicherung der Durchführung der Transaktion und bei externer Durchführung für die Kontrolle des Outsourcers. Diese Kontrolle kann nur darin bestehen, gesonderte Maßnahmen seitens der Unternehmensleitung zur Kontrolle des Leistungsfortschritts des Outsourcers zu treffen. Bei unternehmensinterner Abwicklung hingegen sind im Rahmen der Projektorganisation Meilensteine vorgesehen, innerhalb derer der Projektleiter den Arbeitsfortschritt im Rahmen des normalen Leistungserstellungsprozesses kontrollieren kann. Die Kontrollkosten sind demnach im Fall der unternehmensinternen Erstellung ebenso niedriger anzusetzen als für den Fall des externen Outsourcing. Es ist hinzuzufügen, daß die Transaktionskostentheorie grundsätzlich von der höheren Effizienz unternehmensinterner Kontrolle ausgeht. Es bestehen hier bessere Überwachungsmechanismen, weil die Möglichkeit der Beobachtung und Bewertung sowohl für den Output als auch für das Verhalten der Mitarbeiter (Input) gegeben ist.[323]

Bei langfristiger Betrachtung können Anpassungsmaßnahmen notwendig sein, da durch Änderung der Einflußgrößen der Transaktion Vertragsvereinbarungen modifiziert werden müssen. Dies kann die Budgetierung betreffen oder auch veränderte Anforderungen an das System in seiner Entwicklungs- oder Nutzungsphase. Explizite Vertragsvereinbarungen im Fall des

---

323   Vgl. A. Rindfleisch und J. Heide [1997], S. 32.

externen Outsourcing sind dann durch erneute Verhandlungsprozesse dementsprechend zu ändern. Diese Änderungsmaßnahmen werden höhere Kosten verursachen als Anpassungsmaßnahmen bei unternehmensinterner Abwicklung, die im Rahmen der relationalen Verträge ohne Verhandlungsaufwand durchgeführt werden können.

Vertrauenskosten werden durch Opportunismus verursacht, der zu Interessen- und Zieldivergenzen der Transaktionspartner führt. Sofern Transaktionspartner von vornherein unterschiedlichen "Koalitionen" angehören, sind divergente Ziele in höherem Maße zu erwarten, da der Outsourcer andere Ziele verfolgt als das Unternehmen. Da es sich um ein unternehmensspezifisches Softwaresystem handelt, stellt sich für das Unternehmen mit zunehmender Dauer des Transaktionsprozesses eine Abhängigkeit vom Outsourcer ein. Diese Abhängigkeit muß für den Outsourcer hingegen nicht gelten. In diesem Moment kann der Outsourcer höhere Preise für seine Leistungen durchsetzen, wogegen sich das Unternehmen bei Abschluß des Vertrages durch eine explizite Preisklausel vielleicht nicht versichern konnte. Innerhalb des Unternehmens bzw. des Projektteams können selbstverständlich auch unterschiedliche Ziele verfolgt werden. Dies ist beispielsweise der Fall, wenn Teammitglieder aus der Finanzabteilung kostengünstigere Lösungen präferieren, wohingegen Teammitglieder aus der EDV-Abteilung aufwendigere und komfortablere Lösungen vorziehen. Hier ist eine Schlichtung durch eine Drittpartei, wie sie im Rahmen relationaler Verträge vorgesehen ist, nämlich der Unternehmensleitung möglich. Die Teammitglieder können ihrem Opportunismus innerhalb des Unternehmens nur bedingt nachgehen, zumal angenommen werden kann, daß die Unternehmensziele den Zielen des Individuums entsprechen.[324] Die Unternehmensleitung kann ferner Anreize setzen (materielle wie immaterielle), die Vertrauen schaffen und somit Vertrauenskosten senken. Grundsätzlich dürften die Vertrauenskosten bei unternehmensexterner Abwicklung der Systementwicklung höher ausfallen.

Informationskosten, die durch die Informationsverluste bei der Informationsübertragung und -verarbeitung verursacht werden, werden gleichfalls bei unternehmensinterner Abwicklung geringer ausfallen. Die Überlegung, daß der Informationsfluß durch das unternehmensinterne

---

324   Vgl. dazu ausführlich Abschnitt 3.2.4 der Arbeit.

Informationssystem störungsfreier ist als zwischen Unternehmen und Umwelt, ist sicherlich plausibel. Ein ständiger Informationsaustausch, wie er innerhalb des Unternehmens gut möglich ist, kann zwischen Unternehmen und Outsourcer nicht stattfinden. Aufgrund dessen werden Informationen verlorengehen, die sich vielleicht im nachhinein als relevant erweisen. Es besteht zusätzlich die Möglichkeit, daß der Outsourcer Informationen verfälscht, um Mißerfolge bei der Entwicklung zu verschleiern. Genau diese Informationskosten sind deshalb bei unternehms-externer Abwicklung höher.

Aus dieser exemplarischen Betrachtung kann das Fazit gezogen werden, daß die Transaktions-kosten bei Eigenerstellung der unternehmensinternen Leistung Systementwicklung geringer ausfallen als beim Outsourcing, dem Fremdbezug dieser Leistung. Dies läßt sich zusammenfas-send im Sinne von WILLIAMSON damit begründen, daß die Kontroll-, Anreiz- und Überwa-chungsmöglichkeiten der eigenen Mitarbeiter des Unternehmens in höherem Maße gegeben ist, als dies bei Individuen anderer Organisationen möglich ist. Gleichfalls stellt der Opportunismus bei unternehmensinterner Abwicklung durch geringere Abhängigkeitsgefahr eine nicht so große Bedrohung wie bei externer Abwicklung dar.

Anhand dieses Beispiels kann verdeutlicht werden, daß die ausschließliche Produktionskosten-betrachtung zu dem Ergebnis des Outsourcing auf der Grundlage des klassischen Vertragsrechts führt, wohingegen bei der ausschließlichen Transaktionskostenbetrachtung die Eigenerstellung der Systementwicklung den Vorzug erhält. Beide Entscheidungen sind ineffizient, da eine reine Transaktionskostenbetrachtung die Einbeziehung von Skalenerträgen (economies of scale) vernachlässigt und eine reine Produktionskostenbetrachtung keine Bewertung der Abhängig-keiten und Unsicherheiten vornimmt. Für dieses Beispiel liegt die effiziente Entscheidung dann in der Wahl einer institutionellen Zwischenform, die das interne Outsourcing bzw. das externe Outsouring auf der Basis neoklassischer Verträge beinhaltet. Deshalb kann abgeleitet werden, daß grundsätzlich beide Kostenkategorien zu betrachten sind, die sich auch gegenseitig beein-flussen können.

3.3.3.2 Transaktionskosten als Effizienzkriterium für die Organisationsgestaltung

Effizienz und Flexibilität sollen die Entscheidungskriterien für die verschiedenen Organisations- bzw. Vertragsformen zur Abwicklung unternehmensinterner Dienstleistungen sein. Effizienz als allgemeines Beurteilungskriterium für Organisationsmaßnahmen kann zur Erzielung bestmöglicher Ergebnisse als Ergebniseffizienz im statischen Sinne bezeichnet werden und resultiert aus einer kurz- bis mittelfristigen Sicht. Flexibilität als Beurteilungskriterium für die Anpassungsfähigkeit einer Organisationsform folgt hingegen einer langfristigen Perspektive und trägt der dauerhaften Effizienz Rechnung, die als Prozeßeffizienz interpretiert werden kann[325].

Organisatorische Effizienz erweist sich in der Literatur als äußerst problematischer mehrdeutiger Begriff, der zu zahlreichen theoretischen Effizienzansätzen und unterschiedlichen Effizienzkriterien führte[326]. Effizienz der Organisation von unternehmensinternen Dienstleistungen ist im Sinne des Wirtschaftlichkeitsprinzips als Erfüllung der Aufgabe "Erstellung der Dienstleistungen" unter kostengünstigster Organisationsgestaltung zu verstehen. Die Entscheidung für die transaktions- und produktionskostenminimale[327] Organisationsform ist dann effizient.

Die Notwendigkeit, organisatorische Flexibilität zu berücksichtigen, entsteht gerade bei einer dauerhaft ausgerichteten strategischen Entscheidung[328], wie sie das Outsourcing darstellt. Flexibilität wird deshalb in besonderem Maße bei der unternehmensexternen Organisation von Dienstleistungen über die Transaktionskosten (speziell den Anpassungskosten) zu berücksichtigen sein. Effizienz als Kriterium für Wirtschaftlichkeit und Flexibilität als Kriterium für Anpassungsfähigkeit stehen, wie intuitiv einsichtig, in einem Spannungsverhältnis zueinander[329].

---

325   Vgl. J. Reese [1994], S. 32 und S. 233.
326   Vgl. M. Welge und K. Fessmann [1980], S. 579 ff.
327   Organisationsformen werden komparativ statisch untersucht.
328   Vgl. J. Reese [1994], S. 255.
329   Vgl. H. Albach [1990], S. 114 f.

Flexibilität wird durch den Aufbau eines organisatorischen Überschusses erreicht[330], den March und Simon 1958 als "Organizational Slack" in die Organisationstheorie eingeführt haben[331]. Dieser Überschuß, als Maß für die Anpassungsfähigkeit und damit Flexibilitätsmaß einer Organisation, schafft eine positive Differenz der zur Zielerreichung unbedingt notwendigen und der tatsächlich eingesetzten Ressourcen[332]. Der Ressourcenüberschuß ist bei kurzfristiger Bewertung unwirtschaftlich, da den Kosten der Einrichtung des Überschusses (Anpassungskosten) kein erkennbarer Nutzen gegenübersteht, langfristig aber wünschenswert[333]. Die Abgrenzung zwischen erwünschter und unerwünschter Flexibilität im Sinne des Wirtschaftlichkeitsprinzips wird in der in Kapitel 4 folgenden Analyse im Rahmen einer Tradeoff-Betrachtung von Effizienz und Flexibilität erfolgen.

Vorab ist aber davon unabhängig ein Maß für die notwendige Flexibilität der Organisation interner Dienstleistungen festzulegen[334]. So ist es sicherlich unsinnig , den organisatorischen Überschuß in einem Höchstmaß (totale Flexibilität), das nie benötigt wird, oder gar nicht (totale Inflexibilität) bereitzustellen[335]. Die Bestimmung einer absoluten Höhe gestaltet sich allerdings schwierig und hängt von der zu organisierenden Aufgabe ab. Deshalb kann festgehalten werden, daß die Höhe des Flexibilitätsmaßes positiv korreliert ist mit der Unsicherheit, der die Dienstleistung unterworfen ist (als Dimension der Transaktion), und mit der Verhaltensunsicherheit der Individuen, die in besonderem Maße durch die Vertragspartner bei (strategischen) Outsourcing-Entscheidungen induziert wird. Eine Festlegung der Mindestflexibilität kann allerdings nur subjektiv aufgrund von Erfahrung und Einschätzung der Umweltzustände erfolgen[336]. Diese Mindestflexibilität verursacht Anpassungskosten. Der Verhaltensunsicherheit, die gerade bei Organisationsformen des externen Outsourcing gegeben ist, kann durch Vertragsvereinbarungen begegnet werden; diese Flexibilität wird dann durch Vertrauenskosten erkauft.

---

330   Vgl. J. Reese [1994], S. 49.

331   Vgl. H. Albach [1990], S. 115.

332   Vgl. H. Corsten und B. Meier [1983], S. 86.

333   Vgl. J. Reese [1991], S. 371 und ders. [1990], S. 529.

334   Reese bezeichnet dies als Mengenbewertung, siehe J. Reese [1991], S. 373 f.

335   Vgl. J. Reese [1994], S. 234.

336   Dieses Maß trägt der exogenen Unsicherheit (Umweltunsicherheit und Dynamik) Rechnung; dagegen wird die endogene Unsicherheit in Form von Komplexität nicht mitberücksichtigt, da diese durch die geeignete Organisation aufgelöst sein sollte. Siehe dazu J. Reese [1991], S. 374.

In der nachfolgenden Untersuchung wird der Weg gewählt, Effizienz und Flexibilität in einer Tradeoff-Betrachtung darzustellen und als Resultante einen Kompromiß in Form erwünschter Flexibilität im Sinne des Wirtschaftlichkeitsprinzips zu erzielen[337].

3.3.4 Klassische Anwendungsfelder der Transaktionskostentheorie

3.3.4.1 Die (unternehmens-) interne Organisationsgestaltung

Bei der Behandlung des Faktors Arbeit hält WILLIAMSON den Einfluß beschränkter Rationalität, des Opportunismus und der Häufigkeit, mit der die Transaktion durchgeführt wird, und in gewissem Maße auch die Unsicherheit konstant; er variiert hingegen die Faktoren Humankapitalspezifität und Meßbarkeit der Produktivität bzw. des Outputs zur Festlegung der effizienten Organisationsform des Faktors Arbeit.[338] Den Grad der Meßbarkeit von Arbeitsleistungen sieht Williamson als die Ausgestaltung der Unsicherheit bei der Betrachtung der internen Organisationsgestaltung an[339]. Unter der Annahme, daß die Ausprägungen der beiden Faktoren jeweils nur hoch oder gering sein können, resultiert eine vierfeldrige Klassifikation von Überwachungsmechanismen für Beschäftigungsverhältnisse, die in Abbildung 10[340] dargestellt wird[341].

---

337   Auf eine weitere Klassifizierung von Flexibilität, wie Reese sie durchführt, soll hier verzichtet werden, da diese für die weitere Analyse nicht förderlich wäre. So soll es dort eben darum gehen, die Flexibilität der vorgeschlagenen Organisationsformen aus Unternehmenssicht zu bewerten.

338   Vgl. O. Williamson [1985a], Kapitel 10 sowie ders. [1981a], S. 562-566.

339   Siehe O. Williamson [1981a], S. 564.

340   Abbildung in Anlehnung an O. Williamson [1985a], S. 247.

341   Vgl. auch zu den folgenden Ausführungen T. Petersen, [1995], S. 24 ff.

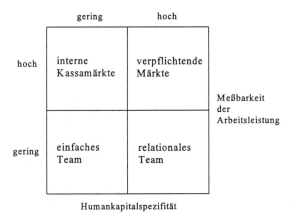

Abb. 10: Überwachungsmuster für unternehmensinterne Beschäftigungsverhältnisse

Falls die Humankapitalspezifität gering und der Grad der Leistungsmeßbarkeit hoch ausgeprägt ist, ergeben sich interne Kassamärkte. Diese bedeuten, daß es weder für den Arbeitgeber noch für den Arbeitnehmer Sinn macht, das Arbeitsverhältnis langfristig zu gestalten. Die Arbeitnehmer können den Arbeitgeber wechseln, ohne ihre Fähigkeiten einzubüßen. Der Arbeitgeber wiederum kann die Arbeiter kostenlos ersetzen. Charakteristische Beispiele bilden hier "wandernde", mobile Farmarbeiter und Gelegenheitsarbeiter. Es können auch professionelle Berufsgruppen wie bspw. Ingenieure in dieses Feld fallen. Es besteht keine Notwendigkeit, interne Arbeitsmärkte innerhalb einer Hierarchie zu bilden oder andere spezielle Überwachungsstrukturen zu implementieren. Interne Spotmärkte stellen in dem Sinne klassische Verträge dar, als daß Arbeitsleistung und Entlohnung eindeutig festgelegt sind. Sie sind kurzfristig angelegt, und die Identität der Vertragspartner spielt keine Rolle.

Sind sowohl die Humankapitalspezifität als auch Meßbarkeit der Arbeitsleistung gering ausgeprägt, entstehen einfache Teams. In solchen Teams kann sich zwar die Mitgliedschaft ändern, ohne daß es zu Produktivitätsverlusten kommt, aber die einzelnen Mitglieder können nicht auf der Basis ihres individuellen Arbeitsergebnisses entlohnt werden. Die Überwachung der individuellen Arbeitsanstrengung wird deshalb oft eingeführt, um die Arbeit von Teammitgliedern zu steuern. In diesem Sinne wird nicht, wie bei den internen Spotmärkten, der Arbeitsoutput überwacht, sondern die Arbeiter werden auf der Basis ihrer individuellen Arbeitsanstrengungen entlohnt, um ein Minimumlevel zu sichern. Das Überwachungsmuster einfaches Team basiert auf dem Mechanismus der Inputkontrolle.

Sind hingegen hoch ausgeprägte Humankapitalspezifität und hohe Meßbarkeit individueller Leistungen gegeben, entstehen "verpflichtende Märkte" (obligational markets). In diesem Fall haben beide Vertragspartner, Arbeitgeber wie Arbeitnehmer, das Interesse, das Beschäftigungsverhältnis aufrechtzuerhalten. Geldstrafen sowie Sicherungsklauseln und Abfindungszahlungen und Pensionsansprüche, die Ausdruck von Verpflichtungen von beiden Vertragsseiten sind, stellen die geeigneten Überwachungsmechanismen dar. Sie bewirken einerseits Anreize für den Arbeitnehmer, nicht abzuwandern, und andererseits, daß der Arbeitgeber den Arbeitnehmer nicht ohne Kosten freisetzen kann. Die Aufrechterhaltung der Beziehung steht im Zentrum des Vertrags.

Relationale Teams treten dann in Erscheinung, wenn ein hohes Maß an Humankapitalspezifität und eine geringe Meßbarkeit der individuellen Leistungen gegeben sind. Es sind dann spezielle Überwachungsstrukturen notwendig, die zur Identifikation des Arbeitnehmers mit den Zielen des Arbeitgebers beitragen. Dies dokumentiert sich in einem beträchtlichen Ausmaß an Arbeitsplatzsicherheit und sozialer Absicherung für den Arbeitnehmer. Diese Art von Arbeitsverhältnissen wird zunächst nur mit japanischer Arbeitsorganisation assoziiert. Jedoch erscheint auch das Beispiel des deutschen Beamtentums durchaus passend. Festzuhalten sind die langfristigen Forderungen an die Loyalität und Zielkonformität des Arbeitnehmers als Charakteristika für diese Arbeitsverhältnisse.

Entscheidend für Arbeitsverhältnisse der beschriebenen vier Arten ist die Entwicklung von vier sogenannten Aufgabenidiosynkratien[342] als spezielle Formen von Faktorspezifität[343]. Diese Aufgabenspezifität, die vor allem bei relationalen Verträgen mit ein- oder zweiseitiger Überwachung[344] im Laufe der Zeit auftritt, kann in vier Arten differenziert werden[345]:

- Betriebsmittelspezifität
- Prozeßspezifität
- Teamspezifität
- Kommunikationsspezifität.

Betriebsmittelspezifität gehört ihrem Charakter nach zur Sachkapitalspezifität, da hier aufgrund unvollständig standardisierter Betriebsmittel im Laufe der Zeit durch den Arbeitnehmer (später Dienstleistungsersteller oder -anbieter) Kenntnisse über diese Unternehmensspezifika durch Erfahrung gesammelt werden können. Prozeßspezifität kann der Humankapitalspezifität zugeordnet werden, da es sich um Erfahrungs(kurven)effekte durch die Wiederholung von Arbeitsprozessen handelt. Gegenstand der Teamspezifität ist die (informelle) Gruppendynamik, die sich im Laufe der Zusammengehörigkeit einer Arbeitsgruppe entwickelt mit allen dazugehörigen Erscheinungen, wie Teamgeist, Gruppenkonflikten und Rollenverhalten. Diese ändern sich grundlegend, wenn die Gruppenbesetzung sich ändert. Kommunikationsspezifität stellt auf die informelle Organisation durch sich entwickelnde Informationskanäle ab, wobei diese informelle Kommunikation ihren Wert ausschließlich innerhalb des betrachteten Unternehmens bzw. der Organisation hat. Team- und Kommunikationsspezifität können beide ihrem Charakter nach unter die Humankapitalspezifität subsumiert werden.

Die beschriebenen Arten von Aufgabenspezifität entstehen durch Verbesserungen der Arbeitskraft, die der Faktor Arbeit selbst einbringt. Arbeitnehmer haben nach dieser Betrachtung die Möglichkeit, ihr Monopol über das technologische Wissen auszubauen, und sollten aufgrund der

---

342   Unter Aufgabenidiosynkratien können gemäß den Ausführungen zur Faktorspezifität Investitionen in idiosynkratisches Wissen verstanden werden, die im Laufe der Transaktionsbeziehung getätigt werden oder entstehen.
343   Vgl. dazu O. Williamson [1975], S. 62.
344   Vgl. dazu Überwachungssysteme in Abschnitt 3.2.5.
345   Siehe auch O. Williamson [1975], Kapitel 4.

Vertragsgestaltung ihres Arbeitsverhältnisses den Anreiz dazu haben[346]. Dieser Effekt wird allerdings durch die schon angesprochene bürokratische Verzerrung und durch zeitlich abnehmende Leistungsanreize (vgl. 3.2.5) konterkariert. Die diskutierten Formen von Arbeitsspezifität werden zunächst bei der Betrachtung der Transaktionskosten unternehmensinterner Überwachungsstrukturen besonders relevant, die der Vertragstypologie relationaler Verträge mit einseitiger Überwachung entsprechen, betreffen jedoch auch die langfristige und intensive Zusammenarbeit auf der Basis relationaler Verträge mit zweiseitiger Überwachung. Darüber hinaus wirkt Aufgabenspezifität auch in Transaktionsbeziehungen, denen neoklassische Verträge zugrunde liegen, da auch hier eine langfristige Transaktionsbeziehung angestrebt wird und der Austausch zwischen den Transaktionspartnern dementsprechend intensiv ist.

3.3.4.2 Die vertikale Integration

Ein Unternehmen steht einerseits in Beziehung zu Lieferanten und andererseits zu Abnehmern, die bei Autonomie der drei Gruppen durch Marktbeziehungen gekennzeichnet sind. Wird die Autonomie eines Unternehmens der Lieferanten- oder Abnehmerseite durch Aufkauf aufgelöst, steht dieses in der Hierarchie des Unternehmens, und eine Formulierung expliziter (klassischer oder neoklassischer) Verträge ist nicht länger notwendig. Dies wird als vertikale Integration[347] bezeichnet. Die Übernahme eines Anbieters (Lieferanten) wird dabei als Rückwärtsintegration, die Übernahme eines Abnehmers als Vorwärtsintegration bezeichnet. Das Phänomen der vertikalen Integration kann am besten mit der Minimierung von Transaktionskosten erklärt werden, wenn auch nicht ausschließlich[348]. Im Sinne des Transaktionskostenansatzes wird

---

346   Siehe hier auch P. Doeringer und M. Piore [1971], S. 84.

347   Rindfleisch und Heide geben einen umfassenden Überblick transaktionskostentheoretischer, empirischer Untersuchungen zur vertikalen Integration, s. A. Rindfleisch und J. Heide [1997], S. 32 und 39. Auch Kaas und Fischer geben einen umfassenden Überblick empirischer Studien, die in Untersuchungen zur Vorwärtsintegration sowie zur Rückwärtsintegration und sonstige empirische Untersuchungen eingeteilt werden. Es werden die wesentlichen Ergebnisse der Untersuchungen dargestellt und Aussagen darüber getroffen, inwieweit die Transaktionskostentheorie dadurch bestätigt wird, vgl. K. Kaas und M. Fischer [1993], S. 691 f. Zur theoretischen Definition und Abgrenzung der vertikalen Integration vgl. auch M. Riordan [1995] sowie S. Grossman und O. Hart [1986].

348   Ein außerhalb des Erklärungsansatzes der Transaktionskostentheorie liegender wesentlicher Grund für vertikale Integration sind die Verbundeffekte (economies of scope). Diese treten auf, wenn technologische Abhängigkeiten zwischen aufeinanderfolgenden Produktionsstufen existieren. Die grundlegenden Betrachtungen zu diesem Aspekt wurden von W. Baumol, J. Panzar und R. Willig [1982] angestellt.

argumentiert, daß unter Unsicherheit, Opportunismus und beschränkter Rationalität eine Ausformulierung vollständiger Verträge schwierig ist. Aufgrund der beschränkten Rationalität wäre eine vollständige Formulierung von Verträgen, sowohl bezüglich des Schreibens als auch des Verstehens, teuer und komplex, selbst wenn alle zukünftigen Bedingungen antizipierbar wären. Dies ist aber eben nicht der Fall und verhindert den Abschluß von Contingent-Claims-Kontrakten (vgl. Abschnitt 3.2.4.1). Diese Tatsache stellt kein Problem dar, falls es keinen Opportunismus gäbe. Sobald aber opportunistisches Verhalten wirksam wird, haben die Vertragsparteien den Anreiz, zu ihrem eigenen Vorteil nachzuverhandeln, wenn sich Unvorherzusehendes ereignet. In diesem Fall treten Kosten der Nachverhandlung (Ex-post-Vertragskosten) auf. Diese Anpassungskosten verursachen für sich wiederum kein Problem, falls die Vertragsparteien kostenlos vom Vertrag zurücktreten könnten und andere Vertragsparteien zum erneuten Vertragsabschluß fänden. Dies ist aber dann nicht der Fall, wenn während der Vertragslaufzeit spezifische Investitionen in die Vertragsbeziehung getätigt wurden, so daß Faktorspezifität resultiert. Darüber hinaus ist das Vertrauen zwischen den Vertragsparteien auch durch Kommunikation gewachsen, das in einer neuen Vertragsbeziehung wieder aufzubauen ist. Ist Faktorspezifität als Ergebnis der fundamentalen Transformation gegeben, können die Vertragsparteien nicht mehr kostenlos vom Vertrag zurücktreten, und deshalb treten Nachverhandlungskosten auf. Es existieren somit zwei Arten von Transaktionskosten: die Ex-ante-Vertragskosten und die Ex-post-Vertragskosten (siehe dazu Abschnitt 3.3.3.1). Vertikale Integration tritt auf, um diese Transaktionskosten zu sparen.[349] Wiederum sind als gegenläufiger Effekt schwächere Leistungsanreize und bürokratische Dysfunktionalitäten zu berücksichtigen.

---

349   Lee stellt bspw. auf der Basis sowohl einer theoretischen als auch einer empirischen Untersuchung fest, daß die Transaktionskostenersparnis die vertikale Integration der Forschung und Entwicklung begründet, wenn das Unternehmen Innovationen strategisch für bedeutsam hält, vgl. Y. Lee [1994], S. 104.

4. Anwendung der Transaktionskostentheorie auf die Organisation unternehmerischer Outsourcing-Entscheidungen

4.1 Outsourcing als transaktionskostentheoretisches Problem

Gegenstand der Transaktionskostentheorie ist die Erklärung der Existenz und Größe von Hierarchien (Unternehmen) und Märkten über Transaktionskosten. Ausgangspunkt der Transaktionskostentheorie als ökonomischer Organisationstheorie bildet das Organisationsproblem des Unternehmens.[350] Eine umfassende Transaktionskostenanalyse ist jedoch erst dann gegeben, wenn nicht nur institutionelle Einbindungsformen anhand konkreter Organisations- bzw. Vertragsformen für die betrachtete Transaktion untersucht werden, sondern vorab die Ausprägungen der Dimensionen der Transaktion explizit zugrunde gelegt werden. Aus den Ausprägungen der Dimensionen kann die Zuordnung der Transaktion zu einem Überwachungsschema abgeleitet werden. Zur Untersuchung der Transaktion "Organisation unternehmensinterner Dienstleistungen" ist es notwendig, die Dimensionen dieser Transaktion in die Kostenbetrachtung explizit einzubeziehen und zu spezifizieren, um eine Aussage über die kosteneffiziente Organisationsform bzw. Vertragsform für die Abwicklung der Transaktion zu treffen. Daher sind die Eigenschaften und Charakteristika von Dienstleistungen untersucht worden. Aus der Gesamtmenge der Dienstleistungen ist die Menge der unternehmensinternen Dienstleistungen identifiziert worden. Diese Leistungen wurden unter Aspekten der unternehmensinternen Organisationsgestaltung systematisiert, bevor eine Betrachtung der Ausprägungen der Dimensionen dieser heterogenen Leistungen nun zu Outsourcing-Überlegungen führen soll.

Eine Zuordnung von Transaktionsdimensionen und Outsourcing-Formen auf der Grundlage einer strategischen Analyse nimmt PICOT[351], wiederum in Form einer Matrix, vor. Dabei wird angenommen, daß die Dimension Häufigkeit eine nur unterstützende Wirkung ausübt und somit die entscheidungsrelevanten Dimensionen ausschließlich aus der Faktorspezifität und der

---

350   Vgl. dazu Abschnitt 3.3.2 der Arbeit.

351   Vgl. A. Picot, R. Reichwald und H. Schönecker [1985].

Unsicherheit bestehen. Unsicherheit versteht Picot als Anzahl und Vorhersehbarkeit von Veränderungen bei der Leistungserstellung, und (Faktor-)Spezifität einer Leistung liegt nach Picot genau dann vor, wenn die Leistung nur für den Verwendungszweck des Unternehmens nutzbar ist. Im Rahmen dieser Betrachtung resultieren dann drei Lösungsfelder: der Fremdbezug, der koordinierte Einsatz von internen und externen Aufgabenträgern und die Eigenerstellung. Standardleistungen, die keiner Unsicherheit unterworfen sind, werden fremdbezogen. Leistungen, die im Durchschnitt beider Dimensionen mittlere Ausprägungen haben, fallen in das zweite Lösungsfeld. Für Leistungen, die durch hohe Spezifität und gleichzeitig hohe Unsicherheit gekennzeichnet sind, wird die Eigenerstellung empfohlen. Dementsprechend kann in Anlehnung an Picot[352] die in Abbildung 11 wiedergegebene, verfeinerte Matrix zumindest als Orientierungsrahmen für Outsourcing-Entscheidungen abgeleitet werden.

Dennoch sind Defizite eines solchen Vorgehens festzustellen. Zunächst ist es problematisch, die Dimension Häufigkeit zu vernachlässigen, der nach transaktionskostentheoretischen Erkenntnissen doch eine erhebliche Bedeutung zukommt. Des weiteren kann eine ausschließliche, grobe Einschätzung der Ausprägungen der Dimensionen Faktorspezifität und Unsicherheit ohne eine explizite Kostenbetrachtung nicht zu einer Ableitung konkreter Vertragsformen bzw. Organisationsformen des Outsourcing führen. Problematisch ist ferner auch die "pragmatische" Interpretation der Dimension Spezifität. Gerade die Spezifität hat in der Transaktionskostentheorie eine umfassende Bedeutung und beinhaltet nicht nur den unternehmensspezifischen Charakter einer Leistung. Hinzu kommt, daß bei der vorgestellten, strategischen Analyse die Transaktion gar nicht definiert wird, sondern Leistungen als solche direkt zugrunde gelegt werden. Menschliches Verhalten fließt in diese Analyse gar nicht ein. Eine theoretisch fundierte, übergeordnete Differenzierung von Outsourcing-Formen in Gestalt einer Vertragstypologie ist somit unerläßlich.

---

352 Vgl. A. Picot, R. Reichwald und H. Schönecker [1985], S. 1032. In der hier dargestellten Matrix werden jeweils drei Felder zusammengefaßt, so daß die Klassen reiner Fremdbezug bzw. Fremdbezug intern unterstützt, koordinierter Einsatz von internen und externen Aufgabenträgern (Mischstrategie) sowie Eigenleistungen extern unterstützt bzw. reine Eigenleistung resultieren.

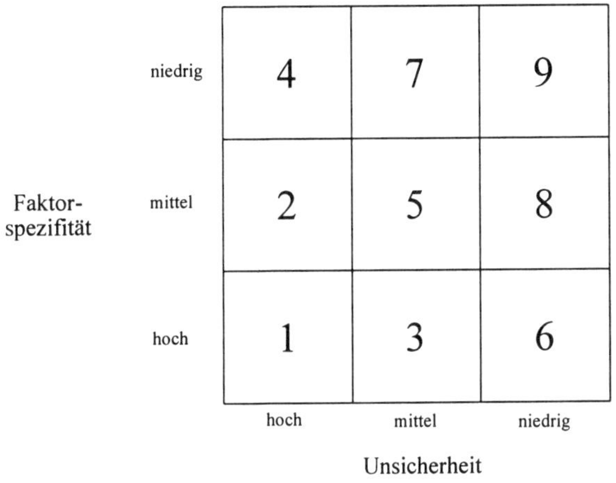

niedrig	4	7	9
mittel	2	5	8
hoch	1	3	6

Faktor-
spezifität

hoch   mittel   niedrig

Unsicherheit

1   - Eigenerstellung
2,3   - Gründung gemeinsamer Servicegesellschaften
4,5,6 - Kooperation (Kapitalbeteiligung am Dienstleistungsunternehmen,
           langfristige, vertragliche Bindung)
7,8   - kurz- und mittelfristige vertragliche Regelungen
9   - Fremdbezug auf Basis spontaner Marktbeziehungen

Abb. 11: Matrix des Outsourcing in Abhängigkeit von Transaktionsdimensionen

Deshalb wird der Betrachtungsweise Williamsons gefolgt und untersucht, welche Erkenntnisse die Transaktionskostentheorie grundsätzlich für das Outsourcing liefert.[353] Outsourcing-Entscheidungen sind im Sinne der Transaktionskostentheorie nur dann effizient, wenn sie zu Kosteneinsparungen führen. Kosteneinsparungen bezüglich der Summe von Produktions- und Transaktionskosten[354] sind damit der ausschließliche Grund für Outsourcing-Entscheidungen.

---

353   Die Transaktionskostentheorie ermöglicht eine Analyse des Einflusses der Informationstechnologie auf die vertikale und horizontale Größe von Unternehmen und die Entstehung von Märkten. V. Gurbaxani und S. Wang [1991] untersuchen hier vor allem den Zusammenhang zwischen Informationstechnologie (bspw. verbesserte Kommunikationsmöglichkeiten durch Electronic Data Interchange) und Transaktionskosten in Form von internen Koordinationskosten und Betriebskosten bei Eigenerstellung und externen Transaktionskosten bei Marktbezug. Die optimale vertikale Unternehmensgröße ergibt sich dann aus dem Minimum der Gesamtkosten. Maurer geht der Frage nach, inwieweit der durch neue Informationstechnologien verursachte Transaktionskostenrückgang sich auf die Unternehmensorganisation und Marktstruktur auswirkt, vgl. R. Maurer [1997], S. 70 ff. Auch Ernst untersucht die potentielle Wirkung neuer Informations- und Kommunikationstechnologien auf die Transaktionskosten, vgl. M. Ernst [1990], S. 240-251.

354   Eine ausschließliche Betrachtung der Produktionskosten führt nach Williamson aufgrund der "economies of scale" und "economies of scope" zu einer Bevorzugung des Marktes. Unter ausschließlicher Einbeziehung der Transaktionskosten hingegen gelten Unternehmen (Hierarchien) als effizient, da unternehmensinterne

Die Antwort auf die Frage, in welchen Fällen durch Outsourcing Kosteneinsparungen erwartet werden können, liegt in dem von Williamson entwickelten Überwachungsschema (vgl. Abb. 8). Bei Betrachtung der Summe aus Produktions- und Transaktionskosten ist externes Outsourcing auf jeden Fall für nicht-spezifische, gelegentliche wie auch häufige (Standard-)Transaktionen (Feld 1, Abb. 8) effizient, für die Unsicherheit, Opportunismus und beschränkte Rationalität keine Rolle spielen. Auch für gemischte und spezifische Transaktionen, die nur gelegentlich auftreten (Feld 2, Abb. 8), ist externes Outsourcing unter Hinziehung einer Drittpartei (neoklassisches Vertragsrecht) effizient. Externes Outsourcing kann sowohl durch klassische als auch durch neoklassische Verträge abgewickelt werden, da diese beiden Vertragstypen die wirtschaftliche und rechtliche Unabhängigkeit der Vertragspartner voraussetzen.[355]

Relationale Verträge können hingegen sowohl internes als auch externes Outsourcing regeln. Williamson differenziert relationale Verträge nicht nach dem Kriterium der kapitalmäßigen Verbundenheit der Vertragspartner, sondern bezeichnet zweiseitige Überwachung auf der Basis relationaler Verträge generell als Kooperation, ohne diesen Begriff zu präzisieren.[356] Die Differenzierung der relationalen Verträge in Vertragsformen zur Regelung des internen und externen Outsourcing erfolgt deshalb gesondert in Abschnitt 4.3.1 zur Vorbereitung auf die vertragliche Gestaltung der aus Kapitel 4.2 gewonnenen Outsourcing-Entscheidungen.

Outsourcing ist auch für gemischte, wiederkehrende Transaktionen im Rahmen des relationalen Vertragsrechts effizient (Feld 3a, Abb. 8), da Produktionskostenvorteile des Marktes so noch ausgenutzt werden können. Diese grundsätzlichen Erkenntnisse der Transaktionskostentheorie bezüglich effizienter Outsourcing-Entscheidungen stellen eine fundierte Grundlage zur Bestimmung der auszugliedernden bzw. auszulagernden Dienstleistungen dar. Zur Gestaltung des jeweiligen konkreten Outsourcing-Vertrags ist dann jedoch noch eine differenzierte vertragliche Analyse über eine explizite Kostenbetrachtung durchzuführen.

Kontrollmechanismen besser zur Verhinderung von Opportunismus beitragen, vgl. O. Williamson [1985a], S. 390.

355   Der Zusammenhang von Outsourcing-Formen und Verträgen wird erst bei der vertraglichen Gestaltung relevant und deshalb in Abschnitt 4.3.1 behandelt.

356   Vgl. O. Williamson [1985a], S. 75 ff.

Sind Dienstleistungen statt materieller Güter Gegenstand der Entscheidung über Eigenerstellung oder Fremdbezug, so werden die Vorteile der Transaktionskostentheorie zur ökonomisch fundierten Entscheidungsfindung noch deutlicher. Dienstleistungen und insbesondere Organisationsleistungen[357] zeichnen sich gerade dadurch aus, daß sie nicht klar definierbar, bewertbar und vergleichbar sind und somit keinen eindeutigen Marktpreis haben. Dadurch rückt das Organisationsproblem in den Vordergrund, geeignete Transaktionspartner zu finden und Verhandlungen zu führen. Eine ausschließlich monetäre Bewertung, ist dann nicht möglich. Die Motivation einer transaktionskostentheoretischen Betrachtung der Organisation von Dienstleistungen läßt sich durch die Dienstleistungsdefinition verdeutlichen. Zunächst ist eine Dienstleistung durch Immaterialität oder Integration des externen Faktors charakterisiert. Gerade in den zu diskutierenden Organisations- bzw. Vertragsformen des Outsourcing ergibt sich die zu identifizierende Schnittstelle der Leistungserstellung als die Unternehmensgrenze. Es handelt sich bei einer Dienstleistung grundsätzlich um einen Leistungsaustausch im Sinne einer ökonomischen Aktivität. Eine Dienstleistung wird innerhalb eines Prozesses, der wiederum in Teilschritte zerlegt werden kann, von dem Dienstleistungsanbieter mit Hilfe des Dienstleistungsnachfragers oder einem in dessen Verfügungsbereich liegenden Objektes erbracht. Die Erstellung der Dienstleistung stellt deshalb die Transaktion dar.[358] Die Gestaltung des Prozesses stellt das Organisationsproblem dar, das Transaktionskosten verursacht. Die Transaktionskosten werden somit grundsätzlich für alle Dienstleistungen durch die Organisation des Erstellungsprozesses verursacht. Darüber hinaus werden Transaktionskosten für die Dienstleistungen, die durch Immaterialität definiert sind, in besonderem Maße anfallen, da deren Erstellungsprozeß an sich - unabhängig von der Organisations- bzw. Vertragsform - nicht als stofflicher Kombinationsprozeß im Sinne von GUTENBERG dargestellt werden kann. Das bedeutet, daß die Erstellungskosten nur zu einem geringen Teil über Produktionskosten, dann speziell über

---

357 Mit Organisationsleistungen sind Leistungen im Organisationsbereich des Unternehmens gemeint, vgl. A. Picot, R. Reichwald und H. Schönecker [1985].

358 In der Erstellung der Dienstleistung liegt gerade der Leistungsaustausch bzw. die ökonomische Aktivität, da die Leistungserstellung den Gegenstand der Transaktion darstellt. Im Gegensatz zur isolierten Produktion stofflicher Güter, steht bei Dienstleistungen gerade nicht die Produktion eines transferierbaren Ergebnisses im Vordergrund. Nur in dem Fall, in dem das Dienstleistungsergebnis Gegenstand des Leistungsaustauschs ist und der Nachfrager nicht in den Prozeß der Erstellung involviert ist, wird die Transaktion als Austausch der Dienstleistung definiert sein. In diesem Fall rückt die Dienstleistung jedoch sehr nahe an ein materielles Gut, und das Organisationsproblem rückt in den Hintergrund; solche Ausnahmefälle werden dann wieder über den reinen Markt abgewickelt werden, vgl. auch Abschnitt 4.2.2.1.5.

Personalkosten erfaßt werden können, da sich das Organisationsproblem bei diesen Dienstleistungen verschärft, welches wiederum Transaktionskosten verursacht.

Bei den Dienstleistungen, die über die Integration des externen Faktors definiert sind, ergibt sich ferner direkt die Notwendigkeit, menschliches Verhalten zu modellieren, falls der Dienstleistungsnachfrager (eben eine Person) den externen Faktor darstellt. Die Modellierung menschlichen Verhaltens stellt, wie ausführlich beschrieben, durch die Formulierung der Verhaltensannahmen Opportunismus und beschränkte Rationalität ein explizites Anliegen der Transaktionskostentheorie dar. Wird nun das Outsourcing von Dienstleistungen als die Ausgliederung bzw. Auslagerung von bislang unternehmensintern erstellten Dienstleistungen betrachtet, wird menschliches Verhalten durch die Interaktion mit unternehmensexternen Transaktionspartnern grundsätzlich relevant.

Aufgrund der beschriebenen Heterogenität von Dienstleistungen können die Ausprägungen der Dimensionen der Transaktion "Erstellung einer Dienstleistung" nicht für alle Dienstleistungen gleich sein. Bezüglich dieses Aspekts müssen Fallunterscheidungen aufgrund der aus den vorangegangenen Ausführungen gewonnenen Dienstleistungsarten durchgeführt werden. Vorab kann jedoch festgehalten werden, daß sich schon aus der Dienstleistungsdefinition heraus Implikationen für die Dimensionen der Transaktionen ergeben.

Aus der Immaterialität von Dienstleistungen ergibt sich die Komplexität des Erstellungsprozesses und damit eine hohe Ausprägung der Dimension Unsicherheit. Der Erstellungsprozeß dieser Dienstleistungen kann gerade nicht als leicht repetierbarer Kombinationsprozeß stofflicher Inputfaktoren dargestellt werden. Seine Wirkungszusammenhänge sind schwer zu identifizieren und damit nicht wiederholbar. Sie führen zu einer Komplexität (als Wirkungsunsicherheit), die durch geeignete Organisation aufgelöst werden muß. Ist die Dienstleistung im Ergebnis immateriell, liegt Komplexität als Zustandsunsicherheit vor. Aufgrund der Komplexität immaterieller Dienstleistungen kann ferner ein Mindestmaß an Humankapitalspezifität konstatiert werden, da die komplexen Erstellungsprozesse dieser Dienstleistungen nur von Mitarbeitern mit entsprechenden Fähigkeiten und Kenntnissen bewältigt werden können. Aus der Immaterialität folgt zudem dann mangelnde Transportierbarkeit dieser Dienstleistungen, die wiederum zu Standortspezifität führt, falls diese nicht durch materielle Transport- und Speicher-medien wieder eingeschränkt wird.

Standortspezifität ergibt sich gleichfalls aus der Integration des externen Faktors durch den unmittelbaren Kontakt zwischen Dienstleistungsnachfrager und -anbieter. Aus der Integration des externen Faktors ergibt sich auch ein positives Maß an Spezifität, falls es sich bei dem Verfügungsobjekt des Dienstleistungsnachfragers nicht um ein Standardobjekt handelt. Es sind in diesem Fall seitens des Dienstleistungsanbieters Investitionen in eine nachfrageinduzierte Leistungsdiversifikation zu tätigen, wodurch Sachkapitalspezifität gegeben ist.

Schon aus der Dienstleistungsdefinition begründet sich somit die Notwendigkeit transaktions-kostentheoretischer Überlegungen. Für das in Form von Outsourcing-Entscheidungen vorliegen-de Organisationsproblem von unternehmensinternen Dienstleistungen verschärft sich diese Notwendigkeit noch. Für die auszugliedernden bzw. auszulagernden Dienstleistungen resultiert das Problem, geeignete Transaktionspartner zu finden, mit diesen zu verhandeln und bei Vertragsabschluß die Durchführung der Transaktion zu überwachen und gegebenenfalls An-passungen vorzunehmen. Dieses Problem verschärft sich mit zunehmender Ausprägung der Dimensionen der betrachteten Transaktion; bei den hierdurch verursachten Kosten handelt es sich ausnahmslos um Transaktionskosten.

Zusammenfassend läßt sich das weitere Vorgehen, Outsourcing-Entscheidungen auf der Grund-lage des in Kapitel 2 entwickelten Dienstleistungsansatzes transaktionskostentheoretisch zu modellieren, wie folgt beschreiben. Der in Kapitel 2 entwickelte Systematisierungsansatz brachte durch die Integration des Mintzberg-Modells acht Gruppen unternehmensinterner Dienstleistungen hervor. Jede dieser acht Gruppen ist als eigenständige Transaktion zu de-finieren, um aus der Untersuchung der Ausprägungen ihrer Dimensionen Spezifität, Unsi-cherheit und Häufigkeit Aussagen für deren Abwicklung abzuleiten. Eine Zuordnung der Transaktion zu dem entsprechenden Überwachungssystem nach WILLIAMSON wird somit ohne eine explizite Kostenbetrachtung ermöglicht (vgl. Abschnitt 4.2), da dieses Schema die grundsätzliche Relevanz der Transaktions- bzw. Produktionskosten implizit berücksichtigt. Es resultieren somit die Dienstleistungsarten, die Gegenstand der Outsourcing-Entscheidung sind.

Die konkrete vertragliche Gestaltung der Outsourcing-Entscheidungen erfolgt dann durch die explizite Betrachtung von Transaktionskosten (vgl. Abschnitt 4.3). Dieses zweistufige Vorgehen ermöglicht auf der ersten Stufe die Identifikation der "outzusourcenden" Dienstleistungen sowie auf der zweiten Stufe die konkrete vertragliche Gestaltung der jeweiligen Outsourcing-Entscheidung und damit gleichzeitig die Bestimmung der Organisationsform.

4.2   Das transaktionskostentheoretische Modell unternehmerischer Outsourcing-Entscheidungen

4.2.1   Die Hypothesen

In bezug auf die einzelnen Dienstleistungsgruppen werden nun Hypothesen formuliert, die durch Anwendung der Transaktionskostentheorie begründet bzw. widerlegt werden sollen. Die grundlegende Hypothese besagt, daß Outsourcing nicht für alle Gruppen von Dienstleistungen vorteilhaft sein kann. Outsourcing-Entscheidungen werden nur für einen Teil der unternehmensinternen Dienstleistungen relevant; Outsourcing aller unternehmensinternen Dienstleistungen ist nicht effizient. In der in Kapitel 2 verarbeiteten Literatur zum Outsourcing leitet sich die Motivation für Outsourcing-Entscheidungen aus der "Besinnung auf das Kerngeschäft" ab. Dies bedeutet, daß die Dienstleistungen, die im Bereich des Kerngeschäfts des Unternehmens nachgefragt werden und solche, die langfristig Wettbewerbsvorteile liefern, weiterhin unternehmensintern erstellt werden, solange das Know-How des Unternehmens dies zuläßt.[359] Stellt das Know-How, das heißt das Humankapital des Unternehmens, jedoch den limitierenden Faktor bei der Erstellung dieser Dienstleistungen dar, sind diese strategischen Dienstleistungen auszugliedern (internes Outsourcing).[360] Dienstleistungen, die ausschließlich dem Erhalt der Unternehmensorganisation dienen und somit nur indirekt produktiv sind, gelten als Stan-

---

359   Vgl. insbesondere Abschnitt 2.3.2.2 der Arbeit, vor allem A. Picot und M. Maier [1992], S. 21, und bspw. W. Köhler-Frost [1993], S. 13 und W. Heinrich [1992], S. 25, sowie B. Ludwig [1993], S. 56, der auf das Wettbewerbspotential einer Dienstleistung abstellt.

360   Vgl. hier auch A. Picot und M. Maier [1992], S. 23.

dardleistungen, die günstiger über den Markt zu beziehen sind (externes Outsourcing).[361] Werden diese Erkenntnisse auf die in dieser Arbeit entwickelten Dienstleistungsgruppen übertragen, dann resultieren folgende Hypothesen:

1. Die Dienstleistungen der Linie (Dienstleistungen der Gruppen 1 und 2) repräsentieren das Kerngeschäft und sind deshalb grundsätzlich unternehmensintern zu erstellen; Outsourcing ist für diese Dienstleistungsgruppen nicht vorteilhaft.

2. Strategische Dienstleistungen determinieren die Wettbewerbsposition des Unternehmens und sind deshalb grundsätzlich unternehmensintern zu erstellen, falls der Eigenerstellung keine Know-How-Barrieren entgegenstehen. Outsourcing ist für die Dienstleistungsgruppen 6 und 8 ebenfalls nicht vorteilhaft.

3. Die Dienstleistungen der Technostruktur (Gruppe 3) sind hingegen aufgrund der Know-How-Barrieren, die der Eigenerstellung entgegenwirken, grundsätzlich auszugliedern; internes Outsourcing ist für die Dienstleistungsgruppe 3 vorteilhaft.

4. Die Dienstleistungen der unterstützenden Einheiten ohne strategische Bedeutung (Dienstleistungen der Gruppen 4, 5, 7) sind auszulagern, externes Outsourcing ist für diese Dienstleistungsgruppen vorteilhaft.

Mit Hilfe des im folgenden zu entwickelnden transaktionskostentheoretischen Modells ist zu überprüfen, inwieweit eine solch robuste Differenzierung einer effizienten Outsourcing-Entscheidung gerecht wird.

---

361 Vgl. bspw. R. Bühner und A. Tuschke [1997], S. 21.

4.2.2   Das Outsourcing-Modell

4.2.2.1 Ausprägungen der Transaktionsdimensionen

4.2.2.1.1 Zusammenhang zwischen Dienstleistungsmerkmalen und

Transaktionsdimensionen

Der fundamentale Zusammenhang zwischen den konstitutiven Dienstleistungsmerkmalen Immaterialität und Integration des externen Faktors einerseits und den Ausprägungen der Dimensionen der Transaktion Erstellung einer Dienstleistung andererseits wurde aus der Dienstleistungsdefinition gewonnen und in Abschnitt 4.1 erläutert.

Im folgenden geht es nun darum, den Zusammenhang zwischen den Ausprägungen der Transaktionsdimensionen und den Merkmalen der verschiedenen Dienstleistungsgruppen zu diskutieren. Dem Ansatz aus Kapitel 2 entsprechend wurden zur Systematisierung der Dienstleistungen die Ordnungsmerkmale Funktionsbezogenheit und strategische Bedeutung herangezogen. Es ist deshalb - bevor die einzelnen (acht) Dienstleistungsgruppen betrachtet werden - zu diskutieren, welche Implikationen diese beiden Ordnungsmerkmale für die Ausprägungen der Transaktionsdimensionen haben.

Das Merkmal Funktionsbezogenheit wurde in Abschnitt 2.2 durch die Bildung diskreter Gruppen definiert. Es wurde unterschieden zwischen funktionsübergreifenden, funktionsfreien und funktionalen (unternehmensinternen) Dienstleistungen. Alle Dienstleistungen, die im Rahmen der Abwicklung der Funktionen Beschaffung, Produktion, Finanzierung und Absatz nachgefragt werden, wurden als funktionale Dienstleistungen bezeichnet. Aus der Definition funktionaler Dienstleistungen und der vorangegangenen Beispielgebung[362] kann abgeleitet werden, daß erstens grundsätzlich besondere Fachkenntnisse zur Erstellung dieser Dienstleistungen benötigt werden, die sich durch Erfahrung weiterentwickeln. Somit ist Humankapitalspezifität gegeben. Zweitens kann festgestellt werden, daß der Erstellungsprozeß für diese Dienstleistungen zwar nicht von Unternehmen zu Unternehmen völlig verschieden verläuft, Besonderheiten des

---

362   Vgl. Abschnitt 2.2.

Unternehmens jedoch durch Anpassungen zu berücksichtigen sind. Es ist deshalb festzuhalten, daß funktionale Dienstleistungen zumindest eine gemischte Faktorspezifität für die (Basis-) Transaktion Dienstleistungserstellung bewirken. Darüber hinaus werden diese Dienstleistungen sicherlich häufiger erstellt, da sie die Unternehmensfunktionen betreffen, welche permanent aufrechtzuerhalten sind und das "Kerngeschäft" betreffen. Somit kann Einmaligkeit als Ausprägung der Dimension Häufigkeit ausgeschlossen werden.

Funktionsfreie Dienstleistungen sind völlig unabhängig von den beschriebenen Funktionen des Unternehmens. Ihre Erstellung setzt keine Kenntnisse über ihre Abwicklung voraus. Aus der Definition und der Beispielgebung in Abschnitt 2.2 kann sogar abgeleitet werden, daß zur Erstellung funktionsfreier Dienstleistungen nur geringe Investitionen in Humankapital getätigt werden müssen bzw. vorhandene Kenntnisse einer anderen Verwendung ohne Wertverlust zugeführt werden können. Das bedeutet, daß sowohl das Unternehmen andere Mitarbeiter (Dienstleistungsanbieter) zur Erstellung dieser Dienstleistungen findet als auch der betrachtete Mitarbeiter seine Dienste anderen Unternehmen anbieten kann. Es resultiert somit eine geringe Ausprägung der Dimension Faktorspezifität dieser Transaktion "Erstellung funktionsfreier Dienstleistungen". Bezüglich der Häufigkeit, mit der diese Transaktionen durchgeführt werden, läßt sich festhalten, daß diese ihrem Routinecharakter entsprechend sehr häufig (täglich) erstellt werden; die Dimension Häufigkeit ist dementsprechend hoch ausgeprägt.

Funktionsübergreifende Dienstleistungen zeichnen sich durch ein Mindestmaß an Humankapitalspezifität aus, da zu ihrer Erstellung entweder spezifische Kenntnisse (Fachkompetenz) oder aber spezifische Fähigkeiten seitens der erstellenden Mitarbeiter notwendig sind. Des weiteren sind spezifische Unternehmenskenntnisse für den Anbieter dieser Art von Dienstleistungen notwendig, was Sachkapitalspezifität der Transaktion entspricht. Aufgrund der Gleichgerichtetheit der Ausprägungen wird für diese Transaktion im Gesamteffekt Faktorspezifität erzielt. Bezüglich der Ausprägung der Dimension Häufigkeit läßt sich wegen der Heterogenität dieser Dienstleistungen generell noch keine Aussage treffen.

Für keine der drei Arten von Funktionsbezogenheit lassen sich wegen der Heterogenität der Dienstleistungen grundsätzlich Aussagen über die Komplexität (Zustands- und Wirkungsunsicherheit) der Dienstleistungen - zumindest nicht über das als nicht trivial gegebene Maß hinaus, das aus der Immaterialität resultiert, - oder über die Umweltunsicherheit, der diese unterworfen sind, treffen.

Dienstleistungen mit strategischer Bedeutung zeichnen sich hingegen durch die langfristige Sicherung von Wettbewerbsvorteilen aus. Daraus folgt unmittelbar, daß diese Transaktionen einer hohen Umweltunsicherheit unterliegen. Diese beinhaltet nicht nur die hohe Ausprägung der Dimension Unsicherheit, sondern läßt auch der Verhaltensunsicherheit in Form von Opportunismus großen Spielraum. Dienstleistungen ohne strategische Bedeutung unterliegen hingegen keiner Umweltunsicherheit. Sie haben keine langfristige Auswirkung, so daß die Anzahl eventuell eintretender Ereignisse sich auf aktuelle Ereignisse reduziert, die leicht in die Dienstleistungserstellung einbezogen werden können. Aus dem Merkmal strategische Bedeutung kann jedoch für die Transaktionsdimension Häufigkeit keine Aussage abgeleitet werden.[363]

Der Zusammenhang zwischen strategischer Bedeutung als Eigenschaft und Faktorspezifität als Dimension einer Transaktion bedarf einer ausführlichen Erläuterung. In der Literatur werden Begriffe wie strategischer Kern, strategische Bedeutung[364], Kernkompetenzen[365] als nicht-auslagerungsfähige Bereiche synonym verwendet und mit Faktorspezifität gleichgesetzt[366]. Diese Schlußfolgerung resultiert aus der Überlegung, daß der strategische Kern eines Unternehmens durch Werte von hoher Spezifität repräsentiert wird, die notwendig sind, um die strategischen Ziele des Unternehmens zu verwirklichen. Der strategische Kern eines Unter-

---

363   Aufgrund strategischer Bedeutung einer Dienstleistung kann nicht unbedingt Einmaligkeit der Transaktion abgeleitet werden, da zumindest strategische Maßnahmen häufiger durchzuführen sind.

364   Jensen leitet bspw. für strategische Leistungen Spezifität ab, s. J. Jensen [1993], S. 46.

365   Der Begriff der Kernkompetenzen kann aus der Theorie der Kernkompetenzen nach Hamel und Prahalad [1995] abgeleitet werden. Kernkompetenzen stellen danach die wesentlichen technischen, technologischen, vertrieblichen und organisatorischen Fähigkeiten des Unternehmens dar und werden somit als unternehmensspezifische Fähigkeiten bezeichnet, vgl. G. Hamel und C. Prahalad [1995], S. 307 ff. Kernkompetenzen unterscheiden sich von Komplementär- und Peripheriekompetenzen dadurch, daß sie ein Absatzpotential für eine Vielzahl von Märkten eröffnen, den Nutzen des Kunden erhöhen und von der Konkurrenz kaum zu imitieren sind, vgl. C. Prahalad und G. Hamel [1990], S. 83 f. Aus der Sicht der Theorie der Kernkompetenzen ist folglich (ausschließlich) die unternehmensinterne Organisation der Kernkompetenzen erforderlich, vgl. A. Picot et al. [1996], S. 265. Einen umfassenden Überblick zur literarischen Begriffsbildung der Kernkompetenz sowie zu deren charakteristischen Merkmalen gibt M. Thiele [1997], S. 67 ff.

366   Vgl. auch zu den folgenden Ausführungen R. Bühner und A. Tuschke [1997], S. 22 ff und T. Reve [1995], S. 144 ff.

nehmens ist danach seine Existenzberechtigung und umfaßt die Verfügbarkeit über natürliche und technologische Ressourcen sowie Humankapital und Know-How[367]. Bei der Betrachtung von Dienstleistungen steht entsprechend Humankapitalspezifität als Kernfähigkeit im Vordergrund, worunter dann Know-How, Erfahrung, Routine und Kultur der Organisation subsumiert werden. Dieser Sichtweise kann hier nicht gefolgt werden, da sie verschiedene Schwachpunkte und Ungenauigkeiten enthält. Spezifität einer Transaktion stellt zunächst ausschließlich auf die Art der Austauschbeziehung zwischen den Transaktionspartnern ab und damit auf die Frage, ob spezifische Investitionen in diese Beziehung zu investieren sind. Die Eigenschaft strategische Bedeutung knüpft hingegen nicht direkt an die Transaktion an, sondern bezieht sich auf die der Transaktion zugrundeliegende Leistung - nämlich die Dienstleistung.[368] Ein Beispiel soll den Unterschied verdeutlichen helfen. So kann Werbung für ein Unternehmen durchaus strategische Bedeutung im Sinne einer langfristigen Schaffung von Wettbewerbsvorteilen haben; dennoch sind weder für das Unternehmen noch für eine externe Werbeagentur hohe Investitionen in die Beziehung zur Abwicklung der Transaktion (Durchführung von Werbekampagnen) zu tätigen, denn hierin liegen deren Kernkompetenzen. Im Laufe der Beziehung kann sich dann zwar eine Abhängigkeit des Unternehmens von dem Dienstleister und auch umgekehrt des Dienstleisters vom Unternehmen einstellen; diese setzt aber zunächst keine hohe Spezifität voraus, sondern wird durch die auf die Transaktion wirkende Unsicherheit wegen deren Langfristigkeit und bezüglich des Verhaltens der Transaktionspartner verursacht.

Wird der Begriff der Kernkompetenzen hingegen aus der Theorie der Kernkompetenzen als Ausdruck unternehmensspezifischer Fähigkeiten ohne unzulässige Integration strategischer Aspekte abgeleitet,[369] besteht zumindest der gleiche Anknüpfungspunkt wie bei der Sachkapitalspezifität. In der Arbeit wird der Begriff der Sachkapitalspezifität als ein Maß für die Investitionen in die Anpassung der Leistungserstellung an Unternehmensspezifika verwendet. Für den Transaktionspartner sind somit unternehmensspezifische Kenntnisse und Fähigkeiten zu erwerben. Sachkapitalspezifität kann deshalb auch als Humankapitalspezifität im weiteren Sinne

---

367   Siehe dazu T. Reve [1995], S. 144.

368   Dieser Punkt ist ein zentrales Anliegen der Transaktionskostentheorie, der eine Gleichsetzung von strategischer Bedeutung und Faktorspezifität verbietet.

369   Vgl. G. Hamel und C. Prahalad [1995], S. 307 ff.

verstanden werden. Die erläuterten Zusammenhänge zwischen den Merkmalen von Dienstleistungen und den Transaktionsfaktoren, die sowohl die Verhaltensannahmen als auch die Dimensionen umfassen, sind in Tabelle 7 dargestellt. Wenn ein positiver Zusammenhang zwischen einem Dienstleistungsmerkmal und einem Transaktionsfaktor gegeben ist, wird das in dem entsprechenden Feld vermerkt. Zeichnet sich eine Dienstleistung bspw. durch Immaterialität aus, ist ein positives Maß an Faktorspezifität für die entsprechende Transaktion gegeben; zeichnet sich eine Dienstleistung durch Integration des externen Faktors aus, ist zudem noch ein positives Maß an Opportunismus und beschränkter Rationalität gegeben. Kann keine Aussage über den Zusammenhang eines Merkmals und eines Transaktionsfaktors getroffen werden, ist dies durch eine gestrichelte Linie gekennzeichnet. Bspw. kann aus der Funktionalität einer Dienstleistung noch keine Aussage über die Unsicherheit der zugrundeliegenden Transaktion abgeleitet werden.

Transaktions-faktoren Merkmale von Dienstleistungen	Faktor-spezifität	Unsicherheit	Häufigkeit	Opportu-nismus	Beschränkte Rationalität
Immaterialität	gegeben	gegeben	----	----	----
Integration des Externen Faktors	gegeben	----	----	gegeben	gegeben
Funktionalität	gegeben	----	gegeben	----	-----
Querschnitts-funktion	gegeben	----	----	----	----
Strategische Be-deutung	----	gegeben	----	gegeben	----

Tab. 7: Merkmale von Dienstleistungen und Transaktionsfaktoren

Da die allgemeine Betrachtung des Zusammenhangs von Dienstleistungsmerkmalen und Ausprägungen der Transaktionsdimensionen (vgl. Tabelle 7) unvollständig ist und für eine Zuordnung der Dienstleistungen in Vertragstypen nicht ausreicht, wird im folgenden der Weg beschritten, jede der acht Dienstleistungsgruppen konkret zu betrachten. Bei dieser Betrachtung werden auf der Grundlage der exakten Beschreibung der jeweiligen Dienstleistungsgruppe die Ausprägungen der Transaktionsdimensionen Faktorspezifität, Unsicherheit und Häufigkeit diskutiert. Darauf aufbauend wird dann eine Zuordnung der Dienstleistungsgruppe in das Überwachungsschema nach WILLIAMSON (vgl. Abb. 8) vorgenommen. Dieses Vorgehen ergibt insofern eine Art "Grobentwurf" der Outsourcing-Entscheidungen, als geklärt wird, welche Dienstleistungsgruppen nach welchem Überwachungssystem outzusourcen sind. Im sich daran anschließenden "Feinentwurf" (Abschnitt 4.3), der die eigentliche transaktionskosten-theoretische Analyse darstellt, werden dann auch die Humanfaktoren (Verhaltensannahmen) und spezielle Transaktionssituationen, wie die Information Impactedness, die Small-Numbers-Situation und die fundamentale Transformation, als Verursacher von Transaktionskosten zu untersuchen sein. Der Zweck dieser verfeinerten Untersuchung ist die konkrete, vertragliche Gestaltung der Outsourcing-Entscheidungen.

4.2.2.1.2   Dienstleistungsgruppe 1

Die Dienstleistungsgruppe 1 wird aus den funktionsübergreifenden, strategischen Dienst-leistungen des dispositiven Faktors[370] [371] innerhalb des Bausteins der strategischen Spitze gebildet. Das Besondere dieser Gruppe besteht darin, daß ausschließlich Dienstleistungen erstellt werden, die von Managern der obersten Führungsebene angeboten werden und die somit der Führung des Unternehmens dienen. Hierunter können dispositiven Tätigkeiten, die der Kombination der Elementarfaktoren gewidmet sind[372], wie Führung, Organisation, Planung, Steuerung, Entscheidung und Kontrolle, subsumiert werden. Die Besonderheit der strategischen

---

370   Dietz bezeichnet die Personengruppe, die den Kombinationsprozeß der Elementarfaktoren durchführt, als vierten oder dispositiven Faktor. Die Geschäfts- und Betriebsleitung bildet den dispositiven Faktor im Unternehmen, s. A. Dietz [1997], S. 1069. Gutenberg interpretiert den Begriff Management im institutionellen Sinne als dispositiven Faktor, subsumiert darunter jedoch nicht nur die Unternehmensleistung, sondern auch die Mitglieder des Unternehmens, die auf der mittleren und unteren Ebene der Hierarchie dispositive Tätig-keiten ausüben, vgl. E. Gutenberg [1962], S. 20.

371   Albach und Albach diskutieren die Frage, ob die Herrschaft (des dispositiven Faktors) im Unternehmen durch den Abschluß von Arbeitsverträgen, die das Direktions- und Weisungsrecht des Arbeitgebers begründen, hinreichend legitimiert wird, indem sie verschiedene Ansätze zu dieser Frage darstellen, vgl. H. und R. Albach [1989], S. 176-180.

372   Vgl. E. Gutenberg [1962], S. 159 und [1983], S. 5.

Spitze besteht darin, daß die zu erstellenden Dienstleistungen nicht zu isolieren und zu teilen sind, d. h. Anbieter (Führungskräfte) werden diese Leistungen im Verbund erstellen. Deshalb wird die Gesamtheit der Dienstleistungen der strategischen Spitze im folgenden als strategische Führung bezeichnet. Die strategische Führung fungiert ebenso als prägnantes Beispiel für diese Dienstleistungsgruppe.

Strategische Führung üben diejenigen Organisationsmitglieder aus, die als Spitzenführungskräfte Gesamtverantwortung für die Organisation tragen und im wesentlichen drei Aufgabenbereiche erfüllen[373] [374]. Den ersten Aufgabenbereich kennzeichnet die persönliche Weisung. Mit Hilfe dieses Instruments verteilen Führungskräfte Ressourcen, vergeben Aufträge, fällen oder genehmigen Entscheidungen, lösen Konflikte, erarbeiten Strukturpläne, unterstützen Personalentscheidungen, kontrollieren Arbeitsleistungen der Mitarbeiter, motivieren diese und setzen Anreize. Der zweite Aufgabenbereich umfaßt die Vertretung der Interessen des Unternehmens "nach außen", also gegenüber der Unternehmensumwelt.

Der dritte Aufgabenbereich ist der strategischen Planung[375] gewidmet. Strategische Planung ist genau dann mit strategischem Management gleichzusetzen, wenn die strategische Planung nicht nur als Aufgabe von Planungsabteilungen verstanden wird, sondern auch die Probleme der Implementierung und Kontrolle des Geplanten einschließt[376]. Die strategische Planung verfolgt das Ziel, der zunehmenden Komplexität und Dynamik der Umweltentwicklung durch eine Antizipation zukünftiger Ereignisse Rechnung zu tragen[377]. Im Zentrum der strategischen Planung steht somit die Entwicklung von Unternehmensstrategien, die eine Analyse der gegenwärtigen Situation des Unternehmens, eine Festlegung der Planungsinhalte sowie die Überwa-

---

373   Vgl. auch zu den folgenden Ausführungen H. Mintzberg [1979], S. 24 ff.
374   Vgl. auch Abschnitt 2.3.1.5.
375   Die Zuordnung der Begrifflichkeiten wird in der betriebswirtschaftlichen Literatur kontrovers diskutiert. Wolfgang Mag, Thomas Schildbach, Arnold Picot und Jörg Baetge verstehen unter Führungsfunktionen Planung, Entscheidung, Organisation und Überwachung, vgl. dieselben [1993], S. 1 bis 218. Martin Welge und Andreas Al-Laham setzen strategische Führung mit strategischem Management gleich und diskutieren hierunter die strategische Planung, Definition strategischer Ziele, Strategieformulierung und Entscheidung, siehe M. Welge und A. Al-Laham [1992].
376   Vgl. H. Kreikebaum [1993], S.825.
377   Vgl. M. Welge und A. Al-Laham [1992], Sp. 2356.

chung der Planungsausführung zum Gegenstand hat[378].

Die Anbieter von immateriellen Dienstleistungen der strategischen Führung haben spezifischen Anforderungen zu genügen. Zunächst sind individuelle Fähigkeiten und Erfahrungen zur Erstellung der Dienstleistungen dieser Gruppe von besonderer Relevanz. Diese Individualkompetenz[379] umfaßt neben Selbständigkeit und Kreativität zur Erstellung von Dienstleistungen in Gruppe 1 vor allem analytisches und konzeptionelles Vorgehen. Gerade diese Ausprägungen logischen Denkens sind für die als Beispiel herangezogene und beschriebene strategische Führung, insbesondere die strategische Planung, unerläßlich. Für die Entwicklung von Führungseigenschaften ist dagegen Sozialkompetenz notwendig. Sozialkompetenz eines Mitarbeiters umfaßt die Kommunikations-, die Kooperations- und die Teamfähigkeit. Aus den beschriebenen Aufgaben der strategischen Führung wird deutlich, daß aufgrund der hohen Anforderungen an die Führungseigenschaften die Sozialkompetenz in Form der Fähigkeiten des Kommunizierens, Motivierens und Anreizens im Rahmen der persönlichen Weisungen bei der Erstellung von diesen Dienstleistungen hoch ausgeprägt zu sein hat.[380] Die Fachkompetenz stellt die eigentliche Wissensbasis dar. Diese besteht einerseits aus den grundsätzlichen betriebswirtschaftlichen Kenntnissen. Die Führungskräfte der strategischen Spitze erzielen als Dienstleistungsanbieter darüber hinaus im Laufe ihrer Tätigkeiten Lern- und Erfahrungseffekte und entwickeln ihre Fähigkeiten und Kenntnisse in besonderem Maße weiter.

Zur Dienstleistungserstellung sind jedoch auch spezifische Kenntnisse über Abläufe und Charakteristika des Unternehmens notwendig, das diese Dienstleistungen nachfragt. Sachkapitalspezifität (Humankapitalspezifität i. w. S.)[381] tritt hinzu, da der Leistungsanbieter in den

---

378 Vgl. H. Kreikebaum [1993], S. 825.

379 Das Kompetenzmodell differenziert neben der Individualkompetenz in Sozial- und Fachkompetenz. Die Entwicklung von Schlüsselqualifikationen als entscheidende Erfolgsbasis einer qualifizierten Berufsausbildung kann aus dieser dreifachen Kompetenz abgeleitet werden, vgl. J. Reese und S. Schätzer [1994], S. 186.

380 Für den Erfolg einer Führungskraft mag es entscheidend sein, daß sie wenigstens in einigen Aspekten einen charismatischen Führer darstellt, der seine propagierten Werte auch lebt, vgl. E. Kahle [1988], S. 1233. Die persönlichen Eigenschaften einer Führungskraft stellen hier jedoch nicht den Betrachtungsgegenstand dar.

381 Die Trennung zwischen Humankapitalspezifität und Sachkapitalspezifität gestaltet sich für die Transaktion Dienstleistungserstellung, wie auch an dieser Stelle deutlich wird, äußerst schwierig. Dies ist dadurch bedingt, daß bei der Dienstleistungserstellung Arbeit den dominanten Inputfaktor darstellt und Investitionen in spezifisches Sachkapital (nicht in eine einfache Erweiterung der Produktionsanlagen, die eine Investition in zweckgebundene Sachwerte darstellt) nicht getätigt werden. Das Charakteristische der Sachkapitalspezifität

Aufbau idiosynkratischen Wissens investiert, das ausschließlich vom Dienstleistungsnachfrager - dem Unternehmen - nachgefragt wird. Dadurch ist die Spezifität durchaus für beide Seiten (symmetrisch) hoch ausgeprägt. Für den Dienstleistungsnachfrager - das Unternehmen - ist es einerseits aufgrund der oben beschriebenen Anforderungen schwierig, eine Führungskraft reibungslos zu ersetzen; es sind dann wiederum hohe Investitionen in Humankapital zu tätigen. Andererseits besteht wegen des unternehmensspezifischen Wissens der Mitarbeiter der strategischen Spitze bei deren Abwanderung die Gefahr, daß diese ihr Wissen an Wettbewerber weitergeben und somit die Geheimhaltung gefährden bzw. ihre Geheimhaltungspflicht verletzen. Der Dienstleistungsanbieter verliert bei Abwanderung den Wert seiner Investitionen in unternehmensspezifisches Wissen. Humankapitalspezifität ist folglich für die Erstellung von Dienstleistungen der Gruppe 1 in hohem Maße gegeben.

Standortspezifität ist für die Erstellung von Dienstleistungen der Gruppe 1 ebenfalls in hohem Maße gegeben, da die strategische Führung eines Unternehmens aus räumlicher Distanz heraus, selbst mit Unterstützung der gegenwärtigen Informations- und Kommunikationstechnologien, nicht möglich ist. Wie oben beschrieben, ist die persönliche Kommunikation von Angesicht zu Angesicht für den Bereich der strategischen Spitze notwendig.

Zur Beschreibung der Ausprägung der Faktorspezifität der Transaktion Erstellung von Dienstleistungen der Gruppe 1 läßt sich festhalten, daß sowohl Humankapital-,Sachkapital- als auch Standortspezifität in hohem Maße vorhanden sind. Die Faktorspezifität der Transaktion Erstellung strategischer, funktionsübergreifender Dienstleistungen der obersten Führungsebene ist deshalb hoch[382] ausgeprägt.

Zur Transaktionsdimension Häufigkeit[383] lassen sich recht einfache Überlegungen anstellen. Die

---

liegt aber darin, daß in Sachkapital - bei Dienstleistungen eben in Humankapital - zum Zweck der Diversifikation investiert wird. In diesem Sinne ist Sachkapitalspezifität hier gegeben, da der Dienstleistungsanbieter ausschließlich Dienstleistungen an einem sehr spezifischen Objekt, der Unternehmensorganisation, erstellt, was vor Abschluß des (Arbeits-)Vertrages gar nicht Bestandteil seines Leistungsangebotes sein könnte.

382   Zur Festlegung der Ausprägungen der Transaktionsdimensionen wird für die Faktorspezifität auch bei den folgenden Untersuchungen die Einteilung spezifisch, gemischt und unspezifisch verwendet.

383   Als Bewertungsmaßstab für diese Dimension wird im folgenden die Einteilung einmalig / gelegentlich und wiederkehrend gewählt.

strategische Spitze wird in das Leitungssystem mit seinen Weisungs- und Entscheidungsrechten eingebunden. Die Manager der strategischen Spitze sind innerhalb der hierarchischen Ordnung den anderen Stellen aufgrund der beschriebenen Aufgaben übergeordnet und verfügen als Instanzen über Leitungsbefugnis[384]. Aus dieser Mikrostruktur und aus den beschriebenen Aufgaben[385] folgt direkt, daß es sich hier um wiederkehrende bzw. ständige Transaktionen handelt. Die in dieser Gruppe zu erstellenden Dienstleistungen dienen dem Erhalt des Unternehmens als Organisation und sind ständig anzubieten, da sie ständig nachgefragt werden.

Die Unsicherheit der Transaktion stellt gerade bei der Betrachtung der Dienstleistungsgruppe 1 eine wesentliche Dimension dar. Aus der grundsätzlichen Betrachtung in Abschnitt 4.2.2.1.1 folgt zunächst, daß Dienstleistungen mit strategischer Bedeutung hoher Unsicherheit ausgesetzt sind. Dieser Zusammenhang besteht primär für die Umweltunsicherheit. Die Umweltunsicherheit ist für die Dienstleistungen der strategischen Spitze deshalb hoch ausgeprägt, weil diese Leistungen die Wettbewerbsfähigkeit des Unternehmens determinieren. Die Führungskräfte sichern die Erhaltung der Wettbewerbsfähigkeit des Unternehmens bei strukturelle Veränderungen der Märkte, wie auch anderer Institutionen (Staat, Gesellschaft etc.) durch Anpassungsmaßnahmen, die in der strategischen Planung entwickelt werden.[386] [387]

Komplexität folgt hingegen aus der Qualität der Dienstleistungen der strategischen Spitze. Die Dienstleistungen der Gruppe 1 haben die Kombination der Elementarfaktoren zum Gegenstand. Aus diesem Aufgabenspektrum kann eine hohe Wirkungsunsicherheit abgeleitet werden, da eine Meßbarkeit des Erfolgs der Dienstleistungen kaum gegeben ist. Unsicherheit resultiert dann aus dem unvorhersehbaren, nicht antizipierbaren Wirken der Steuerparameter auf den gesamten

---

384   Vgl. hierzu auch die Ausführungen über die Mikrostrukturen in Abschnitt 2.3.1.2.

385   Zumindest die beiden Aufgabenbereiche der persönlichen Weisung und der Vertretung des Unternehmens gegenüber der Umwelt sind täglich zu erfüllen. Die strategische Planung ist zunächst kein Tagesgeschäft; strategische Maßnahmen sind jedoch häufiger zu treffen.

386   Der Umweltunsicherheit begegnen Unternehmen durch Synchronisation von unternehmerischen Gestaltungsparametern und Umweltparametern und sichern dadurch die Anpassungsfähigkeit des Unternehmens, s. J. Reese [1991], S. 363.

387   So stellt Reese fest, daß gerade bei der Abwicklung externer Transaktionen durch den dispositiven Faktor es kaum gelingen wird, entstandene Unsicherheit aufzulösen, so daß eine Konzentration der verbleibenden Unsicherheit in Form ausreichender Flexibilität die Hauptaufgabe des dispositiven Faktors darstellt, s. J. Reese [1997], S. 11.

Unternehmensprozeß, da das gesamte Unternehmen den Absatzmarkt dieser Dienstleistungsgruppe darstellt. Als Steuerparameter des Unternehmensprozesses fungieren die beschriebenen, verschiedenen Teilaufgaben der persönlichen Weisung und der strategischen Planung. An dieser Stelle ist nochmals zu betonen, daß diese Aufgaben nur durch ein Minimum an Standardisierung gekennzeichnet sind, das nicht allein die Wirkungsunsicherheit verstärkt, sondern auch die Zustandsunsicherheit bedingt, da das Zusammenwirken der Teilaufgaben nicht vorhersehbar ist und eine Auflösung der Komplexität durch Planung nicht weiter möglich ist.[388]

Eine ausschließliche Betrachtung der Dimensionen der Transaktion Erstellung von Dienstleistungen der Gruppe 1 reicht aus, um zu einem eindeutigen Ergebnis zu gelangen. Die betrachtete Transaktion ist wiederkehrend und zeichnet sich durch hohe Faktorspezifität und hohe Unsicherheit aus (vgl. Tabelle 8), so daß die Abwicklung dieser Transaktion in der Unternehmenshierarchie zu belassen ist. Die Erstellung der Dienstleistungsgruppe 1 wird somit nicht ausgegliedert oder gar ausgelagert. Diese Transaktion wird entsprechend der Matrix der Überwachungssysteme nach WILLIAMSON (vgl. Abb. 8, Feld 3b) innerhalb der Hierarchie über das relationale Vertragsrecht in Form von Arbeitsverträgen organisiert.

Dienstleistungs-gruppe 1	Faktorspezifität	Häufigkeit	Unsicherheit
Strategische Führung	spezifisch	wiederkehrend	hoch
Tab. 8: Ausprägungen der Transaktionsdimensionen für Dienstleistungsgruppe 1			

---

[388] Die Zustandsunsicherheit wird durch die irrationale Schicht des dispositiven Faktors (es verbleibt ein Rest an dispositiver Freiheit, der nicht erklärbar ist) verstärkt, die die Dominanz der Organisationsaufgabe des dispositiven Faktors relativ zur Planung anzeigt, vgl. J. Reese [1997], S. 4 f.

4.2.2.1.3   Dienstleistungsgruppe 2

Die Dienstleistungen des operativen Kerns bestehen aus allen Dienstleistungen, die die Funktionen Beschaffung, Produktion und Distribution unterstützen, jedoch ohne strategische Bedeutung sind. Zu dieser Dienstleistungsgruppe zählen z. B. die Reparatur, die Lagerbestandsführung , die Vorratsinventur sowie die Versandabwicklung. Die zu betrachtende Transaktion stellt die Erstellung von Dienstleistungen dieser Gruppe dar.

Zunächst soll die Transaktionsdimension Faktorspezifität untersucht werden. Humankapitalspezifität im engeren Sinne entspricht der Kompetenzanforderung an die Anbieter der betrachteten Dienstleistungen (vgl. Abschnitt 4.2.2.1.2). Zur Erstellung von Standardleistungen, die sich als potentialbegleitend[389] oder produktbegleitend beschreiben lassen, ist weder Sozial- noch ausgeprägte Individualkompetenz notwendig. Die Tätigkeiten in diesem Dienstleistungsbaustein sind nicht durch die Interaktion von Personen bestimmt; Teamfähigkeit oder gar Führungsfähigkeit werden deshalb kaum verlangt. Auch individuelle - sowohl kreative als auch intellektuelle - Fähigkeiten werden zur Ausführung der Tätigkeiten im operativen Kern nur in geringem Maße benötigt. Hingegen wird hier ein gewisses Maß an Fachkompetenz zur Aufgabenerfüllung verlangt, das durch eine Ausbildung erworben und durch Berufserfahrung weiterentwickelt wird. Ausbildungskosten, die durch das Erlernen eines Lehrberufs entstehen, begründen zumeist noch keine Humankapitalspezifität.

Humankapitalspezifität im weiteren Sinne entsteht hingegen dadurch, daß der Dienstleistungsnachfrager (Unternehmen) dem Dienstleistungsanbieter (Facharbeiter) Objekte bereitstellt, an denen die Dienstleistungen erbracht werden. Im Laufe der Transaktionsbeziehung lernt der Dienstleistungsanbieter auch, seine Leistungen an die unternehmensspezifischen Objekte anzupassen. Dieses Erfahrungswissen begründet Humankapitalspezifität, da die erworbenen Kenntnisse nicht ohne Wertverlust anderen Verwendungszwecken zugeführt werden können. So

---

389   Die Einteilung in potential- und prozeßbegleitende Dienstleistungen nehmen Kleinaltenkamp et al. bei der Betrachtung kaufmännischer Dienstleistungen vor. Potentialbegleitenden Dienstleistungen wird hier Auslagerungsfähigkeit attestiert, da diese keine Auswirkung auf den Kundenvorteil - die Bezeichnung akquisitorisches Potential ist wohl treffender - haben, aber aufgrund von Skaleneffekten Spielraum für eine Kostenreduktion bei der Erstellung durch einen Dienstleister bieten, vgl. M. Kleinaltenkamp et al. [1997], S. 70 ff.

können bspw. Reparaturen entweder an weitverbreiteten Standardmaschinen oder an seltenen Spezialmaschinen ausgeführt werden. Während die Erfahrung im Umgang mit Standardmaschinen auch nach Abbruch der Transaktion genutzt werden kann, geht die Erfahrung mit Spezialmaschinen dann verloren. Der operative Kern stellt den Bereich dar, in dem die wertschöpfenden Aktivitäten stattfinden und der die Wettbewerbsposition des Unternehmens determiniert.[390] Wettbewerbsvorteile lassen sich allerdings nur durch einen operativen Kern aufrechterhalten, der zu einem wesentlichen Teil aus unternehmensspezifischen Objekten besteht.[391] In diesen Objekten drückt sich das Know-How aus, das das Unternehmen gegenüber anderen Wettbewerbern auszeichnet. Insofern korreliert die Humankapitalspezifität letzendlich mit der Wettbewerbsposition des Unternehmens.

Verstärkt wird das abgeleitete Maß an Humankapitalspezifität durch die für die Dienstleistungen des operativen Kerns gegebene Standortspezifität. Es ist offensichtlich, daß Dienstleistungen, die an Verfügungsobjekten des Unternehmens erbracht werden, standortabhängig sind. Die Objekte an sich können einerseits nur bedingt aus dem Unternehmen transportiert werden, da sie unmittelbar zum wertschöpfenden Kernbereich des Unternehmens gehören und damit nur sehr kurzfristig verzichtbar sind oder aufgrund ihrer physischen Eigenschaften gar nicht transportabel sind. Andererseits ist es unwirtschaftlich, transportfähige Objekte räumlich weit zu transportieren, da dadurch Zeit verlorengeht und Kosten entstehen. Der Facharbeiter trifft als Transaktionspartner deshalb investive Maßnahmen dadurch, daß er sich in räumlicher Nähe des Unternehmens ansiedelt. Diese Maßnahmen verursachen Standortspezifität.

Investitionen in zweckgebundene Sachmittel werden im Fall einer ausschließlich wegen des Dienstleistungsnachfragers durchgeführten Kapazitätserweiterung getätigt und verstärken dann gegebene Spezifität. Im Ergebnis ist somit mindestens eine gemischte Faktorspezifität für die Transaktion Erstellung von Dienstleistungen der Gruppe 2 abzuleiten. Es ist festzuhalten, daß diese mittlere Faktorspezifität aus den für die zur Erlangung unternehmensspezifischer Kenntnisse und Fähigkeiten zu tätigenden Investitionen seitens des Dienstleistungsanbieters resultiert.

---

390 Vgl. dazu unter anderem auch R. Bühner und A. Tuschke [1995], S. 23.
391 Für das Beispiel der Reparatur bedeutet das, der Facharbeiter einen wesentlichen Teil an Spezialmaschinen zu reparieren hat.

Im Gegensatz zu der Transaktion Erstellung von Dienstleistungen der strategischen Spitze ist hier die ex ante Spezifität durchaus asymmetrisch ausgeprägt. Für das Unternehmen sind die Anfangsinvestitionen wesentlich geringer, falls der Markt eine große Anzahl an Dienstleistungs-anbietern (Facharbeitern) bereitstellt. Die Dienstleistungsanbieter hingegen tätigen positive (mittlere) Investitionen in Humankapital im weiteren Sinne (Sachkapitalspezifität) und den Standort. Aufgrund der dauerhaften wirtschaftlichen Beziehung werden sich jedoch durch Team- und Kommunikationsspezifität (vgl. Abschnitt 3.3.4.1) Abhängigkeiten auf beiden Seiten entwickeln, die bei einer expliziten Transaktionskostenbetrachtung in Kapitel 4.3 zu diskutieren sind.

Dienstleistungen im operativen Kern stellen das "Tagesgeschäft" eines Unternehmens dar. Die einzelnen Tätigkeiten haben eine geringe Wirkungsdauer, werden dafür jedoch regelmäßig wiederholt. Die große Häufigkeit der Wiederholung entscheidet vorab darüber, daß zwischen den Vertragspartnern das relationale Vertragsrecht zur Anwendung kommen soll, sofern mindestens eine gemischte Faktorspezifität gegeben ist (vgl. Abbildung 8).

Eine Untersuchung der Dimension Unsicherheit ist zur Bestimmung der Vertragstypologie offensichtlich nicht mehr notwendig. Der Vertragstypus relationales Recht wird aber weiter differenziert in zweiseitige und einseitige Überwachungssysteme. Einseitige Überwachungs-systeme werden durch vertikale Integration in der Hierarchie abgebildet. Zweiseitige Überwa-chungssysteme beinhalten die Autonomie der Vertragspartner. Entscheidend für die Auswahl eines der beiden Systeme ist die Ausprägung der Unsicherheit. Da es sich um einfache, operati-ve Dienstleistungen handelt, kann für die hier betrachtete Transaktion geringe Unsicherheit abgeleitet werden. Die geringe Unsicherheit bewirkt eine Abwicklung der gemischt-spezifischen und häufig durchgeführten Transaktion innerhalb eines zweiseitigen Überwachungssystems relationaler Verträge (vgl. Tabelle 9).[392]

---

392   Vgl. auch A. Picot et al. [1997], S. 80.

Relationale Verträge[393] tragen der Tatsache Rechnung, daß es sich in diesem Baustein um nur schwer isolierbare Transaktionen handelt, da verschiedene Aufgaben übergreifend zu erledigen sind. Einerseits wird die Vorstellung diskreter, eindeutig separierbarer Transaktionen hier verworfen und die Identität der Vertragspartner wird berücksichtigt. Andererseits wird durch die geringe Ausprägung der Dimension Unsicherheit eine unternehmensinterne Überwachung nicht erforderlich, sondern es überwiegen die Vorteile der stärkeren Leistungsanreize der marktlichen Überwachung. Darüber hinaus befreit sich das Unternehmen in diesem Fall von einer Routine-tätigkeit, die nicht zu seinen Kernkompetenzen gehört und deren Erstellung ein Dienstleister aufgrund seines Erfahrungsvorsprungs und somit geringerer Produktionskosten zu einem niedrigeren Preis anbieten kann.

Dienstleistungs-gruppe 2	Faktorspezifität	Häufigkeit	Unsicherheit
Reparatur	gemischt	wiederkehrend	gering

Tab. 9: Ausprägungen der Transaktionsdimensionen für Dienstleistungsgruppe 2

4.2.2.1.4   Dienstleistungsgruppe 3

Funktionsübergreifende, strategische Dienstleistungen werden in der Technostruktur abgebildet und stellen die Dienstleistungsgruppe 3 dar. Das Objekt, an dem der Dienstleistungsanbieter

---

393   Die zur Abwicklung der hier betrachteten Transaktion zu schließenden Verträge haben jedoch eine andere Qualität als für die Dienstleistungsgruppe 1. Wie aus den Ausführungen in Abschnitt 3.3.4.1 hervorgeht, existieren zur Abwicklung von Beschäftigungsverhältnissen vier Überwachungsmechanismen. Bei der Betrachtung des Faktors Arbeit tritt an die Stelle der Unsicherheit die Meßbarkeit von Arbeitsleistungen, welche für die operativen Dienstleistungen der Gruppe 2 gegeben ist. Aus der Kombination hoher Meßbarkeit von Arbeitsleistungen und Humankapitalspezifität resultiert für die Dienstleistungsgruppe 2 ein verpflichten-der Markt; beide Vertragspartner haben das Interesse, die wirtschaftliche Beziehung aufrechtzuerhalten, und es werden dementsprechende Anreize gesetzt. Für die Dienstleistungsgruppe 1 hingegen bilden die Arbeitsver-träge wegen der hohen Humankapitalspezifität und der geringen Meßbarkeit der Leistungen relationale Teams, denen ein hoher Kooperations- und Loyalitätsanspruch zugrunde liegt.

seine Aufgaben vollzieht, ist das gesamte Unternehmen. Die verbesserte effiziente Gestaltung unternehmerischer Abläufe und die Verbesserung ihrer Effektivität stellen das Ziel der hier betrachteten Transaktion Erstellung von Dienstleistungen der Gruppe 3 dar. Know-How-Barrieren beinhalten diese Dienstleistungen deshalb, weil ihre Erstellung einerseits die Kapazität der strategischen Spitze übersteigt und andererseits hohe analytische Fähigkeiten sowie Unternehmens- und Fachkenntnisse voraussetzt. Werden die Effizienz und Effektivität durch die Nachfrage nach Dienstleistungen der Technostruktur entscheidend verbessert, so wird das Unternehmen eine stärkere Wettbewerbsposition erlangen. Der Dienstleistungsanbieter wird allerdings im Laufe des Erstellungsprozesses Kenntnis über unternehmensspezifische, geheimzuhaltende Informationen erlangen.

Es lassen sich eine Vielzahl exemplarischer Dienstleistungen, wie die Unternehmensberatung, die Produktionsplanung und Personalschulung, zur Veranschaulichung dieser Gruppe heranziehen. Das strategische Informationsmanagement wird hier als prägnantes Beispiel gewählt, weil sich das Outsourcing gerade aus der Ausgliederung bzw. Auslagerung von Informationsverarbeitungsleistungen entwickelt hat. Eine zentrale Aufgabe des strategischen Informationsmanagements besteht darin, Erfolgspotentiale aufzubauen und zu sichern, um das langfristige Überleben der Gesamtorganisation (des Unternehmens) zu gewährleisten[394]. Ausgangspunkt des strategischen Informationsmanagements ist die zentrale Wettbewerbsbedeutung des Faktors Information und der unternehmensweit erfaßten, bewerteten und gegliederten Nachfrage nach Information. Die Informationsnachfrage läßt sich wiederum in die Komponenten Daten, Anwendungssysteme und Kommunikationswege zerlegen[395]. Die strategische Aufgabenebene umfaßt die Aufgaben der Planung, Überwachung und Steuerung der Informationsinfrastruktur.[396] Es sind auch neue technische Entwicklungen zu berücksichtigen und auf ihre Eignung zur Umsetzung in betriebliche Anwendungen zu bewerten[397]. Zur Unterstützung der analytischen Aufgaben des strategischen Informationsmanagements fungieren Modelle und Methoden[398] für die

---

394   Siehe P. Mertens und G. Knolmayer [1995], S. 12.
395   Vgl. L. Heinrich [1995], S. 70.
396   Vgl. L. Heinrich [1995], S. 20.
397   Vgl. P. Mertens und G. Knolmayer [1995], S. 12.
398   Zur Vertiefung vgl. auch G. Schmidt [1996].

jeweiligen Phasen der Situationsanalyse, der Planung der Strategieziele, der Strategieentwicklung und der strategischen Maßnahmenplanung.

Es sind grundlegende Aussagen für die Dimension Faktorspezifität der Transaktion abzuleiten. Die Dienstleistungsgruppe 3 umfaßt Dienstleistungen, deren Erstellung in besonderem Maß analytische Fähigkeiten und Methodenkenntnisse voraussetzt. Die individuelle Kompetenz, und in diesem Bereich vor allem die analytischen und konzeptionellen Fähigkeiten der Dienstleistungsanbieter, sind somit hohen Anforderungen ausgesetzt. Des weiteren ist auch Fachkompetenz in Form von Modell- und Methodenkenntnissen zur Erstellung dieser Dienstleistungsgruppe unerläßlich. Die hohen Anforderungen an die Fachkompetenz begründen eben die Know-How-Barrieren für die unternehmensinterne Dienstleistungserstellung. Bezüglich der Sozialkompetenz sind vor allem kommunikative Fähigkeiten notwendig, denn die erfolgreiche Implementierung der Ergebnisse der Dienstleistungsanbieter setzt Akzeptanz bei den Dienstleistungsnachfragern voraus. Insofern ist eine personelle Interaktion in Form von Kommunikation zur Herstellung der Akzeptanz notwendig. Der letztgenannte Bereich der Sozialkompetenz ist nicht so hoch ausgeprägt wie bei den Führungskräften, da Führung nicht zum Augabenbereich der Analytiker der Technostruktur gehört und diese nicht mit Leitungsbefugnis in Form eines formellen Weisungsrechts ausgestattet sind.

Das schon deutlich ausgeprägte Maß an Humankapitalspezifität (im engeren Sinne) wird durch die vorhandene Humankapitalspezifität im weiteren Sinne (Sachkapitalspezifität) verstärkt. Das Objekt der Erstellung von Dienstleistungen der Technostruktur stellt, wie auch bei der strategischen Spitze, das Unternehmen als gesamte Organisation dar. Ziel der Dienstleistungserstellung in dieser Gruppe ist es, die Abläufe des Unternehmens, seinen Aufbau und seine Ressourcen zu optimieren. Diese Optimierung kann nur in Kenntnis der Unternehmenstatbestände und -spezifika erfolgen. Zur Erlangung dieser Kenntnisse sind somit Investitionen seitens des Dienstleistungsanbieters zu tätigen, die beim Abbruch der Transaktion verlorengehen.

Standortspezifität ist für die Dienstleistungsgruppe 3 nicht in dem hohen Maße wie bei der strategischen Spitze gegeben. Da die Technostruktur nicht in das Leitungssystem integriert ist, ist eine unmittelbare, ständige und persönliche Partizipation des Dienstleistungsanbieters im

Unternehmen während der Dienstleistungserstellung grundsätzlich nicht notwendig. Dies ist auch damit zu erklären, daß bei der hier betrachteten Transaktion das Ergebnis und nicht der Prozeß (wie bei der strategischen Spitze) die vom Unternehmen nachgefragte Leistung darstellt. Dennoch ist die Integration des externen Faktors hoch, da das Unternehmen das Objekt der Dienstleistungserstellung darstellt. Die zur Ergebniserzielung notwendige Abstimmung zwischen Dienstleistungsanbieter und -nachfrager sowie der Informationsaustausch können durch gegebene Informations- und Kommunikationstechnologien unterstützt werden. Die Dienstleistungserstellung kann als Projekt definiert werden und somit als Projektorganisation[399] gestaltet werden. Ein persönliches Treffen der in das Projekt involvierten (unternehmensexternen und -internen) Mitarbeiter kann dann nur zu Meilensteinsitzungen notwendig sein, die das Ende einer Projektphase dokumentieren. Selbst für den Fall, daß eine permanente persönliche Präsenz des Dienstleistungsanbieters während des Projekts erforderlich ist, führt dies noch nicht zu einer hohen Ausprägung der Standortspezifität. Da die Dienstleistungserstellung zeitlich befristet ist, wird der Dienstleister keine hohen Investitionen in den Unternehmensstandort tätigen. Für die betrachtete Transaktion ist deshalb eine gemischte Standortspezifität festzuhalten.

Die Ex-ante-Spezifität der betrachteten Transaktion ist aufgrund der Ausprägungen der Humankapital- und Sachkapitalspezifität hoch ausgeprägt. Die sich erst im Laufe der Transaktionsbeziehung entwickelnde Aufgabenspezifität wird das Ausmaß der Faktorspezifität noch verstärken. Eine Aussage darüber, ob sich die Spezifität der Transaktion für die beiden Transaktionspartner symmetrisch entwickelt, ist für die Dienstleistungsgruppe 3 im Gegensatz zu den Gruppen 1 und 2 nicht ohne weiteres möglich, sondern hängt von der konkreten Vertragsgestaltung ab, die in Kapitel 4.3. untersucht wird.

Die Transaktion wird im Rahmen eines Projektes zeitlich befristet abgewickelt. Der Leistungsaustausch ist mit dem Projektabschluß beendet. Transaktionen, die die langfristige Verbesserung der Effizienz und Effektivität des Unternehmens zum Gegenstand haben, werden entsprechend selten durchgeführt. Aus dem Projektcharakter der Dienstleistungserstellung innerhalb der

---

399   Vgl. dazu auch die Ausführungen zum Projektmanagement in Abschnitt 2.3.1.3.3.

Gruppe 3 leitet sich Einmaligkeit bzw. höchstens Gelegentlichkeit der hier zu erstellenden Dienstleistungen ab.

Bezogen auf das Beispiel des (strategischen) Informationsmanagements kann dies wie folgt verdeutlicht werden. Das Ergebnis des strategischen Informationsmanagements bildet der Entwurf des Informationssystems für das Unternehmen. Ist dieses Ergebnis erreicht, sind für die dann anstehende Implementierung die Mitarbeiter des Unternehmens der mittleren Linie oder andere unternehmensexterne Mitarbeiter zuständig. Diese Aufgabe ist dann Gegenstand der Erstellung funktionsübergreifender Dienstleistungen ohne strategische Bedeutung (vgl. Dienstleistungsgruppe 5) oder gegebenenfalls funktionsübergreifender Dienstleistungen mit strategischer Bedeutung (Dienstleistungsgruppe 6). Die Abgrenzung zwischen funktionsübergreifenden, strategischen, analytischen Dienstleistungen (Gruppe 3) und denen der Gruppe 5 ist nicht problemlos, da die Abgrenzung zwischen strategisch und nicht strategisch nicht unbedingt trennscharf ist, was am Beispiel des Informationsmanagements exemplarisch belegt werden kann. Hier stellt sich die Frage, inwieweit bspw. die konkrete Festlegung von Hardware- und Softwarekomponenten noch zu dem Entwurf und zu der Konzeption des Informationssystems gehört oder ob dies nicht schon Gegenstand des administrativen Managements und somit der Dienstleistungsgruppe 5 ist. Hilfreich zur Problemlösung ist, das Heranziehen der Ausgangsdefinition der Dienstleistungen der Technostruktur als analytische, auf Standardisierung wirkende Leistungen. Gemäß dieser Definition kann es innerhalb dieser Dienstleistungsgruppe ausschließlich um den Entwurf von Strukturen und Abläufen sowie die Optimierung des Faktors Mitarbeiter gehen. Bezogen auf das strategische Informationsmanagement endet die Dienstleistungserstellung mit dem Entwurf des Informationssystems; die Beschaffung der einzelnen Hard- und Softwarekomponenten gehört dann nicht mehr dazu. Der Kauf von Hardware- und Standardsoftware genügt ohnehin nicht der in der Arbeit zugrunde gelegten Definition unternehmensinterner Dienstleistungen, sondern stellt eine Fremdbezugs-Entscheidung eines Gutes dar. Selbst wenn es sich bei der Software nicht um Standardkomponenten handelt, gehört die unternehmensinterne Entwicklung von Software-Systemen je nachdem, ob ihr strategische

Bedeutung zukommt oder nicht, zu der Dienstleistungsgruppe 6 oder 5.[400] Der Betrieb und die Nutzung des Informationssystems sind ebenso nicht Gegenstand des strategischen Informationssystems und somit der Dienstleistungsgruppe 3.

Die Spezifität der Transaktion ist hoch, die Dimension Häufigkeit hingegen gering ausgeprägt, was entsprechend dem Überwachungsschema nach WILLIAMSON zu einer Abwicklung der Transaktion über neoklassische Verträge führt (vgl. Abbildung 8).

Die Ausprägung der Dimension Unsicherheit hat zunächst keinen Einfluß auf die Wahl des Vertragstypus. Der abgeleitete Einmaligkeitscharakter der betrachteten Transaktion würde die Kosten einer im Fall hoher Unsicherheit einzurichtenden hierarchischen Überwachungsstruktur in eine prohibitive Höhe treiben, da die Kosten nicht durch Fixkostendegression abgebaut werden können. Die Auswirkung der Know-How-Barrieren unterstützt die Outsourcing-Entscheidung zusätzlich. Die Dimension Unsicherheit ist als dritte Transaktionsdimension aber dennoch zu untersuchen, da ihre Ausprägung einen erheblichen Einfluß auf die in Kapitel 4.3 zu diskutierende Ausgestaltung der Vertragsform ausübt.

Zunächst resultiert aus dem in Abschnitt 4.2.2.1.1 beschriebenen Zusammenhang für die Erstellung strategischer Dienstleistungen generell eine hohe Umweltunsicherheit. Die Dienstleistungen der Technostruktur haben die Effizienzsteigerung des Unternehmens zum Ziel, die dann wiederum die Wettbewerbsposition des Unternehmens entscheidend beeinflußt. Insofern ist die Umweltunsicherheit hoch ausgeprägt; es gilt der gleiche Zusammenhang wie bei der Dienstleistungserstellung in der strategischen Spitze (vgl. Abschnitt 4.2.2.1.2).

Die Dienstleistungen der Technostruktur haben zwar die Standardisierung von Abläufen zum

---

400   Genau darin liegt auch der Grund, daß die Systementwicklung nicht als prägnantes Beispiel (vgl. Abschnitt 3.3.3.1) einer Dienstleistungsgruppe weiterverwendet werden kann; es kommt bei der Systementwicklung entscheidend darauf an, wie ihre strategische Bedeutung eingestuft wird. Ferner kann die Entwicklung eines Software-Systems auch zur Unterstützung einer Unternehmensfunktion, wie dem Marketing, dienen. Dann handelt es sich aber um eine funktionale Dienstleistung - entweder mit oder ohne strategische Bedeutung. Deshalb ist diese Dienstleistung kein aussagekräftiger Stellvertreter für eine bestimmte Dienstleistungsgruppe. Gerade für diesen Fall dokumentiert sich aber die Vorteilhaftigkeit des Vorgehens, abstrakte Gruppen von Dienstleistungen herauszuarbeiten. Auf diese Weise kann eine den konkreten Eigenschaften der exemplarischen Dienstleistung entsprechende Einordnung vorgenommen werden.

Ziel, sind aber selbst nicht standardisiert. Das Zusammenwirken der Gestaltungsparameter der Dienstleistungen verursacht somit Komplexität. Es handelt sich jedoch um analytische Leistungen, für die Komplexität durch Methodenunterstützung aufgelöst werden kann, so daß der Erstellungsprozeß der Dienstleistungsgruppe 3 nicht unsicher ist. Bezogen auf das Beispiel Informationsmanagement bedeutet das, daß die Gestaltung eines Informationssystems entsprechend den strategischen Anforderungen des Unternehmens mit Hilfe der Methoden der Systementwicklung durchaus planbar und durchführbar ist. Wird jedoch die Wirkung des Dienstleistungsergebnisses auf das gesamte Unternehmen betrachtet, besteht hier Unsicherheit zumindest bezüglich der Akzeptanz seitens der Unternehmensmitglieder. Dieses Problem beginnt beim strategischen Informationsmanagement schon bei der Implementierung der Komponenten des Informationssystems und verschärft sich noch bei dessen Nutzung gerade dann, wenn einer intensiven Entwicklungsstrategie gefolgt wurde. Auch bei Dienstleistungen der Unternehmensberatung ist die Akzeptanzproblematik bekannt. Die Wirkungsunsicherheit ist deshalb deutlich ausgeprägt. Die Transaktion ist somit insgesamt einer hohen Unsicherheit unterworfen. Die Ausprägungen der Dimensionen der betrachteten Transaktion ist in Tabelle 10 zusammenfassend dargestellt.

Entsprechend des Überwachungsschemas nach WILLIAMSON ergibt sich für die Abwicklung strategischer, funktionsübergreifender Dienstleistungen der Technostruktur der Typus der neoklassischen Verträge und somit das externe Outsourcing. Für diese Dienstleistungsgruppe liegt somit eine in Kapitel 4.3 noch konkret vertraglich zu gestaltende Outsourcing-Entscheidung vor.

Dienstleistungs-gruppe 3	Faktorspezifität	Häufigkeit	Unsicherheit
Informations-management	spezifisch	einmalig / gelegentlich	hoch
Tab. 10: Ausprägungen der Transaktionsdimensionen für Dienstleistungsgruppe 3			

4.2.2.1.5 Dienstleistungsgruppe 4

Zu der Dienstleistungsgruppe 4 zählen alle Dienstleistungen, die nicht von der Erfüllung der Unternehmensfunktionen abhängen, sondern nur der Unterstützung der Unternehmensorganisation dienen. Diese Dienstleistungen sind ohne strategische Bedeutung. Typische Dienstleistungen dieser Gruppe bzw. typische Einrichtungen, die diese Dienstleistungen erstellen, sind der Fuhrpark für den Transport, die Kantine für die Verpflegung, der Reinigungsdienst und die Poststelle. Die Kantine als Einrichtung zur Verpflegung der Mitarbeiter des Unternehmens wird als repräsentatives Beispiel dieser Gruppe herangezogen.

Die Transaktion besteht in der Erstellung von Dienstleistungen der Gruppe 4. Die Humankapitalspezifität wird im wesentlichen von den Kompetenzanforderungen bestimmt. Es ist evident, daß aufgrund der Charakteristika der Dienstleistungen die Anforderungen bezüglich der individuellen und sozialen Kompetenz gering sind. Zur Erstellung der funktionsfreien Dienstleistungen sind weder Führungseigenschaften oder Teamfähigkeit noch kreative oder analytische Fähigkeiten notwendig. Fachkompetenz in Form einer Ausbildung in einem Lehrberuf kann erforderlich sein, ist jedoch zum größeren Teil nicht notwendig. In einer Kantine wird bspw. der Koch eine Lehre absolviert haben, hingegen besteht der Großteil des Küchenpersonals aus ungelernten Kräften. Die geringen sozialen, individuellen und fachlichen Anforderungen führen insgesamt zu einer gering ausgeprägten Humankapitalspezifität im engeren Sinne, wenn davon ausgegangen wird, daß zunächst für die Erfüllung jeglicher Aufgaben im Unternehmen lediglich ein Mindestmaß an fachlicher Ausbildung gegeben sein muß. Diese Standardkenntnisse können nach Abbruch der Transaktion reibungslos und ohne Wertverlust wieder am Markt angeboten werden.

Humankapitalspezifität im weiteren Sinne wird durch die Integration des externen Faktors verursacht. Der entscheidende Punkt bei den hier betrachteten Dienstleistungen der Gruppe 4 ist diesbezüglich, daß die Dienstleistungen zwar für das Unternehmen und dessen Erhalt erstellt werden, nicht aber am Unternehmen selbst. Das bedeutet, daß die Transaktion vollständig isoliert von den Unternehmensprozessen abgewickelt werden kann. Daraus ist wiederum abzuleiten, daß es für die Anbieter der betrachteten Dienstleistungen nicht in besonderem Maße notwendig ist, unternehmensspezifisches Wissen zu erwerben und somit Investitionen in Humankapital zu tätigen. Deshalb ist es ihnen möglich, ihre Dienste ohne Wertverlust auch anderen Nachfragern am Markt anzubieten.

Bezüglich der Ausprägung der Standortspezifität der Transaktion ist die eingeschränkte Transportierbarkeit der Dienstleistungen relevant. Die eingeschränkte Transportierbarkeit ist durch eine standortgebundene Schnittstelle zum Unternehmen gegeben, an der der Leistungsaustausch stattfindet und die im Unternehmen liegt. So ist beispielsweise zur Verpflegung der Mitarbeiter des Unternehmens eine Kantine einzurichten. Bei kleinerer Unternehmensgröße ist diese Einrichtung vielleicht nicht notwendig, und die Verpflegung wird in Form eines Catering-Service organisiert. Die Küche ist dann zwar nicht vom Unternehmensstandort abhängig, aber trotzdem ist die Länge des Transportweges für die Lieferung des Essens offensichtlich beschränkt. Grundsätzlich gilt, daß durch die Schaffung einer Einrichtung zum Austausch der Dienstleistungen der Gruppe 4 eine gewisse Standortnähe erforderlich ist. Es ist jedoch zu beachten, daß bei einer genügend großen Anzahl von Dienstleistungsnachfragern Standortnähe nicht mit hoher Standortspezifität gleichzusetzen ist. In diesem Fall sind nämlich keine gesonderten Investitionen in die Herstellung von Standortnähe vorzunehmen. Anbieter der Dienstleistungsgruppe 4 werden ohnehin nur dort agieren, wo ein Absatzmarkt mit einer Vielzahl von Nachfragern existiert. Auf Anbieterseite ist die Standortspezifität deshalb nicht hoch ausgeprägt. Für die Nachfragerseite stellen die Dienstleistungen der Gruppe 4 Standardleistungen dar, die weder die Wertschöpfung des Unternehmens noch dessen Wettbewerbsposition beeinflussen. Die Dienstleistungen stellen für die Nachfragerseite ebenfalls unspezifische Transaktionen dar.

Investitionen in zweckgebundene Sachmittel als vierte Art von Faktorspezifität können für die Dienstleistungsanbieter dann anfallen, wenn rechtlich selbständige Dienstleister bei erhöhter Nachfrage Kapazitätserweiterungen vornehmen. Wegen des Standardcharakters der betrachteten Dienstleistungen können diese Erweiterungen aber wieder zurückgefahren werden oder anderen Zwecken ohne Wertverlust zugeführt werden.

Für die Transaktion Erstellung funktionsfreier Dienstleistungen resultiert aus den vorangegangenen Überlegungen eine geringe Ausprägung der Faktorspezifität. Die Transaktion ist nach dieser Klassifikation unspezifisch. Dies gilt vor allem in Relation zu der mittleren Spezifität in der Dienstleistungsgruppe 2, die sich durch ein gewisses Maß an Sachkapitalspezifität auszeichneten.[401]

Unspezifische Transaktionen sind nach WILLIAMSON unabhängig von den Ausprägungen der Dimensionen Unsicherheit und Häufigkeit über den Markt abzuwickeln[402]. Diese beiden Dimensionen nehmen jedoch Einfluß auf die Transaktionskostenbetrachtung des Vertrages in Kapitel 4.3. Sie werden deshalb im folgenden auch noch näher untersucht.

Die Transaktion Erstellung von Dienstleistungen der Gruppe 4 wird wiederkehrend durchgeführt. Die Häufigkeit nimmt für diese Transaktion das gleiche Ausmaß an wie bei den Dienstleistungen des operativen Kerns in Gruppe 2. Auch die funktionsfreien Dienstleistungen der Gruppe 4 werden in der Regel täglich erstellt. Sie unterstützen insbesondere die Unternehmensorganisation bei der Abwicklung von Routinetätigkeiten. In dem Fall der Abwicklung der Transaktion über den Markt ist der Transaktionspartner des Unternehmens ein externer Dienstleister, dessen unternehmerische Tätigkeit grundsätzlich in der Erstellung der betrachteten Dienstleistungen liegt. Da die Leistungserstellung die Unternehmenstätigkeit des Dienstleisters begründet und somit eine grundsätzlich hohe Häufigkeit der Leistungserstellung resultiert, ist die Interpretation der Dimension Häufigkeit ausschließlich auf die zu betrachtende Transaktionsbeziehung zu beziehen.

Die funktionsfreien Dienstleistungen sind Routineleistungen ohne jegliche strategische Bedeutung. Hieraus kann also keine nennenswerte Unsicherheit abgeleitet werden. Ebenso gering ist der Komplexitätsgehalt der Transaktion, da Standardleistungen den Leistungsaustausch begründen. Zudem können keine Wirkungsunsicherheiten im Unternehmen durch die Dienstleistungsnachfrage entstehen, da die Leistungen keinen Einfluß auf die Unternehmensprozesse ausüben.

---

401 Eine Transaktion Erstellung einer Dienstleistung kann natürlich nicht absolut unspezifisch sein, da jede Dienstleistung durch Immaterialität oder Integration des externen Faktors definiert ist, was jeweils bereits an sich ein Mindestmaß an Faktorspezifität impliziert.

402 Vgl. sowohl Williamson [1985a], S. 74 als auch das Überwachungsschema in Abschnitt 3.2.4.

Die Transaktion ist deshalb auch insgesamt nur geringer Unsicherheit ausgesetzt. Die Aus-prägungen der Dimensionen der Transaktion sind in der folgenden Tabelle 11 noch einmal zusammengefaßt.

Dienstleistungs-gruppe 4	Faktorspezifität	Häufigkeit	Unsicherheit
Kantine	unspezifisch	wiederkehrend	gering

Tab. 11: Ausprägungen von Transaktionsdimensionen für Dienstleistungsgruppe 4

Für die Abwicklung der Transaktion Erstellung von Dienstleistungen der Gruppe 4 ist das Überwachungssystem klassischer Verträge relevant. Die vom Unternehmen nachgefragten funktionsfreien Dienstleistungen werden von externen Dienstleistern erstellt. Die Abwicklung über den Markt stellt in dem Kontinuum möglicher Outsourcing-Formen den klassischen Fall des externen Outsourcing dar.

4.2.2.1.6   Dienstleistungsgruppe 5

Die Dienstleistungsgruppe 5 umfaßt funktionsübergreifende Dienstleistungen ohne strategische Bedeutung. Die Transaktion besteht in der Erstellung von Dienstleistungen der Gruppe 5. Es läßt sich eine Vielzahl von Beispielen dieser Art von unterstützenden Dienstleistungen mit Querschnittsfunktion zusammenstellen, wie bspw. das betriebliche Rechnungswesen, die Lohn- und Gehaltsabrechnung, die Reisekostenabrechnung und die hier zur Veranschaulichung herangezogene Datenverarbeitung. Die Datenverarbeitung wird, wie auch das strategische Informationsmanagement, deshalb gewählt, weil sie als eine Informationsverarbeitungsleistung den ursprünglichen Gegenstandsbereich des Outsourcing[403] repräsentiert.

---

403   Vgl. Abschnitt 2.3.2.

Es ist bereits erläutert worden, daß die Gruppe der produzierenden Unternehmen des zweiten Sektors die dominierende Zielgruppe der Betrachtung darstellt.[404] Für diese Unternehmen besteht jedoch weiterhin das Problem, daß exemplarische Dienstleistungen, wie bspw. Werbung, den Dienstleistungsgruppen 5 bis 8 innerhalb des heterogenen Bausteins der unterstützenden Einheiten unterschiedlich zugeordnet werden können. So können bestimmte Dienstleistungen wie bspw. Werbung für ein Unternehmen der Konsumgüterindustrie hohe strategische Bedeutung für ein Unternehmen der Investitionsgüterindustrie hingegen geringe strategische Bedeutung haben. Zur Lösung dieses Problems wird bei der Generierung von Beispielen dieses Bausteins, der die Dienstleistungsgruppen 5 bis 8 betrifft, von einem Unternehmen der Konsumgüterindustrie ausgegangen.

Die Datenverarbeitung eines Unternehmens beinhaltet das Erfassen, Übermitteln und Organisieren von Daten zum Zweck der Informationsgewinnung für die Entscheidungsfindung. Im Unternehmen wird die automatisierte Datenverarbeitung gerade im Bereich der kaufmännisch-betriebswirtschaftlichen Anwendungen eingesetzt. Des weiteren dokumentiert sich die betriebliche Datenverarbeitung in der Nutzung und Pflege betrieblicher Anwendungssysteme und der dazugehörigen betrieblichen Anwendungssoftware sowie in der Einrichtung einer Unternehmensdatenbank.

Zunächst soll die Dimension Faktorspezifität der vorliegenden Transaktion betrachtet werden. Fachliche Kompetenz zur Erstellung funktionsübergreifender Dienstleistungen ist offensichtlich notwendig, da die Dienstleistungen der Gruppe 5 gerade durch dieses Merkmal von den Dienstleistungen der Gruppe 4 unterschieden werden. Die benötigte Fachkompetenz zur Erstellung funktionsübergreifender Dienstleistung ist deutlich ausgeprägt. Jedoch treten bei dieser Dienstleistungsgruppe keine Know-How-Barrieren auf, wie sie für die Dienstleistungsgruppe 3 erläutert und festgestellt wurden. Daraus ist zu folgern, daß die benötigte Fachkompetenz auf dem entsprechenden Dienstleistungsmarkt verfügbar ist. Auf das Beispiel der Datenverarbeitung bezogen bedeutet das, daß zur Erfüllung der anfallenden Aufgaben ausgebildete Fachkräfte, wie bspw. Datenverarbeitungskaufleute, benötigt werden, die in ausreichender Anzahl am Markt

---

404   Vgl. Abschnitt 1.1.

vorhanden sind. Andererseits können die Dienstleistungsanbieter ihre Fachkompetenz verlust-
frei anderen Unternehmen anbieten. Eine hohe Humankapitalspezifität läßt sich zumindest aus
der Fachkompetenz nicht ableiten. Die individuellen Fähigkeiten sind insoweit ausgeprägt, als
daß sie eine notwendige Voraussetzung zur Eignung für einen bestimmten Beruf darstellen. Aus
den grundlegenden Eigenschaften der Dienstleistungen der Gruppe 5 kann eine darüber hinausgehende spezifische Individualkompetenz nicht abgeleitet werden. Auch soziale Fähigkeiten
sind für die Erstellung der funktionsübergreifenden Dienstleistungen der unterstützenden
Einheiten nicht in besonderem Maße notwendig, da die Erstellung der Dienstleistung nicht von
der personellen Interaktion abhängt.

Die Dienstleistungserstellung setzt voraus, daß der Dienstleister Kenntnis über die Unternehmensabläufe sowie weitere Unternehmensspezifika erlangt und dann im Laufe der Zeit darin
Erfahrung sammelt. Diese unternehmensspezifischen Kenntnisse und Erfahrungen bedingen
Humankapitalspezifität im weiteren Sinne. Jedoch ist diese nicht so hoch anzusetzen wie für die
Dienstleistungsgruppe 3, da der Grad der Integration des externen Faktors in der Dienstleistungsgruppe 5 nicht so hoch ist. Mit der Nachfrage von Dienstleistungen der Gruppe 5 ist
weder eine Restrukturierung der Unternehmensabläufe oder des Unternehmensaufbaus noch
eine Veränderung sonstiger Unternehmensspezifika intendiert. So orientiert sich der Aufbau
einer Datenbank an den Erfordernissen des Unternehmens und nicht umgekehrt. Es resultiert
also lediglich eine mittlere Humankapitalspezifität im weiteren Sinne.

Die funktionsübergreifenden Dienstleistungen der Gruppe 5 haben einen bürokratisch-ver-
waltenden Charakter, so daß sie die Unternehmensabläufe permanent begleiten. Das Dienst-
leistungsangebot ist dauerhaft aufrechtzuerhalten, und Anpassungsmaßnahmen des Dienstleistungsangebots sind bei Veränderungen der Unternehmensspezifika durchzuführen. Dies
bedingt Erreichbarkeit und Ansprechbarkeit des Dienstleistungsanbieters. Ein Schnittstellen-
nagement, das die persönliche Kommunikation gewährleistet, wird notwendig. Aus diesen
Zusammenhängen folgt mindestens eine mittlere Standortspezifität.

Aus der Perspektive des Dienstleistungsanbieters sind für die Dienstleistungsgruppe 5 genau
dann Investitionen in zweckgebundene Sachwerte als Ursache von Spezifität abzuleiten, wenn

er Kapazitätserweiterungen vorzunehmen hat. Insgesamt resultiert für die Transaktion Erstellung von Dienstleistungen der Gruppe 5 eine gemischte Faktorspezifität.

Der Dimension Häufigkeit kommt gemäß des Überwachungsschemas bei gemischten Transaktionen eine entscheidende Bedeutung zu. Die Ausprägung der Häufigkeit der betrachteten Transaktion läßt sich insofern analog zu den Überlegungen zur Standortspezifität ableiten, als die Dienstleistungen der Gruppe 5 eine Querschnittsfunktion haben, die permanent zu erfüllen ist. Die Dienstleistungen stellen aus Unternehmenssicht Routineaufgaben dar, die das Tagesgeschäft ausmachen. Daraus ergibt sich unmittelbar die maximale Ausprägung der Häufigkeit; es handelt sich um wiederkehrende Transaktionen.

Die Ausprägung der Dimension Unsicherheit entscheidet für diese Transaktion über die institutionelle Einbindung in die Hierarchie oder Kooperation im Sinne WILLIAMSONS[405]. Betrachtungsobjekt sind Dienstleistungen ohne strategische Bedeutung, so daß eine hohe Umweltunsicherheit nicht abgeleitet werden kann. Komplexität läßt sich wegen der Immaterialität des Leistungserstellungsprozesses durchaus feststellen. Das Ausmaß an Komplexität wird aber dadurch reduziert, daß die Dienstleistungserstellung durch vorhandene Verfahren und Methoden unterstützt wird. Zudem liegen wegen des Routinecharakters der Dienstleistungen Erfahrungen über ihre Auswirkung auf die Unternehmensorganisation vor. Dennoch ist ein mittleres Maß an Komplexität und damit Unsicherheit[406] für die Transaktion gegeben.

Die Ausprägungen der Dimensionen für die betrachtete Transaktion sind in der folgenden Tabelle 12 zusammengefaßt. Es erfolgt eine Abwicklung der Transaktion über relationale Verträge mit zweiseitiger Überwachung, da das Ausmaß der Unsicherheit der Transaktion nicht so hoch ist, daß deren Abwicklung in die Hierarchie verschoben würde.

---

405   Williamson verwendet einen sehr spezifischen Kooperationsbegriff, der den zweiseitig überwachten relationalen Verträgen entspricht, aber nicht dem in der betriebswirtschaftlichen Literatur verwendeten. Kooperationen im betriebswirtschaftlichen Sinne können sich ebenso auf neoklassische Verträge stützen. Dieser Zusammenhang wird explizit in Abschnitt 4.3.1 untersucht, wo verschiedene Vertragsformen unter die Vertragstypen nach Williamson subsumiert werden.

406   Wegen des funktionsübergreifenden Charakters der Dienstleistungsgruppe wird Unsicherheit darüber hinaus durch die Kenntnis von Unternehmensspezifika und das daraus folgende Problem der Geheimhaltung induziert. Diese Art der Unsicherheit stellt aber Verhaltensunsicherheit dar, die bei der noch zu betrachtenden konkreten Vertragsgestaltung zu berücksichtigen ist.

Dienstleistungs-gruppe 5	Faktorspezifität	Häufigkeit	Unsicherheit
Datenverarbeitung	gemischt	wiederkehrend	mittel

Tab. 12: Ausprägungen von Transaktionsdimensionen für Dienstleistungsgruppe 5

4.2.2.1.7   Dienstleistungsgruppe 6

Die Dienstleistungsgruppe 6 umfaßt funktionsübergreifende Dienstleistungen mit strategischer Bedeutung[407]. Diese Dienstleistungen sollen jedoch nicht die Standardisierung von Unternehmensabläufen bewirken und beinhalten keine Know-How-Barrieren. Dienstleistungen der Gruppe 6 haben somit weder einen ausgeprägt analytischen Charakter noch steht der Nachfrage des Unternehmens ein knappes Angebot dieser Dienstleistungen gegenüber. Die Dienstleistungen haben Querschnittsfunktion und zeichnen sich durch strategische Bedeutung aus, da sie langfristige Entscheidungen verursachen und die Wettbewerbsposition des Unternehmens beeinflussen, ohne jedoch Veränderungen an den Unternehmensabläufen vorzunehmen. Die Transaktion besteht in der Erstellung von Dienstleistungen der Gruppe 6. Die exemplarische Einordnung von Dienstleistungen unterliegt der oben schon erläuterten Problematik. Wird ein produzierendes Unternehmen der Konsumgüterindustrie betrachtet, ergeben sich neben dem Controlling auch die Produktentwicklung, die Personalakquisition und das externe Rechnungswesen als mögliche Beispiele für die Dienstleistungsgruppe 6.

Das Controlling wird als repräsentatives Beispiel für die Dienstleistungsgruppe 6 herangezogen.

---

407   An dieser Stelle wird der Unterschied zwischen strategischer Bedeutung und Kernkompetenz wiederum deutlich. Dienstleistungen mit strategischer Bedeutung, wie das hier gewählte Beispiel des Controlling, beeinflussen die Wettbewerbsposition des Unternehmens durchaus, gehören aber keineswegs zu dessen Kernkompetenzen. Insofern ist der Begriff strategischer Kern und dessen Gleichsetzung mit Faktorspezifität nicht nur irreführend, sondern falsch, vgl. bspw. R. Bogaschewsky [1996], S. 126 ff und T. Reve [1995], S.144 ff.

Eine exakte Abgrenzung des Gegenstandsbereichs des Controlling ist nach einheitlicher Auffassung der betriebswirtschaftlichen Literatur[408] nicht möglich. Übereinstimmung herrscht insoweit, daß das Controlling als Teilfunktion der Führung angesehen wird und darunter die Aufgaben der Kosten- und Leistungsrechnung, des Berichtswesens, der operativen und taktischen Planung sowie der Budgetierung subsumiert werden.

Zunächst wird die Humankapitalspezifität im engeren Sinne mit Hilfe der Kompetenzanforderungen betrachtet. Bezüglich der fachlichen Kompetenz ist festzustellen, daß die Dienstleistungen der Gruppe 6 eine fundierte berufliche Ausbildung in Form eines Studiums verlangen. Deshalb sind Investitionen in Humankapital in deutlicher Höhe seitens des Dienstleisters zu tätigen. Die Anforderungen an die individuellen Fähigkeiten der Dienstleistungsanbieter spiegeln sich in der Ausbildung wider und sind somit hoch. Bezüglich der Anforderungen an die Sozialkompetenz läßt sich aufgrund der funktionsübergreifenden Eigenschaft der Dienstleistungen die Aussage treffen, daß kommunikative Fähigkeiten und kooperatives Verhalten des Dienstleistungsanbieters unerläßlich sind. Für die Erstellung der Dienstleistungen der Gruppe 6 ist somit auch ein gewisses Maß an Führungseigenschaften notwendig, das aber nicht so hoch wie bei den Dienstleistungen der Gruppe 1 anzusetzen ist. Es resultiert eine hohe Humankapitalspezifität im engeren Sinne.

Humankapitalspezifität im weiteren Sinne kann direkt aus der funktionsübergreifenden Eigenschaft der Dienstleistung abgeleitet werden. Aufgrund der Querschnittfunktion der Dienstleistungen der Gruppe 6 hat der Dienstleistungsanbieter Kenntnisse über das nachfragende Unternehmen zu sammeln. Dies ist notwendig, da bei der Dienstleistungserstellung Informationen aller Unternehmensfunktionen zusammengeführt und verarbeitet werden, was am gewählten Beispiel des Controlling besonders deutlich wird. Die notwendige Akquisition unternehmensspezifischen Wissens entspricht dem bei der Dienstleistungserstellung der Gruppen 1 und 3 zwar nicht vollständig, ist aber dennoch als hoch zu bewerten. Die sich in Form von Berufserfahrung einstellenden typischen Lern- und Erfahrungseffekte erhöhen den Wert des Humankapitals auf Anbieterseite beträchtlich und lassen sich bei Transaktionsabbruch nicht ohne

---

408   Vgl. z. B. E. Troßmann [1993], S. 162 ff.

Wertverlust anderer Verwendung zuführen.

Standortspezifität ist zudem durch die Interdependenz zwischen den Dienstleistungen der Gruppe 6 und den Unternehmensabläufen bedingt. Auch wenn die Unternehmensabläufe nicht, wie bei den Dienstleistungsgruppen 1 und 3, direkt das Objekt der Dienstleistungserstellung darstellen, verlaufen die Überlegungen zur Integration des externen Faktors analog. Bei der Dienstleistungserstellung in Gruppe 6 werden Informationen aus den verschiedenen Unternehmensbereichen und -funktionen zusammengeführt. Änderungen, die sich dort ergeben, sind dann in Form von Anpassungsmaßnahmen bei der Dienstleistungserstellung zu berücksichtigen. Die persönliche Interaktion der Dienstleistungsersteller mit den Unternehmensmitgliedern wird dadurch unerläßlich und bedingt aufgrund der Interdependenz der Tätigkeitsfelder Standortspezifität.

Aus der Perspektive der Dienstleistungsnachfrage wird deutlich, daß diese Dienstleistungen dem Erhalt der Unternehmensorganisation dienen und die ablaufenden Unternehmensprozesse begleiten. Dies führt zwar nicht unbedingt zu einer ständigen Leistungserstellung wie bei Dienstleistungsgruppe 1; jedoch haben die Transaktionen der Dienstleistungsgruppe 6 durchaus eine wiederkehrende Ausprägung. Die Häufigkeit, mit der die Dienstleistungen der Gruppe 6 nachgefragt werden, übersteigt die gelegentliche Dienstleistungserstellung in der Gruppe 3 deutlich. Das zeigt sich darin, daß die Dienstleistungserstellung in Gruppe 6 nicht als Projekt definierbar ist. Die Ausprägung der Häufigkeit der betrachteten Dienstleistung ist somit wiederkehrend.

Der Dimension Unsicherheit der Transaktion kommt in dem zugrunde gelegten Überwachungsschema zwar keine entscheidende Bedeutung für die Wahl des Vertragstypus mehr zu; die Wahl des relationalen Vertrags mit einseitiger Überwachung (Hierarchie) wird jedoch durch die im folgenden zu begründende, gegebene Unsicherheit manifestiert. Umweltunsicherheit läßt sich zunächst aus der strategischen Bedeutung der Dienstleistungen der Gruppe 6 ableiten. Bei der Abwicklung der Transaktion ist Anpassungsfähigkeit zu berücksichtigen. Auf das Beispiel des Controlling bezogen bedeutet das, daß bspw. Veränderungen auf den Beschaffungsmärkten, die sich in der Kostenstruktur des Unternehmens niederschlagen, dort erfaßt werden und dann in eine Entscheidungsvorlage für die Führungsebene des Unternehmens eingebracht werden, so daß (strategische) Maßnahmen ergriffen werden können.

Hinsichtlich der Komplexität ist wiederum zwischen Zustands- und Wirkungsunsicherheit zu differenzieren. Die Zustandsunsicherheit der Transaktion wird dadurch reduziert, daß zur Erstellung der Dienstleistungen der Gruppe 6 durchaus vorgegebene Verfahren existieren, die eine Form der Standardisierung darstellen und schon Gegenstand der Ausbildung des Dienstleisters sind. So werden bspw. zur Erfüllung des Controlling Verfahren der strategischen Kostenrechnung herangezogen. Die Wirkungsunsicherheit kann hingegen nicht in demselben Maße reduziert werden, da sie auf die Umsetzung der Ergebnisse im Unternehmen und auf dessen Beschaffungs- und Absatzmärkte abstellt. Hier herrscht weniger Unsicherheit bezüglich der Akzeptanz der Dienstleistungsergebnisse, wie bei Dienstleistungsgruppe 3, sondern eher Wirkungsunsicherheit der Umsetzung, die aber durch geeignete Organisation noch aufgelöst werden kann. Auch an diesem Punkt wird die Eignung der Unternehmenshierarchie deutlich. Im Gesamteffekt resultiert für die betrachtete Transaktion Unsicherheit in einem Maße, das relativ zu den hohen oder niedrigen Ausprägungen der anderen Dienstleistungsgruppen eine mittlere Ausprägung einnimmt.

Die Abwicklung der Transaktion über die Unternehmenshierarchie ergibt sich aus den Ausprägungen der Dimensionen, die in der folgenden Tabelle 13 dargestellt sind. Die Erstellung der Dienstleistungsgruppe 6 ist somit nicht auszugliedern oder auszulagern, sondern verbleibt im Unternehmen.[409]

Dienstleistungs- gruppe 6	Faktorspezifität	Häufigkeit	Unsicherheit
Controlling	spezifisch	wiederkehrend	mittel
Tab. 13: Ausprägungen von Transaktionsdimensionen für Dienstleistungsgruppe 6			

---

[409] Entsprechend den Ausführungen in Abschnitt 2.3.1.2 erscheint die Mikrostruktur Zentralbereich besonders geeignet, Dienstleistungen der Gruppe 6 zu erstellen.

4.2.2.1.8   Dienstleistungsgruppe 7

Die Dienstleistungsgruppe 7 bildet funktionale Dienstleistungen ohne strategische Bedeutung ab. In der Dienstleistungsgruppe 2 wird der Anteil an funktionalen Dienstleistungen ohne strategische Bedeutung abgebildet, der als produktbegleitend charakterisiert werden kann. Produktbegleitende Dienstleistungen sind dadurch definiert, daß die Dienstleistungen direkt am materiellen Trägerobjekt Produkt erstellt werden, dieses somit den externen Faktor der Dienstleistungserstellung darstellt. In Abgrenzung dazu werden in Gruppe 7 die "restlichen" funktionalen Dienstleistungen zusammengefaßt, die sich zwar auf Produkte beziehen, aber nicht direkt am materiellen Produkt erstellt werden. Es stellt sich somit die Frage, ob Transaktionen, die die Erstellung von Dienstleistungen der Gruppe 7 zum Gegenstand haben, über das gleiche oder ein anderes Überwachungsmuster abzuwickeln sind.

Es können verschiedene Beispiele zur Verdeutlichung der Dienstleistungsgruppe 7 herangezogen werden, wie die Finanzplanung, die Vertriebskostenplanung, die Preisgestaltung und die Kundenbetreuung. Schon diese Beispiele für Dienstleistungen der Gruppe 7 legen die Vermutung nahe, daß sie sich auf das "Kerngeschäft" des Unternehmens beziehen und sich in diesen somit Kernkompetenzen[410] des Unternehmens manifestieren. Auch diese Vermutung wird im folgenden durch die Untersuchung der Dimensionen der Transaktion überprüft.

Fachkompetenz ist zur Erstellung der Dienstleistungen in Gruppe 7 notwendig, da hier Fachwissen in Form einer kaufmännischen Ausbildung erforderlich ist. Die Anforderungen an die fachliche Kompetenz sind vergleichbar mit denen, die für die Dienstleistungsgruppe 2 festgestellt wurden. Die Anforderungen an die soziale Kompetenz sind hier hingegen deutlich höher, da für die Dienstleistungsgruppe 7 eine starke Interdependenz zu anderen Unternehmensbereichen gegeben ist. Die Dienstleistungen können nicht isoliert von den jeweils anderen Funktionen erstellt werden. So sind bspw. in der Kundenbetreuung auch Informationen aus der Produktion und dem Vertrieb zu verarbeiten, wenn eine Anfrage bezüglich der Lieferzeit eines

---

410   Der Begriff der Kernkompetenzen wurde in der Arbeit schon an verschiedenen Stellen aufgegriffen. In der
       Literatur wird immer wieder gefordert, daß Aktivitäten, die Kernkompetenzen repräsentieren, nicht zum
       Outsourcing geeignet sind, vgl. hier vor allem T. Reve [1995], S. 144 ff., sowie A. Picot et al. [1996], S. 264
       ff.

Produktes eingeht. Diese Interdependenz erfordert wiederum Kooperation und Informationsaustausch, wozu die entsprechenden kommunikativen und kooperativen Fähigkeiten erforderlich sind. Dazu kommt, daß funktionale Dienstleistungen von mehreren Mitarbeitern innerhalb einer Abteilung erstellt werden, so daß auch Teamfähigkeit notwendig wird. Bezüglich der individuellen Fähigkeiten kann aus den Eigenschaften der betrachteten Dienstleistungen geschlossen werden, daß wegen der geringen Standardisierung der Dienstleistungsgruppe 7 durchaus ein Mindestmaß an analytischen und ein höheres Maß an kreativen Fähigkeiten vom Dienstleistungsersteller einzubringen sind. Sofern diese Fähigkeiten zu Beginn der Transaktion beim Dienstleistungsersteller nicht im entsprechenden Maße vorhanden sind, werden sie im Laufe der Transaktion weiterentwickelt. Der Dienstleistungsanbieter sammelt zudem weitere Kenntnisse, die sich in der Berufserfahrung niederschlagen. Das Maß an Humankapitalspezifität für die betrachtete Transaktion ist somit hoch.

Humankapitalspezifität im weiteren Sinne ist für die Transaktion deshalb gegeben, weil die funktionalen Dienstleistungen der Gruppe 7 sich auf immaterielle, komplexe Unternehmenstatbestände des Unternehmens beziehen. Zum einen sind deshalb notwendige Informationen aus anderen Unternehmensfunktionen zu beschaffen und zum anderen ist die Dienstleistungserstellung an den Unternehmensspezifika auszurichten. Der letzte Punkt ist hier stärker ausgeprägt als bei Dienstleistungsgruppe 5, da die Dienstleistungen der Gruppe 7 stärker an den Unternehmensspezifika ausgerichtet sind. Die Integration des externen Faktors ist somit ausgeprägter. Am Beispiel der Kundenbetreuung läßt sich dies verdeutlichen, da die Gestaltung der Kundenbetreuung entscheidend von den Unternehmensspezifika, wie bspw. Produkt und Vertriebssystem, abhängt. Daraus folgt wiederum, daß der Dienstleistungsanbieter erhebliche Investitionen zur Akquisition unternehmensspezifischen Wissens zu tätigen hat; die Humankapitalspezifität im weiteren Sinne ist für die betrachtete Transaktion somit hoch ausgeprägt.

Standortspezifität verstärkt die bisher abgeleitete Faktorspezifität der Transaktion. Die Dienstleistungserstellung verlangt zum einen den ständigen Informationsaustausch mit den verschiedenen Unternehmensbereichen, der aufgrund mangelnder Standardisierbarkeit der Leistungserstellung nicht ausschließlich auf der Basis eines EDV-gestützten Austauschs erfolgen kann. Zum anderen ist eine zeitliche Zusammenfassung der Tätigkeiten nicht möglich, denn die

Dienstleistungen betreffen Unternehmensfunktionen, die permanent aufrechtzuerhalten sind. Die betrachtete Transaktion kann auch deshalb nicht als Projekt organisiert werden, da die in Gruppe 7 zu erstellenden Dienstleistungen in ihrem Angebot nicht zeitlich befristet sind, sondern unbefristet dem Erhalt des Unternehmens dienen. Aus diesen Gründen sind Investitionen in Standortnähe seitens des Dienstleisters zu tätigen. Es resultiert insgesamt eine hohe Faktorspezifität für die Transaktion Erstellung von Dienstleistungen der Gruppe 7.

Die Schlußfolgerungen für die Dimension Häufigkeit der Transaktion können direkt aus den bisherigen Ausführungen gezogen werden. Die Dienstleistungen der Gruppe 7 werden zum Erhalt der Unternehmensorganisation und zur Unterstützung der Unternehmensziele nachgefragt und beziehen sich auf das Kerngeschäft des Unternehmens, was ein kontinuierliches und unbefristetes Angebot dieser Dienstleistungen notwendig macht. Die Leistungen sind deshalb permanent zu erstellen, und die Transaktion ist wiederkehrend abzuwickeln.

Die Transaktion wird aufgrund der hohen Ausprägungen der Dimensionen Faktorspezifität und Häufigkeit eindeutig über relationale Verträge mit einseitiger Überwachung abgewickelt. Dennoch ist die Betrachtung der Dimension Unsicherheit gerade relativ zu den anderen Dienstleistungsgruppen transaktionskostentheoretisch interessant. Da in der Gruppe 7 Dienstleistungen ohne strategische Bedeutung zusammengefaßt sind, kann hieraus zunächst keine Umweltunsicherheit abgeleitet werden. Es stellt sich somit nur noch die Frage, ob die Transaktion sich durch Komplexität auszeichnet. Aufgrund geringer Standardisierungsmöglichkeiten der Dienstleistungserstellung kann für die Transaktion Zustandsunsicherheit abgeleitet werden, was bei dem Beispiel Kundenbetreuung besonders deutlich wird. So kann bspw. bei Kundenanfragen oder Kritik kein eindeutiges Reaktionsschema festgeschrieben werden, sondern der Dienstleistungsanbieter hat sich von Individuum zu Individuum verschieden zu verhalten. Die unter den individuellen Fähigkeiten abgeleitete Kreativität spiegelt sich nun in einer Zustandsunsicherheit über die Gestaltungsparameter der Dienstleistungserstellung wider. Wirkungsunsicherheit besteht für die Dienstleistungsgruppe 7, ähnlich wie bei der Dienstleistungsgruppe 6, in der Umsetzung des Dienstleistungsergebnisses. Aufgrund des notwendigen intensiven und regelmäßigen Informationsaustauschs entstehen zwei Unsicherheitsfaktoren. Einerseits werden Probleme der Informationsübertragung (Informationsverlust und -verfälschung) relevant, die aber unter Verhaltensunsicherheit (Opportunismus und beschränkte Rationalität) fallen. Andererseits können Probleme der Informationsübertragung innerhalb des Unternehmens für den Fall einer mangelhaften Kommunikationsstruktur entstehen, die aber durch geeignete Organisation entschärft werden können. Trotzdem verbleibt ein Rest Wirkungsunsicherheit, da die Gestaltungsparameter der Dienstleistung wegen der Interdependenz zu anderen Unternehmensbereichen nur mittelbar auf die Unternehmensziele wirken. Auf das Beispiel der Kundenbetreuung bezogen kann das bedeuten, daß selbst bei intensiver Kundenpflege die Nachfrage zurückgehen kann. Für die Transaktion leitet sich ein Maß an Unsicherheit ab, das geringer als bei Dienstleistungsgruppe 6, aber deutlich höher als bei Dienstleistungsgruppe 2 ausfällt und somit noch eine mittlere Ausprägung hat.

Die Transaktion ist aufgrund der Ausprägungen ihrer Dimensionen (vgl. Tab. 14) in die Unternehmenshierarchie einzubinden, und die Dienstleistungen der Gruppe 7 sind deshalb nicht zum Outsourcing geeignet.

Dienstleistungs- gruppe 7	Faktorspezifität	Häufigkeit	Unsicherheit
Kundenbetreuung	spezifisch	wiederkehrend	mittel

Tab. 14: Ausprägungen von Transaktionsdimensionen für Dienstleistungsgruppe 7

4.2.2.1.9   *Dienstleistungsgruppe 8*

Die Dienstleistungsgruppe 8 beinhaltet die funktionalen Dienstleistungen mit strategischer Bedeutung. Dienstleistungen dieser Art werden ausschließlich im Baustein der unterstützenden Einheiten erfaßt. Analog zu der Dienstleistungsgruppe 7 werden in der Gruppe 8 wiederum produktbezogene Dienstleistungen abgebildet, jedoch mit strategischer Bedeutung. Beispiele für diese Dienstleistungen sind Werbung, Lieferantenauswahl, Investitionsplanung, Außenfinanzierung und Marktforschung. Da zur Generierung von Beispielen von einem Unternehmen der Konsumgüterindustrie ausgegangen wurde, kommt der Marktforschung hohe praktische Bedeutung zu, so daß sie als prägnantes Beispiel für die Dienstleistungsgruppe 7 gewählt wird.

Da die Dienstleistungsgruppe 8 funktionale Dienstleistungen abbildet, kann hieraus direkt ein Mindestmaß an benötigter Kompetenz abgeleitet werden. Analog zu den Dienstleistungen der Gruppe 6 ist eine hohe Anforderung an die Fachkompetenz des Dienstleistungsanbieters festzustellen, die sich in einer qualifizierten Ausbildung, wie einem Studium, dokumentiert. Ferner kann ein hohes Maß an individueller Kompetenz festgestellt werden, das sich aus den hohen Anforderungen der spezifischen Ausbildung an die individuellen Fähigkeiten erklärt. Einschränkend wirkt hingegen der Faktor, daß zur Erstellung von Dienstleistungen der Gruppe 8 unterstützend jeweils eine Vielzahl an Verfahren existiert. Die Dienstleistungen der Gruppe 8 sind zwar nicht funktionsübergreifend, jedoch existieren für die Dienstleistungen der Gruppe 8, ähnlich wie bei denen der Gruppe 7, Interdependenzen zu anderen Unternehmensfunktionen und -bereichen. Aus dem daraus resultierenden Bedarf an Informationsaustausch kann ein Mindestmaß an kommunikativen Fähigkeiten abgeleitet werden. Zudem entsteht aufgrund der strategischen Bedeutung der Dienstleistungen der Gruppe 8 ein Abstimmungsbedarf mit der Führungsebene, wenn die Ergebnisse der Dienstleistungserstellung umzusetzen sind. Teamfähigkeit als weitere Dimension sozialer Kompetenz ist deshalb relevant für die Leistungserstellung, da diese, wie bei Dienstleistungsgruppe 7, vorzugsweise im Team erfolgt.

Am Beispiel der Marktforschung lassen sich die Kompetenzanforderungen wie folgt verdeutlichen. Zur eigenständigen Erstellung der Dienstleistung Marktforschung hat der Dienstleistungsanbieter zunächst ein Studium zu absolvieren, das die relevanten statistischen Methodenkenntnisse innerhalb der Marktforschung vermittelt. Auf diese Methoden kann dann im Rahmen der Dienstleistungserstellung zurückgegriffen werden. Allerdings ist ein Informationsaustausch mit anderen Unternehmensbereichen, wie der Produktentwicklung, sowie anderen Marketingmitarbeitern und Führungskräften für den Erstellungsprozeß durchaus relevant, was soziale Fähigkeiten erfordert.

Im Laufe der Abwicklung der Transaktion entwickelt der Dienstleister durch die Dienstleistungserstellung zudem Erfahrungen und Kenntnisse, was gemeinhin als Berufserfahrung bezeichnet wird. Insgesamt wird ein mittleres Maß an Humankapitalspezifität im engeren Sinne für die betrachtete Transaktion abgeleitet.

Die hier betrachteten Dienstleistungen haben weder Querschnittsfunktion noch gehören sie zu den Kernkompetenzen des Unternehmens. Neben den beschriebenen Interdependenzen zu anderen Unternehmensbereichen werden die strategischen Dienstleistungen der Gruppe 8 jedoch durch die Führungsebene umgesetzt und wirken sich auf das gesamte Unternehmen aus. Insofern ist es für den Dienstleistungsanbieter notwendig, Spezifika des Unternehmens bei der Dienstleistungserstellung zu berücksichtigen. Innerhalb der Marktforschung sind beispielsweise Informationen über die spezifischen Produkte des Unternehmens bei der Dienstleistungs- erstellung zu verarbeiten. Da das Unternehmen bei dieser Dienstleistungsgruppe aber nicht das Objekt der Dienstleistungserstellung darstellt, sind hier nicht so hohe Investitionen in Hum- ankapital wie für die Dienstleistungsgruppen 3 und 6 zu tätigen. Relativ zur Dienstleistungs- gruppe 5 werden die Investitionen zwar etwas höher sein, da die Integration des externen Faktors durch die involvierte Führungsebene für die Dienstleistungsgruppe 8 stärker ist, aber es handelt sich auch hier um gemischt-spezifische Investitionen. Auch die Humankapitalspezifität im weiteren Sinne nimmt eine mittlere Ausprägung an.

Es wurde festgestellt, daß die funktionalen Dienstleistungen nicht die Kernkompetenzen des Unternehmens repräsentieren. Dies bedeutet auch, daß diese Dienstleistungen nicht permanent zur Unterstützung der Unternehmensorganisation anzubieten sind. Dennoch haben die Dienst- leistungen der Gruppe 8 strategische Bedeutung. Die Dienstleistungen wirken somit langfristig und werden deshalb nur gelegentlich nachgefragt. In der Phase der Dienstleistungserstellung ist ein Bedarf an Informationsaustausch zwischen Dienstleistungsanbieter und -nachfrager gerade wegen der strategischen Bedeutung der Dienstleistungsgruppe 8 gegeben. Dieser Bedarf kann analog zur Dienstleistungsgruppe 3 hergeleitet werden. Bei der Erstellung der Dienstleistungen steht das Ergebnis und nicht der Prozeß im Vordergrund. Das Ergebnis stellt die vom Unterneh- men nachgefragte Leistung dar. Allerdings stellt bei der Dienstleistungsgruppe 3 nicht die Unternehmensorganisation das Objekt der Dienstleistungserstellung dar; die Integration des externen Faktors ist entsprechend geringer. Es ist insofern ausreichend, dem Bedarf des Informationsaustauschs mit Hilfe gegebener Kommunikationstechnologie kombiniert mit gelegentlichen persönlichen Treffen in Meilensteinsitzungen Rechnung zu tragen. Eine permanente persönliche Anwesenheit des Dienstleistungsanbieters während der Dauer der Transaktion ist nicht notwendig. Die Standortspezifität der Transaktion nimmt deshalb eine mittlere Ausprägung an.

Investitionen in zweckgebundene Sachwerte können die gemischte Spezifität der Transaktion verstärken und werden vom Dienstleistungsanbieter genau dann getätigt, wenn er wegen der Nachfrage des Unternehmens seine Kapazität erweitert. Es ist insgesamt zumindest eine gemischte Faktorspezifität für die Transaktion festzuhalten.

Die Dimension Häufigkeit ist nun entscheidend für die Einordnung der Transaktion in einen bestimmten Vertragstypus. Den entscheidenden Faktor für die Bemessung der Häufigkeit stellt aber, wie auch bei der Dienstleistungsgruppe 3, wiederum der Ergebnischarakter der Dienstleistungsgruppe 8 dar. Auch die funktionalen Dienstleistungen mit strategischer Bedeutung lassen sich als Projekte oder Aufträge auffassen, die mit dem Vorliegen des Ergebnisses des Erstellungsprozesses abgeschlossen sind. Aus der strategischen Bedeutung dieser Projekte für das Unternehmen kann eine langfristige Wirkung der Ergebnisse abgeleitet werden, die sicherstellt, daß die entsprechenden Transaktionen nur gelegentlich durchzuführen sind. Auf das Beispiel der Marktforschung bezogen läßt sich zunächst ein Auftrag, etwa eine Testmarktstudie für ein neues Produkt, formulieren, der die zu erstellende Dienstleistung darstellt. Der Dienstleistungsanbieter benötigt neben den Produktinformationen auch weitere Unternehmensinformationen über das Produktprogramm, die Wettbewerbssituation etc. Dieser Informationsaustausch findet schwerpunktmäßig zu Beginn des Projekts, aber auch projektbegleitend statt. Die Studie ist dann vom Dienstleistungsanbieter nach entsprechenden Verfahren im Rahmen eines Testmarktes durchzuführen. Die Ergebnisse sind dem Unternehmen als Abschluß des Projektes im Rahmen einer Präsentation vorzulegen. Die Abschlußpräsentation dokumentiert das Projektende. Die Dienstleistung ist somit zeitlich abgrenzbar und wird aufgrund ihrer langfristigen, strategischen Bedeutung nur gelegentlich durchgeführt.

Die Abwicklung der Transaktion über das neoklassische Vertragsrecht ergibt sich schon durch die Ausprägungen der Dimensionen Faktorspezifität und Häufigkeit. Die Dimension Unsicherheit der Transaktion ist jedoch für die in Abschnitt 4.3 konkrete Betrachtung der vertraglichen Gestaltung von Interesse. Ein Mindestmaß an Umweltunsicherheit leitet sich zunächst wiederum aus der strategischen Bedeutung und der Immaterialität der Dienstleistungen der Gruppe 8 ab. Die Unsicherheit zeigt sich beim Beispiel Marktforschung in der Unsicherheit über das Absatzpotential und -volumen des neuen Produktes.

Die Komplexität als zweiter Aspekt der Unsicherheit wird für die Dienstleistungen der Gruppe 8, wie auch bei der Gruppe 6, durch die Existenz von Verfahren und Methoden zur Unterstützung der Dienstleistungserstellung deutlich reduziert. Es sind jedoch kreative Anpassungsmaßnahmen für das die Dienstleistung nachfragende Unternehmen vorzunehmen, so daß ein Mindestmaß an Zustandsunsicherheit verbleibt. Die Wirkungsunsicherheit über die Akzeptanz des Dienstleistungsergebnisses im Unternehmen wird dadurch reduziert, daß sich die Dienstleistung einerseits nur auf eine Unternehmensfunktion und nicht auf die gesamte Organisation bezieht und daß andererseits bei externer Erstellung die Unternehmensleitung als Schnittstelle des Leistungsaustauschs die Akzeptanz selbst besser bewirken kann. Auch die Unsicherheit über die Umsetzung des Dienstleistungsergebnisses seitens des Unternehmens wird insofern reduziert, als Umsetzungsmaßnahmen schon Gegenstand der Dienstleistungserstellung der Gruppe 8 darstellen. Bspw. sind im Dienstleistungspaket Marktforschung die getesteten Maßnahmen der Produkteinführung enthalten. Das im Endeffekt resultierende Maß an Unsicherheit kann, auch relativ zu den anderen Dienstleistungsgruppen, weder als hoch noch als gering eingestuft werden, sondern nimmt entsprechend den obigen Ausführungen ein mittleres Maß an.

Die Transaktion Erstellung von Dienstleistungen der Gruppe 8 wird entsprechend der in der Tabelle 15 dargestellten Ausprägungen ihrer Dimensionen über das neoklassische Vertragsrecht (dreiseitige Überwachung) abgewickelt. Die Dienstleistungen der Gruppe 8 sind somit zum Outsourcing geeignet.

Dienstleistungs-gruppe 8	Faktorspezifität	Häufigkeit	Unsicherheit
Marktforschung	gemischt	gelegentlich	mittel

Tab. 15: Ausprägungen von Transaktionsdimensionen für Dienstleistungsgruppe 8

4.2.2.2 Resultierende Vertragstypen für die acht Dienstleistungsgruppen - die Outsourcing-Entscheidungen

Die nachstehende Abbildung 12 faßt die Zuordnung der acht Dienstleistungsgruppen zu den verschiedenen gemäß Abschnitt 3.2.4 in Frage kommenden Überwachungssystemen zusammen.

Zunächst werden nun die Dienstleistungsgruppen aus der weiteren Betrachtung ausgegrenzt, die nicht zum Outsourcing geeignet sind, sondern weiterhin unternehmensintern erstellt und angeboten werden sollten. Dies trifft genau auf die Transaktionen zu, die aus den angestellten transaktionskostentheoretischen Überlegungen heraus über die Hierarchie und somit über relationale Verträge mit einseitiger Überwachung (Vertragstyp 3b) abgewickelt werden. Aufgrund der vorangegangenen Untersuchung gehören dazu die Transaktionen der Dienstleistungsgruppen 1, 6 und 7. Die funktionsübergreifenden Dienstleistungen mit strategischer Bedeutung der oberen Führungsebene (Gruppe 1) werden permanent nachgefragt und stellen für das Unternehmen Organisationsleistungen mit Kernkompetenz und hoher strategischer Bedeutung dar. Die Dienstleistungen der Gruppe 6 repräsentieren ebenfalls die Kernkompetenz des Unternehmens und haben strategische Bedeutung. Auch wenn diese Dienstleistungen relativ zur Dienstleistungsgruppe 1 nur wiederkehrend und nicht permanent nachgefragt werden, ist das Ausmaß der Häufigkeit hinreichend dafür, daß die fixen Kosten der Einrichtung einer unternehmensinternen Überwachung der Transaktion sich amortisieren. Das Überwachungsmuster Hierarchie stellt sich somit als das transaktionskostengünstigste dar. Die Dienstleistungsgruppe 7 repräsentiert das Kerngeschäft des Unternehmens. Die permanente Erstellung dieser Dienstleistungen ist für die Unterstützung der Unternehmensprozesse und der Unternehmensziele notwendig. Diese Eigenschaften bedingen eine unternehmensinterne Erstellung, obwohl die Dienstleistungen der Gruppe 7 keine strategische Bedeutung haben.

Häufigkeit	Faktorspezifität		
	nichtspezifisch	gemischt	spezifisch
gelegentliche Transaktionen	1	2	
		(8)	(3)
wiederkehrende Transaktionen	(4)	3a	3b
		(2)	(1)
		(5)	(6)
			(7)

Abb. 12: Zuordnung der Dienstleistungsgruppen zu den Vertragstypen nach Williamson

Überlegungen zum Outsourcing werden zunächst für den Vertragstypus relationale Verträge mit zweiseitiger Überwachung (3a) relevant. Dieser Vertragstypus beinhaltet sowohl Vertragsformen des internen Outsourcing als auch Vertragsformen des externen Outsourcing. Die Erläuterung und Abgrenzung dieses Sachverhaltes bilden den Betrachtungsgegenstand des Abschnitts 4.3.1. Zwei der betrachteten Transaktionen fallen in das Feld dieses Vertragstypus: die Erstellung von Dienstleistungen der Gruppe 2 und die Erstellung von Dienstleistungen der Gruppe 5. Ob diese Dienstleistungsgruppen jeweils dem internen oder externen Outsourcing zuzuordnen sind, ist entsprechend den Aussagen des Abschnitts 4.3.1 und aus der daran anschließenden konkreten Transaktionskostenbetrachtung abzuleiten. Zunächst ist festzuhalten, daß die Transaktion Erstellung der Dienstleistungsgruppe 2 sich durch eine gemischte Faktorspezifität und eine wiederkehrende Häufigkeit auszeichnet, was trotz geringer Unsicherheit hinreichend für eine Abwicklung der Transaktion über relationale Verträge mit zweiseitiger

Überwachung ist. Die für den Dienstleistungsanbieter zu tätigenden gemischt-spezifischen Investitionen resultieren für die Dienstleistungsgruppe 2 im wesentlichen aus der Sachkapitalspezifität und der Standortspezifität. Die Dienstleistungen der Gruppe 2 repräsentieren ferner das "Kerngeschäft" des Unternehmens. Die Transaktion Erstellung von Dienstleistungen der Gruppe 5 zeichnet sich ebenfalls durch gemischte Faktorspezifität und wiederkehrende Häufigkeit aus. Spezifität ist hier bedingt durch die Querschnittsfunktion der Dienstleistungen der Gruppe 5, die einen Anpassungsaufwand der Dienstleistungserstellung an die Unternehmensspezifika verursacht. Der Routinecharakter der Dienstleistungen der Gruppe 5 schlägt sich in der hohen Ausprägung der Dimension Häufigkeit nieder. Jedoch nimmt die Unsicherheit ein mittleres Ausmaß und somit relativ zur Dienstleistungsgruppe 2 ein höheres Ausmaß an. Dieser Punkt schlägt sich bei der konkreten Vertragsgestaltung insofern nieder, als die Vertragsform der Transaktion Dienstleistungserstellung für die Gruppe 5 relativ zu der für Gruppe 2 näher an der Hierarchie liegt. Die differenzierte Betrachtung der vertraglichen Gestaltung und der Transaktionskosten der Dienstleistungsgruppen 2 und 5 erfolgt in Kapitel 4.3.2.3 bzw. 4.3.3.

Im Rahmen neoklassischer Verträge ist grundsätzlich externes Outsourcing durchzuführen.[411] Das neoklassische Vertragsrecht wird auf die Dienstleistungsgruppen 3 und 8 angewendet. Die Erstellung beider Dienstleistungsgruppen wird durch externe Vergabe von Projekten ausgelagert. Allerdings werden die Verträge zur transaktionskostengünstigen Abwicklung der Transaktionen unterschiedlich zu gestalten sein, damit den unterschiedlichen Ausprägungen der Dimensionen der Transaktionen Rechnung getragen wird. Die Transaktion Erstellung von Dienstleistungen der Gruppe 3 ist durch hohe Spezifität und Unsicherheit gekennzeichnet, wohingegen die Transaktion Erstellung von Dienstleistungen der Gruppe 8 sich nur durch eine gemischte Spezifität auszeichnet und Unsicherheit nur in mittlerer Höhe unterworfen ist. Diese Abweichungen werden im wesentlichen dadurch bedingt, daß die Erstellung der funktionsübergreifenden Dienstleistungen der Gruppe 3 das unternehmensinterne Know-How übersteigt, was für die funktionalen, aber ebenfalls strategischen Dienstleistungen der Gruppe 8 nicht zutrifft. Funktionale Dienstleistungen der Gruppe 8 werden zwar nur gelegentlich, aber in Relation zu den Dienstleistungen der Gruppe 3 doch häufiger nachgefragt. Diese Unterschiede zwischen den

---

411   Vgl. dazu Abschnitt 4.1.

Dienstleistungsgruppen werden sich in der Interpretation der Transaktionskosten für die jeweiligen Verträge deutlich niederschlagen.

Die am stärksten marktlich geprägte Koordinationsform des externen Outsourcing stellt der Fremdbezug von Dienstleistungen auf der Basis klassischer Verträge dar. Die Transaktion Erstellung von Dienstleistungen der Gruppe 4 ist durch geringe Spezifität und geringe Unsicherheit gekennzeichnet und wird wiederkehrend durchgeführt. Es handelt sich bei den Dienstleistungen der Gruppe 4 um Standardleistungen, die weder die Wettbewerbsposition des Unternehmens determinieren noch seine Kernkompetenz repräsentieren. Dementsprechend ist die Erstellung der Dienstleistungsgruppe 4 auszulagern.

4.2.3 Zwischenergebnis

Die transaktionskostentheoretische Betrachtung hat gezeigt, daß die aus der betriebswirtschaftlichen Literatur zum Outsourcing gewonnenen Hypothesen zur organisatorischen Gestaltung unternehmensinterner Dienstleistungen (vgl. Abschnitt 4.2.1) nicht immer bestätigt werden können.

Die Hypothese, daß die Dienstleistungen der Gruppe 1 unternehmensintern erstellt werden sollen, kann durch die Untersuchung nicht widerlegt werden. Für die Dienstleistungsgruppe 2 ergibt sich jedoch ein abweichendes Ergebnis von der Hypothese der unternehmensinternen Erstellung; die Erstellung dieser Dienstleistungen ist nach Anwendung der Transaktionskostentheorie auszugliedern oder auszulagern. Auch für die Dienstleistungsgruppe 3 ergibt sich mit dem Ergebnis des externen Outsourcing eine Abweichung von der Hypothese des internen Outsourcing. Übereinstimmung wurde hingegen wieder für die Dienstleistungsgruppe 4 festgestellt; die Erstellung dieser Dienstleistungen sollte ausgelagert werden. Für die Dienstleistungsgruppe 5 kann die Hypothese der Auslagerung noch nicht widerlegt werden, da zunächst nur das Ergebnis vorliegt, daß keine Eigenerstellung vorgenommen werden soll. Ob die Erstellung der Gruppe 5 jedoch ausgelagert oder doch im Gegensatz zur Hypothese ausgegliedert werden soll, ist erst durch eine Transaktionskostenbetrachtung endgültig zu klären. Für die Dienstleistungsgruppe 6 wird die Hypothese der unternehmensinternen Erstellung bestätigt. Für die Dienstleistungsgruppen 7 und 8 sind die Hypothesen zu verwerfen. Dienstleistungsgruppe 7 ist aufgrund der Anwendung der Transaktionskostentheorie nicht auszulagern, sondern unternehmensintern zu erstellen. Die Dienstleistungen der Gruppe 8 sind hingegen nicht unternehmensintern zu erstellen, sondern auszulagern. Lediglich für die Dienstleistungsgruppen 1, 4 und 6 befinden sich die Ergebnisse dieser Untersuchung somit in unmittelbarer Übereinstimmung mit den Erkenntnissen der ausgewerteten Literatur.

Im wesentlichen werden die Ergebnisabweichungen durch die ausdrückliche Einbeziehung der transaktionskostentheoretischen Dimension Häufigkeit in die Betrachtung verursacht. Die Transaktionskostentheorie geht davon aus, daß die Einrichtung eines spezifischen, unternehmensinternen Überwachungssystems Investitionen verursacht, die sich nur bei häufiger Durchführung der Transaktion amortisieren. Das führt aber zu der Konsequenz, daß sich eine unternehmensinterne Erstellung der Dienstleistungen der Gruppe 8 und eine Ausgliederung von Dienstleistungen für Gruppe 3 nicht lohnen, weil diese Dienstleistungsgruppen im Unternehmen zu selten nachgefragt werden. Die Dienstleistungen der Gruppe 7 werden hingegen häufig nachgefragt, so daß sich die unternehmensinterne Abwicklung bei gegebener Spezifität der Transaktion lohnt.

Die zweite Ursache für die differierenden Ergebnisse liegt in der unterschiedlichen Interpretation des Merkmals strategischer Bedeutung von Dienstleistungen. Der transaktionskostentheoretische Ansatz subsumiert dieses Merkmal unter die Transaktionsdimension Unsicherheit und beurteilt es darüber hinaus in Abhängigkeit von den Ausprägungen der beiden anderen Transaktionsdimensionen. Dagegen wird der strategischen Bedeutung von Dienstleistungen in der betrachteten Outsourcing-Literatur eine isolierte und dominante Relevanz für unternehmerische Outsourcing-Entscheidungen zugewiesen. Diese Betrachtungsweise führt im Gegensatz zur transaktionskostentheoretischen Betrachtung zu einer unternehmensinternen Erstellung der Dienstleistungsgruppe 8.

Die teilweise gegensätzliche Bewertung wird dadurch verschärft, daß Dienstleistungen mit strategischer Bedeutung in der herangezogenen Outsourcing-Literatur als Leistungen mit Kernkompetenzen fehlinterpretiert werden.[412] Die strategische Bedeutung einer Dienstleistung impliziert keineswegs zwangsläufig, daß es sich um eine Kernkompetenz des Unternehmens handelt.[413] In der Transaktionskostentheorie wird die Eigenschaft der Kernkompetenz deshalb vollkommen unabhängig als ein Aspekt der Spezifität einer Transaktion erfaßt. Der Dienstleister hat dementsprechend in den Aufbau unternehmensspezifischen Wissens zu investieren. Für die Organisation der Transaktion Erstellung der Dienstleistungsgruppe 2 ist Spezifität aufgrund der Investitionen in unternehmensspezifisches Wissen gegeben, wenn auch nur in einem mittleren Ausmaß. Diese Transaktion unterliegt aber keiner Unsicherheit, obwohl die Dienstleistungen der Gruppe 2 die Kernkompetenz des Unternehmens unterstützen.

Die Überlegenheit des transaktionskostentheoretischen Ansatzes für die Analyse von Outsourcing-Entscheidungen ist durch die umfassende und systematische Überprüfung der Hypothesen deutlich geworden. Zudem läßt sich durch die transaktionskostentheoretische Betrachtung zeigen, über welchen Vertragstypus die jeweiligen Outsourcing-Entscheidungen abzuwickeln sind. Bevor im nächsten Kapitel weitere Vorteile des Ansatzes aufgezeigt werden, läßt sich an dieser Stelle zunächst folgendes Fazit ziehen:

–   Dienstleistungen, die geringer Unsicherheit unterworfen sind und sich durch geringe Faktorspezifität auszeichnen, sind unabhängig von der Häufigkeit, mit der sie unternehmensintern nachgefragt werden, auf der Basis klassischer Verträge über den Markt zu beziehen und somit dem externen Outsourcing zuzuordnen. Diese Dienstleistungsgruppe wird durch die funktionsfreien Dienstleistungen der Gruppe 4 abgebildet.

–   Dienstleistungen, die sich durch gemischte oder hohe Faktorspezifität auszeichnen und selten durchgeführt werden, fallen ebenfalls - unabhängig von ihrer strategischer Bedeutung - in den Organisationsbereich des externen Outsourcing und werden über

---

412   Auf diesen Punkt wurde schon an verschiedenen Stellen der Arbeit eingegangen, vgl. Abschnitt 4.2.2.1.1 der Arbeit.

413   Diese Diskrepanz wird gerade am Beispiel der Dienstleistungsgruppe 3 deutlich, die eine hohe strategische Bedeutung hat, aber keineswegs eine Kernkompetenz des Unternehmens darstellt, sondern dessen Kompetenz sogar überschreitet.

neoklassische Verträge abgewickelt. Diese Dienstleistungsgruppe wird zum einen aus den funktionsübergreifenden, strategischen Dienstleistungen mit Know-How-Barrieren[414] (Gruppe 3) und zum anderen aus funktionalen Dienstleistungen mit strategischer Bedeutung (Gruppe 8) gebildet.

– Dienstleistungen, die sich durch gemischte Faktorspezifität auszeichnen und wiederkehrend durchgeführt werden, unterliegen ebenfalls - sofern sie nicht ausgeprägt hoher Unsicherheit ausgesetzt sind - dem internen oder externen Outsourcing und werden über relationale Verträge abgewickelt. Diese Dienstleistungsgruppe wird durch funktionale, operative Dienstleistungen (Gruppe 2) sowie funktionsübergreifende Dienstleistungen ohne strategische Bedeutung (Gruppe 5) gebildet.

– Ausschließlich solche Dienstleistungen, die sich durch hohe Faktorspezifität auszeichnen, häufig unternehmensintern nachgefragt werden und in einem nicht-trivialen Maße Unsicherheit unterliegen, werden unternehmensintern erstellt und nicht vertikal desintegriert. Zu dieser Dienstleistungsgruppe gehören die funktionsübergreifenden, strategischen Dienstleistungen des dispositiven Faktors (Gruppe 1), die funktionsübergreifenden, strategischen Dienstleistungen ohne Know-How-Barrieren (Gruppe 6) sowie funktionale Dienstleistungen ohne strategische Bedeutung (Gruppe 7).

---

414 Es ist an dieser Stelle anzumerken, daß Dienstleistungen mit Know-How-Barrieren nicht grundsätzlich outzusourcen sind. Existieren für eine Leistungserstellung Know-How-Barrieren erhöht sich die Faktorspezifität der Transaktion über die Humankapitalspezifität. Die zunehmende Spezifität wirkt ceteris paribus aber in Richtung Eigenerstellung der Transaktion. Gerade wenn die Transaktion häufiger durchgeführt wird, ist der Zukauf des entsprechenden Humankapitals für das Unternehmen transaktionskosteneffizient. Diese Kosten der Einbindung der Transaktion in die Unternehmenshierarchie können sich bei häufiger Durchführung amortisieren. Die Dienstleistungsgruppe 3 wird jedoch sehr selten nachgefragt, so daß die unternehmensinterne Erstellung nicht effizient ist.

4.3 Eine Transaktionskostenuntersuchung zur vertraglichen Gestaltung der Outsourcing-Entscheidungen

4.3.1 Zum Zusammenhang von Überwachungssystemen, Outsourcing- und Vertragsformen

Aus der vertragstheoretischen[415] Perspektive wird jede Organisationsform zur arbeitsteiligen Leistungserstellung - auch die hierarchische Organisationsform des Unternehmens - als "nexus of treaties"[416] gesehen, d. h. als ein Netz von Verträgen. Verträge verursachen Transaktionskosten; Verträge sind genau dann effizient gestaltet, wenn sie zur Abwicklung einer Transaktion die geringsten Transaktionskosten verursachen. Um die aus Kapitel 4.2 gewonnenen Outsourcing-Entscheidungen mit Hilfe effizienter Verträge konkret zu gestalten, werden deshalb im folgenden Transaktionskosten betrachtet.

Vorab ist der Zusammenhang zwischen externem und internem Outsourcing als zwei zunächst abstrakten Organisationsformen einerseits und konkreten Vertragsformen andererseits zu beleuchten. Das externe Outsourcing wurde als die Auslagerung der Erstellung (einer Gruppe) von unternehmensinternen Dienstleistungen an ein rechtlich selbständiges und kapitalmäßig unabhängiges Unternehmen, den Dienstleistungsanbieter, definiert. Das externe Outsourcing kann auf der Basis klassischer, neoklassischer und relationaler Verträge abgewickelt werden. Das interne Outsourcing, definiert als Ausgliederung unternehmensinterner Dienstleistungen in ein kapitalmäßig verbundenes, aber rechtlich selbständiges Unternehmen, wird ausschließlich über Vertragsformen des relationalen Vertragsrechts abgewickelt. Das externe Outsourcing nimmt somit vertragstheoretisch ein wesentlich breiteres Spektrum an Vertragstypen als das interne Outsourcing ein. Das Überwachungsmuster relationale Verträge mit einseitiger Überwachung beinhaltet hingegen keinerlei Outsourcing-Organisationsformen, da hier alle Transaktionen innerhalb einer rechtlichen Einheit organisiert werden. Die Unternehmenshierarchie

---

415   Es existieren Ansätze, Outsourcing-Verträge aus der Perspektive der Unternehmenspraxis zu gestalten. Diese sind jedoch auf spezielle Fälle zugeschnitten und geben keine generellen Ansatzpunkte, vgl. bspw. K. Sommerlad [1993] und H. Richter [1993].

416   Vgl. I. Macneil [1974], S. 693.

bildet diese rechtliche Einheit, die per Anweisung (über arbeitsrechtliche Dienstverträge und Arbeitsverträge) funktioniert.[417]

Den Überwachungssystemen nach WILLIAMSON (vgl. Abbildung 8) und damit dem externen und internen Outsourcing sollen konkrete Vertragsformen zugeordnet werden, um auf ihrer Grundlage die Interpretation der Transaktionskosten vornehmen zu können. Das System der marktlichen Überwachung mit klassischen Verträgen (Feld 1) beinhaltet Vertragsformen, wie Kauf-, Werk- und nicht-arbeitsrechtliche Dienstverträge[418], solange diese dem vollständigen und expliziten Charakter des klassischen Vertragsrechts entsprechen[419]. Das System der dreiseitigen Überwachung durch neoklassische Verträge (Feld 2) umfaßt alle zeitraumorientierten Rahmenverträge und zeitlich befristeten zwischenbetrieblichen Kooperationsverträge, die dem unvollständigen aber expliziten Charakter des neoklassischen Vertragsrechts entsprechen.[420] Das dritte Überwachungssystem, dem relationale Verträge mit zweiseitiger Überwachung zugrunde liegen, ist von besonderem Interesse, da es sowohl Vertragsformen des externen Outsourcing beinhaltet (auf Dauer angelegte Kooperationsformen) als auch Vertragsformen des internen Outsourcing (Beherrschungsformen), wobei beide Arten von Vertragsformen dem impliziten und unvollständigen Charakter des relationalen Vertragsrechts entsprechen.

---

417   Auch die populäre Möglichkeit der Bildung von Profitcentern gehört in dieses Feld. Diese wird nicht als Organisationsform des Outsourcing verstanden, da Leistungen nicht auf eine rechtlich selbständige Einheit übertragen werden, obwohl hier ähnlich wie bei der Bildung von Zentralbereichen eine erhebliche Entscheidungsautonomie geschaffen wird.

418   Als Grundlage für die Definition dieser Vertragsformen wird das Bürgerliche Gesetzbuch herangezogen; Dienstvertrag im zweiten Buch, sechster Titel, § 611; Kaufvertrag im zweiten Buch, erster Titel, § 433 und Werkvertrag im zweiten Buch, siebenter Titel, §631.

419   Die Problematik besteht hier aufgrund der geltenden Vertragsfreiheit in der Unmöglichkeit einer robusten Zuordnung, da bspw. selbst ein Kaufvertrag so gestaltet sein kann, daß dieser dem neoklassischen Vertragsrecht zuzuordnen ist.

420   Eine Konkretisierung neoklassischer Verträge durch Vertragsformen gestaltet sich schwierig. Aus der Tatsache heraus, daß der Werkvertrag - solange dieser den Charakteristika des neoklassischen Vertragsrechts entspricht - hier wiederum Anwendung erfährt, wird deutlich, daß eine robuste Zuordnung von Vertragsformen zu den Vertragstypen klassisch, neoklassisch und relational gar nicht möglich ist. Diese Erkenntnis dokumentiert sich auch bei Kooperationsformen/-verträgen, die je nach Ausgestaltung entweder den neoklassischen oder relationalen Verträgen entsprechen. Die fehlende Möglichkeit der robusten Zuordnung erschwert demzufolge auch eine explizite Beispielgebung und resultiert aus der Vertragsfreiheit, die Abschlußfreiheit und Inhaltsfreiheit beinhaltet. Die ökonomische Funktion der Vertragsfreiheit liegt darin, daß sie in einem funktionsfähigen Wettbewerbssystem die Ressourcen an den Ort ihrer wertvollsten Verwendung steuert, vgl. H.-B. Schäfer und C. Ott [1995], S. 321.

Zur Abgrenzung des externen und internen Outsourcing innerhalb des relationalen Vertragsrechts (Feld 3a) sollen die entsprechenden Vertragsformen, einerseits Kooperations- und andererseits Beherrschungsformen, voneinander abgegrenzt und mit Beispielen verdeutlicht werden. Aus der mangelnden Vereinheitlichung des Begriffs der Kooperation in der betriebswirtschaftlichen Literatur resultieren erhebliche Schwierigkeiten für die Abgrenzung von Kooperationsformen. Die Definition des Begriffs "Kooperation" umfaßt eine Vielfalt von Formen des Zusammenwirkens von Unternehmen und reicht somit von lockeren Absprachen bis mitunter hin zu unterschiedlichen Formen der Kapitalbeteiligung[421]. Für den Zweck dieser Arbeit ist die Trennung von Kooperationsformen und Beherrschungsformen wesentlich, um eine trennscharfe Identifikation des externen und internen Outsourcing herzustellen. Deshalb wird Kooperation hier als Ausdruck einer mittel- bis langfristig angelegten, vertraglich geregelten Zusammenarbeit rechtlich selbständiger Unternehmen zur freiwilligen, gemeinschaftlichen Erfüllung von Aufgaben (Dienstleistungen) definiert.[422] Die Freiwilligkeit[423] der gemeinschaftlichen Aufgabenerfüllung als wesentliches Merkmal der Kooperation ist hinreichend dafür, Beherrschungsformen aus den Kooperationsformen auszuschließen. Im Gegensatz zu kooperativen Formen der Zusammenarbeit bestehen bei Beherrschungsformen durch Kapitalbeteiligungen nämlich einseitige Abhängigkeitsverhältnisse.[424] Beherrschungsformen entsprechen aufgrund ihres Merkmals der kapitalmäßigen Verflechtung dem internen Outsourcing und besitzen wegen der eingeschränkten wirtschaftlichen Selbständigkeit des abhängigen Unternehmens einen hierarchienäheren Charakter als Kooperationsformen. Beherrschungsformen sind somit eher geeignet, zunehmende Unsicherheit einer Transaktion zu bewältigen, als Kooperationsformen. Deshalb ist die Transaktion Erstellung von Dienstleistungen der Gruppe 5 über eine Beherrschungsform innerhalb des internen Outsourcing abzuwickeln. Zur Überwachung der Transaktion Erstellung von Dienstleistungen der Gruppe 2, die nur geringer Unsicherheit unterworfen ist, reicht hingegen eine Kooperationsform innerhalb des externen Outsourcing aus.

Kooperationsformen, die dem relationalen Vertragsrecht entsprechen, beruhen auf impliziten,

---

421 Vgl. E. Scherm [1996], S. 54; C. Baur [1990], S. 104 sowie E. Thelen [1993], S. 46 f.

422 Vgl. J. Rotering [1993], S. 13 sowie auch M. Rupprecht-Däullary [1994], S. 16.

423 Vgl. H. Papenheim-Tockhorn [1995], S. 12 und E. Thelen [1993], S. 48.

424 Siehe A. Picot et al. [1996], S. 285.

auf gegenseitiges Vertrauen gründenden Vereinbarungen, und sie sind auf Dauer - zeitlich unbefristet - angelegt. Beispiele für relationale Kooperationsverträge sind Entwicklungskooperationen, strategische Netzwerke und japanische Zulieferbeziehungen[425]. Unter vertikale Beherrschungsformen werden nach BAUR[426] neben der Kapitalbeteiligung noch die Formen quasivertikale Integration, vertikale Quasi-Integration, de facto-vertikale Integration, partielle Integration sowie Lizenzen subsumiert. Für den Untersuchungsgegenstand des Outsourcing ist neben der Kapitalbeteiligung auch die Gründung einer Tochtergesellschaft[427] als eine Form des internen Outsourcing von exemplarischer Bedeutung.

Im Rahmen der folgenden Transaktionskostenbetrachtung werden die Dienstleistungen betrachtet, für die gemäß der transaktionskostentheoretischen Analyse innerhalb des vorangegangenen Kapitels eine positive Outsourcing-Entscheidung getroffen wurde. Die einzelnen Outsourcing-Entscheidungen sind nun sukzessive in der Weise vertraglich zu gestalten, daß möglichst geringe Transaktionskosten verursacht werden. Der Analyse wird der tendenzielle Zusammenhang von Transaktionsfaktoren und Transaktionskostenarten zugrunde gelegt, wie er in Abschnitt 3.3.3.1 (vgl. Tab. 6) ausgeführt wurde.

## 4.3.2	Externes Outsourcing

4.3.2.1 Gestaltung durch klassisches Vertragsrecht

Die Transaktion Erstellung der Dienstleistungsgruppe 4 wird über klassische Verträge abgewik-

---

425		Vgl. hierzu C. Baur [1990], S. 111, A. Picot et al. [1996], S. 281 sowie A. Picot et al. [1997], S. 19.

426		Siehe C. Baur [1990], S. 286.

427		Die Beherrschungsformen Kapitalbeteiligung und Gründung einer Tochtergesellschaft stellen in der betrieblichen Praxis zwei Arten der Ausgliederung unternehmerischer (Dienst-) Leistungen dar. Eine Ausgliederung im engeren Sinne liegt dann vor, wenn die auszugliedernden Leistungen auf ein bereits bestehendes Unternehmen übertragen werden, vgl. A. Heinzl und J. Weber [1993], S. 38. Bei einer Ausgründung geht die Leistungsausgliederung hingegen mit der Neugründung einer rechtlich selbständigen Tochtergesellschaft einher. Eine Ausgründung wird zweistufig vorgenommen, vgl. T. Ruthekolck und C. Kelders [1993], S. 58. In der ersten Stufe erfährt das ausgegründete Unternehmen rechtliche Selbständigkeit, befriedigt zunächst aber nur die Nachfrage der Muttergesellschaft. Diese verpflichtet sich wiederum dazu, die ausgegliederten Dienstleistungen für einen bestimmten Zeitraum ausschließlich bei der Tochtergesellschaft nachzufragen (In-house-Geschäfte). In der zweiten Stufe erfolgt dann für beide Unternehmen die Marktöffnung. Voraussetzung einer Ausgründung ist deshalb, daß die Erstellung der ausgegliederten Dienstleistungen ausreichend für die Existenzfähigkeit eines Unternehmens (Tochtergesellschaft) ist.

kelt. Diese Transaktion wird häufig durchgeführt, ist keiner hohen Unsicherheit ausgesetzt und zeichnet sich durch geringe Faktorspezifität aus. Aufgrund dieser Ausprägungen der Transaktionsdimensionen ist die Transaktion Erstellung von funktionsfreien Dienstleistungen an einen externen Dienstleister auszulagern. Aus den Dimensionsausprägungen kann ferner die Schlußfolgerung gezogen werden, daß die Transaktionskosten hier in den Hintergrund treten und die Produktionskosten - die Erstellungskosten der Dienstleistung - den Preis der Dienstleistung fast ausschließlich bestimmen; der Abschluß eines Standardvertrags verursacht eben geringe Kosten der Anbahnung und der Durchführung. Der Prozeß der konkreten Vertragsgestaltung der Transaktion verursacht Transaktionskosten und soll im folgenden durch eine Diskussion der Transaktionskostenarten abgeleitet werden.

Transaktionen der Dienstleistungsgruppe 4 lassen sich aufgrund der geringen Faktorspezifität als Standardtransaktionen charakterisieren. Weder aus Sicht des Anbieters (Dienstleister) noch aus der Perspektive des Nachfragers (Unternehmen) besteht Ex-ante-Spezifität. Es tritt deshalb keine Small-Numbers-Situation auf. Anbahnungskosten sind vernachlässigbar, da zum einen genügend Transaktionspartner auf beiden Marktseiten existieren und zum anderen Markttransparenz für die betrachtete Standardtransaktion besteht. Die Beschaffung von Informationen über die potentiellen Vertragspartner wird dadurch erleichtert, daß die Komplexität der Dienstleistungen (z.B. Kantinenverpflegung) äußerst gering ist. So ist vom Unternehmen[428] im wesentlichen nur der Angebotspreis vom Dienstleistungsanbieter einzuholen.

Vereinbarungskosten werden durch den Verhandlungsprozeß mit dem ausgewählten Transaktionspartner verursacht. Die Dienstleistungen der Gruppe 4 sind völlig unabhängig von den im Unternehmen ablaufenden spezifischen Prozessen zu erstellen. Gegenstand der Vertragsverhandlung zwischen den Transaktionspartnern sind deshalb nur die Festlegung der (Dienst-) Leistung, der Preis der Leistung und die Laufzeit des Vertrags. Die geringe Spezifität der

---

428   An dieser Stelle ist zu betonen, daß grundsätzlich ausschließlich der Perspektive des Unternehmens als Transaktionspartner auf der Nachfragerseite nach unternehmensinternen, funktionsfreien Dienstleistungen gefolgt wird. Die Transaktion ist so abzuwickeln bzw. vertraglich zu gestalten, daß für das Unternehmen die Transaktionskosten so gering wie möglich gehalten werden. Wird die Vertragsgestaltung durch Größen beeinflußt, die durch die Transaktionspartner induziert werden, ist natürlich auch der Perspektive der oder des Transaktionspartner(s) des Unternehmens zu folgen.

Transaktion senkt die Vereinbarungskosten, da ein Wechsel des Transaktionspartners wegen der großen Anzahl anderer Dienstleister grundsätzlich möglich ist. Die betrachtete Dienstleistung wird vom Unternehmen zwar dauerhaft nachgefragt; da der Erstellungsprozeß der Leistung aber täglich neu abläuft, ist ein Wechsel zu anderen Anbietern auch kurzfristig möglich. Die Leistung kann klar beschrieben und abgegrenzt werden, weil nicht der immaterielle Leistungserstellungsprozeß, sondern sein materielles Ergebnis den Vertragsgegenstand darstellt. Die Integration des externen Faktors (des Unternehmens) beschränkt sich zudem auf die vom Unternehmen verursachten Nachfrageschwankungen, auf die der Dienstleister zu reagieren hat. Darüber hinaus ist das Unternehmen nicht in den Erstellungsprozeß involviert. Die Marktfähigkeit der Dienstleistungen der Gruppe 4 sichert, daß die Leistungen Marktpreise haben, die den Spielraum für Verhandlungen verringern. Wegen der geringen Möglichkeiten, aber auch wegen der fehlenden Notwendigkeit der inhaltlichen Gestaltung des Vertrags, werden Vereinbarungskosten nur in geringem Ausmaß verursacht.

Kontrollkosten werden für Maßnahmen verursacht, die der Sicherung der Durchführung und der Einhaltung der Leistungsvereinbarungen des der Transaktion zugrundeliegenden Vertrags dienen. Die Qualitätssicherung der vertraglichen Leistung stellt für die Transaktion Erstellung von Dienstleistungen der Gruppe 4 eine solche Maßnahme dar. Aufgrund des materiellen Ergebnisses ist eine Qualitätsbeurteilung bzw. -bewertung der Dienstleistungen durch das nachfragende Unternehmen möglich. Die hohe Häufigkeit, mit der die Transaktion durchgeführt wird, ermöglicht zudem eine ständige Überwachung des Dienstleisters. Deshalb ist die Einrichtung eines Schnittstellenmanagements nicht notwendig. Ein weiterer kostensenkender Faktor besteht darin, daß eine Aufrechterhaltung der Transaktionsbeziehung innerhalb des klassischen Vertragsrechts nicht per se intendiert ist, sondern bei mangelnder Qualität der Dienstleistung der Vertrag einer gerichtlichen Auseinandersetzung zugeführt wird. Eine Beendigung des Vertragsverhältnisses ist die Konsequenz, die von beiden Vertragsseiten in Kauf genommen wird. Die geringe Faktorspezifität der Transaktion stellt in diesem Fall sicher, daß die in die Transaktionsbeziehungen getätigten Investitionen jederzeit ohne Wertverlust anderen Verwendungszwecken zugeführt werden können. Diese Zusammenhänge gelten auch dann, wenn keine Zeitpunktorientierung, sondern eine Zeitraumorientierung vorliegt. Da die Transaktion nicht komplex ist und nur geringer Unsicherheit unterworfen ist, können trotz beschränkter Rationalität der Vertragspartner alle zum Zeitpunkt des Vertragsabschlusses antizipierbaren Umweltzustände vertraglich geregelt werden.

Gerade die geringe Unsicherheit, der die Transaktion unterworfen ist, führt auch zu einer Senkung der Anpassungskosten, die für Anpassungsmaßnahmen des Vertrags an veränderte Bedingungen innerhalb der Vertragslaufzeit anfallen. Aufgrund der Tatsache, daß die Dienstleistungen der Gruppe 4 keine strategische Bedeutung haben, wirken sie weder langfristig noch beeinflussen sie direkt die Wettbewerbsposition des Unternehmens. Deshalb sind die Einflußgrößen der Dienstleistungserstellung von denen des Unternehmens zu trennen. Es ist daher keine explizite Vereinbarung über Anpassungsmaßnahmen im Zeitablauf der Transaktion notwendig. Den im Zeitablauf eintretenden Veränderungen ist ausschließlich mit Anpassungsmaßnahmen seitens des Dienstleisters zu begegnen, der das unternehmerische Risiko trägt, das ihm über den Preis der Dienstleistung abgegolten wird. Schwankungen der Nachfragemenge sind schon aufgrund der Isolierbarkeit der Dienstleistung weitgehend einplanbar. Für Schwankungen der Nachfragemenge im Zeitablauf können bei Vertragsabschluß Preisstaffeln explizit vereinbart werden. Eine fundamentale Transformation kann nicht auftreten, da keine transaktionsspezifischen Investitionen getätigt werden, die zu einer Ex-post-Spezifität der Transaktion führen könnten. Anpassungskosten werden somit kaum verursacht.

Informationskosten tragen der Verhaltensannahme der beschränkten Rationalität Rechnung, die bei Unsicherheit zum Problem wird. Die hier betrachtete Transaktion ist nur geringer Unsicherheit unterworfen, so daß der Abschluß eines klassischen Vertrags nicht durch prohibitiv hohe Informationskosten verhindert wird. Darüber hinaus spiegeln die Informationskosten aber auch Möglichkeiten der Informationsverfälschung wider, die sich unter simultaner Existenz von Unsicherheit und Opportunismus eröffnen. Wegen der geringen Unsicherheit, der die Transaktion unterworfen ist, ist die Gefahr der Informationsverfälschung nicht relevant und somit werden dadurch auch keine Informationskosten verursacht.

Vertrauenskosten sind schließlich für vertrauensbildende Maßnahmen und Vereinbarungen aufzuwenden, wenn Opportunismus zum Problem wird. Dies ist zum ersten bei vorliegender Spezifität der Fall, die sich im Small-Numbers-Problem (Ex-ante-Spezifität) und/oder in der fundamentalen Transformation (Ex-post-Spezifität) dokumentiert. In diesen Situationen entsteht durch Opportunismus das als Hold-up-Problem bezeichnete Verhaltensrisiko eines Vertragspartners. Mangels vorliegender Spezifität entsteht für diese Transaktion dieses Problem nicht, und somit fallen keine Vertrauenskosten an.

Aus der Diskussion der Transaktionskostenarten, die durch die Vertragsgestaltung des Leistungsaustauschs der Dienstleistungen der Gruppe 4 verursacht werden, wird ihre geringe Relevanz bezüglich der organisatorischen und vertraglichen Gestaltung deutlich. Erstens stellt das (materielle) Ergebnis des Erstellungsprozesses der Dienstleistung und nicht dieser selbst den Gegenstand des abzuschließenden Vertrags dar. Zweitens findet die Integration des externen Faktors (des Unternehmens) in den Erstellungsprozeß gar nicht statt, sondern die Interaktion der Vertragspartner bleibt auf den Leistungsaustausch an der Schnittstelle von Unternehmen und Dienstleister beschränkt. Die betrachtete Dienstleistung der Gruppe 4 rückt somit nahe an das Wesen von Sachgütern, die das Objekt klassischer Make-or-Buy-Entscheidungen[429] darstellen. Es handelt sich somit um eine Transaktion, für die Isolierbarkeit und Vorwegnahme[430] gilt, so daß sie über klassische Verträge abzuwickeln ist. Nur die hohe Häufigkeit der Transaktion bewirkt, daß die Identität der Vertragspartner nicht völlig belanglos ist und überhaupt Anbahnungs- und Kontrollkosten anfallen. Deshalb ist festzuhalten, daß die Höhe der Produktionskosten klar dominiert, was wiederum zur Folge hat, daß das Organisationsproblem der Transaktion in den Hintergrund tritt und der Preis der Dienstleistung, der die Produktionskosten und damit die Skaleneffekte widerspiegelt, bei gegebener Qualität den dominanten Faktor zur Auswahl des Dienstleisters darstellt.

Zur Verdeutlichung der klassischen Vertragsgestaltung von Transaktionen, die die Dienstleistungsgruppe 4 betreffen, wird abschließend wiederum das Beispiel der Verpflegung herangezogen. In Abhängigkeit der Größe des die Dienstleistung nachfragenden Unternehmens ist entweder eine Kantine einzurichten, die die Verpflegung der Mitarbeiter leistet, oder nur ein

---

429   Die in Kapitel 4.2 durchgeführte transaktionskostentheoretische Analyse ersetzt für die Dienstleistungsgruppe 4 eine Make-or-Buy-Analyse auch dann, wenn Produktionskosten die Transaktionskosten dominieren. Für die Betrachtung in Kap. 4.2, die das Überwachungsschema von Williamson zugrunde legt, ist eine explizite Kostenbetrachtung nicht erforderlich, so daß dieses Vorgehen zudem weniger aufwendig ist.

430   Vgl. Abschnitt 3.2.3.2 dieser Arbeit.

Catering-Service zu beauftragen. Im ersten Fall wird ein Pacht- und Werkvertrag, im zweiten Fall ein Kaufvertrag abgeschlossen. Da in dieser Arbeit der Unternehmenstyp eines (größeren) Unternehmens der Konsumgüterindustrie betrachtet wird, soll im folgenden die Kantinenverpflegung als Beispiel herangezogen werden.

In der Anbahnungsphase des Vertrags ist der geeignete Transaktionspartner mit den günstigsten Konditionen, vor allem dem günstigsten Preis für die Kantinenverpflegung, zu finden. In der Vereinbarungsphase ist auf der Grundlage eines Pachtvertrags[431] zu klären, zu welchem Pachtzins und für welche Frist das Unternehmen dem Pächter die zu verpachtende Sache (Räumlichkeiten der Kantine) überläßt. Darüber hinaus gelten die gesetzlichen Regelungen[432]. Im Gegenzug wird auf der Grundlage eines entsprechend terminierten Werkvertrags[433] vereinbart, zu welchem Preis der Dienstleister dem Unternehmen das Ergebnis der Dienstleistung - die Verpflegung - anbietet und überläßt. Vollständigkeit des Vertrags ist dadurch gegeben, daß der Dienstleister das mit der Dienstleistungserstellung verbundene Risiko trägt. Dieses Risiko besteht etwa in Preissteigerungen auf den Beschaffungsmärkten für Nahrungsmittel, die der Dienstleister über im Vertrag explizit vereinbarte Preisgleitklauseln an den Abnehmer weitergibt. Aufgrund fehlender Unsicherheit und fehlender Spezifität der Transaktion ist es möglich, alles vertraglich Relevante auf der gesetzlichen Grundlage von Standardverträgen explizit zu regeln. Kontrollkosten dokumentieren sich dann allenfalls in der gerichtlichen Auseinandersetzung und Auflösung des Vertrags, falls die explizit vereinbarten Leistungen nicht oder nur in minderer Qualität eingehalten werden.

4.3.2.2 Gestaltung durch neoklassisches Vertragsrecht

Transaktionen der Dienstleistungsgruppen 3 und 8 sind nach den Ergebnissen der Abschnitte 4.2.2.1.4 und 4.2.2.1.9 über das neoklassische Vertragsrecht abzuwickeln. Diese Transaktionen sind somit über Formen des externen Outsourcing zu organisieren. Damit tritt der interessante

---

431 Siehe BGB, zweites Buch, § 581.

432 Vgl. BGB, zweites Buch, § 581-584.

433 Siehe BGB, zweites Buch, § 631.

Fall ein, daß innerhalb des neoklassischen Vertragsrechts zwei Vertragsformen zu gestalten sind, die sich durch die verschiedenen Ausprägungen der Dimensionen der Transaktionen unterscheiden. Zunächst sind deshalb die Ausprägungen der Dimensionen der beiden Transaktionen Erstellung von Dienstleistungen der Gruppe 3 sowie der Gruppe 8 in Relation zu setzen, um daraus eine genauere Positionierung der beiden Transaktionen innerhalb des weiten Feldes der dreiseitigen marktlichen Überwachung auf der Basis neoklassischer Verträge zu gewinnen.

Die Transaktion Erstellung von funktionsübergreifenden, strategischen Dienstleistungen der oberen Führungsebene mit Know-How-Barrieren zeichnet sich durch hohe Faktorspezifität aus, unterliegt hoher Unsicherheit und wird selten mit der Tendenz zur Einmaligkeit durchgeführt. Die Transaktion Erstellung von funktionalen Dienstleistungen mit strategischer Bedeutung wird hingegen gelegentlich durchgeführt und zeichnet sich nur durch gemischte Spezifität und mittlere Unsicherheit aus. Aufgrund der unterschiedlichen Ausprägungen der Dimension Spezifität wird deutlich, daß die Transaktion bezüglich der Dienstleistungsgruppe 8 innerhalb des Überwachungsschemas nach WILLIAMSON "links" innerhalb des Feldes zu positionieren ist, wohingegen die sich auf die Dienstleistungsgruppe 3 beziehende Transaktion "rechts" innerhalb des Feldes einzuordnen ist.[434] Die Abwicklung der Transaktion der Dienstleistungsgruppe 8 beinhaltet mehr marktliche Elemente als der Leistungsaustausch der Dienstleistungsgruppe 3. Diese unterschiedliche Positionierung sowie die Abweichungen bezüglich der Dimensionen Unsicherheit und Häufigkeit werden sich in der folgenden Diskussion der Transaktionskosten explizit niederschlagen. Die Betrachtung wird für beide Transaktionen separat geführt.

4.3.2.2.1 *Transaktionskostenbetrachtung für die Transaktion Erstellung funktionaler, strategischer Dienstleistungen*

Die Dimensionen der Transaktion Erstellung funktionaler, strategischer Dienstleistungen (Dienstleistungsgruppe 8) zeichnen sich durch gemischte Spezifität sowie mittlere Unsicherheit

---

434   Vgl. zu dieser Positionierung auch Abschnitt 4.2.2.2 sowie die darin dargestellte Abbildung 12.

aus. Die Transaktion wird gelegentlich und als Projekt durchgeführt. Aus den Ausprägungen der Transaktionsdimensionen konnte in Kapitel 4.2 zunächst abgeleitet werden, daß diese Transaktion über neoklassisches Vertragsrecht auf der Basis unvollständiger, jedoch expliziter sowie langfristiger, aber zeitlich befristeter Verträge abzuwickeln ist. Relativ zur klassischen Vertragsform wird bei der nun zu betrachtenden neoklassischen Vertragsform auch zu verdeutlichen sein, inwieweit den Transaktionskosten mehr Gewicht zukommt und die Produktionskosten entsprechend in den Hintergrund gedrängt werden.

Schon in der Anbahnungsphase des Vertrags kommt die mittlere Spezifität und Unsicherheit der Transaktion zum Tragen. Es handelt sich nicht mehr um eine Standardtransaktion. Dies wird bei der Bestimmung und Abgrenzung der vom Unternehmen nachgefragten Leistung deutlich. Die Leistung ist zwar wiederum ergebnisorientiert, aber hier steht kein materielles, direkt bewertbares Ergebnis am Ende des Erstellungspozesses, sondern ein Projektergebnis. Die Umsetzung des Projekts kann ein Erfolg oder ein Mißerfolg für das Unternehmen werden. Darüber hinaus intendiert das Unternehmen schon in der Anbahnungsphase eine langfristige Zusammenarbeit mit dem Dienstleistungsanbieter. Eine erfolgreiche Zusammenarbeit ist zwar zunächst durch den Projektabschluß befristet, sie kann aber im Bedarfsfall mit demselben Vertragspartner wiederholt werden. Die Anforderungen an die Sorgfalt des Unternehmens bei der Suche nach potentiellen Vertragspartnern und die Prüfung der Konditionen steigen somit und erhöhen die Suchkosten. Die Marktfähigkeit der Dienstleistungen schwächt diesen Zusammenhang ab. Es sind Informationen über die am Markt vorhandenen Dienstleister, deren Angebot und Qualität in den jeweiligen Branchen in ausreichendem Maße verfügbar. Eine ex ante Spezifität (Small-Numbers-Situation) liegt nicht vor. Letztlich resultieren die Kosten der Vertragsanbahnung für das Unternehmen aus der genauen Bestimmung der auszulagernden Leistung und ihrer Abgrenzung bezüglich der unternehmensspezifischen Einflüsse, die sich in der Sachkapitalspezifität dokumentieren[435], um dann eine Abgleichung mit dem Angebot des Marktes vornehmen zu können.

Die durch die Vertragsverhandlung verursachten Vereinbarungskosten können für diese Trans-

---

435   Vgl. dazu die Ausführungen in Abschnitt 4.2.2.1.9.

aktion dadurch gesenkt werden, daß die Leistung schon in der Anbahnungsphase von Seiten des Unternehmens zu bestimmen und abzugrenzen war. Hier stehen nun Vereinbarungen über den Projektablauf und -abschluß sowie über den Preis der entsprechenden Dienstleistung im Mittelpunkt der Betrachtung. Sie entsprechen genau dem Wesen eines Werkvertrags: "Durch den Werkvertrag wird der Unternehmer zur Herstellung des versprochenen Werkes, der Besteller zur Entrichtung der vereinbarten Vergütung verpflichtet. Gegenstand des Werkvertrags kann sowohl die Herstellung oder Veränderung einer Sache als ein anderer durch Arbeit oder Dienstleistung herbeizuführender Erfolg sein."[436] Das dieser Transaktion zugrunde liegende Werk besteht in der Herstellung des Projekterfolgs. Es handelt sich hier um einen Werkvertrag, der dem neoklassischen Vertragsrecht entspricht, da erstens keineswegs Vollständigkeit des Vertrags vorliegt. Wegen der mittleren Spezifität und Unsicherheit ist eine Aushandlung einer Risikoverteilung für auftretende Eventualitäten nicht mehr möglich. Zweitens werden Vereinbarungen zur Leistungserstellung (vgl. Definition des Werkvertrags) explizit getroffen; es werden keine impliziten Normen und Regeln zugrundegelegt, da dies gar nicht notwendig ist. Unsicherheit und Faktorspezifität nehmen für diese Transaktion nicht ein so hohes Ausmaß an, daß die Aufrechterhaltung der Transaktionsbeziehung ohne implizite Vereinbarungen gefährdet wäre. Wegen der geringen Komplexität der dem Werkvertrag zugrundeliegenden Dienstleistung sind die relevanten Vertragsgegenstände gut auszuhandeln. Hinzu kommt drittens, daß eine dauerhafte, zeitlich unbefristete Zusammenarbeit zwischen den Vertragspartnern zunächst gar nicht angestrebt wird, sondern eine durch den terminierten Projektabschluß vorgegebene zeitliche Befristung explizit vereinbart wird.[437]

Die Kontrollkosten, die durch Sicherungsmaßnahmen der Vertragsdurchführung verursacht werden, fallen aufgrund der komplexen Qualitätssicherung deutlich höher aus. Die Dienstleistungen der Gruppe 8 sind zwar funktional, so daß nicht die Unternehmensorganisation als Ganzes das Objekt der Dienstleistungserstellung darstellt, aber das Ergebnis des Erstellungsprozesses ist immateriell und den unternehmensspezifischen Erfordernissen anzupassen. Einerseits ist somit die Integration des externen Faktors in Form einer mehr oder weniger

---

436   Zitiert nach BGB, zweites Buch, § 631.

437   Die Möglichkeit einer Aufrechterhaltung der Transaktionsbeziehung in einer lockeren Kooperation (bspw. in Form langfristiger Rahmenverträge) ist an dieser Stelle nicht Gegenstand der Betrachtung.

starken Beteiligung von Mitgliedern des Unternehmens an dem Projekt gegeben, aber andererseits sichert dies noch nicht hinreichend die Kontrolle des Dienstleisters. Der entscheidende Punkt ist, daß die Vertragsbeziehung bis zum Abschluß des Projekts aufrechtzuerhalten ist, da immerhin gemischt-spezifische Investitionen zu tätigen sind, die nicht verlorengehen sollen. Aufgrund der strategischen Bedeutung der Dienstleistung verzögert ein Abbruch des Projekts zumindest die Verbesserung der Wettbewerbsposition des Unternehmens. Ein Vertragsbruch stellt für den Dienstleister ohnehin einen unternehmerischen Mißerfolg dar. Das Unternehmen bzw. seine Mitarbeiter sind aber in einem längerfristigen Projekt der Dienstleistungserstellung nicht in der Lage, sofort (kurzfristig) die Qualität des Dienstleistungsergebnisses zu beurteilen; selbst bei Projektabschluß sind die Wirkungen des dann umgesetzten Ergebnisses noch äußerst langfristig und deshalb zu diesem Zeitpunkt nicht vollständig zu bewerten. Auch die Überprüfung und Kontrolle der während des Projekts vom Dienstleistungsanbieter durchgeführten Maßnahmen übersteigt die Kapazität und Kompetenz der Mitarbeiter des Unternehmens, weil solche Projekte nicht oft durchgeführt werden. Ansonsten hätte die Dienstleistung ohnehin unternehmensintern erstellt werden können. Daraus ergibt sich unmittelbar, daß Kontrollmaßnahmen nur in einem vertraglich geregelten Projektmanagement bestehen können. Von den Vertragspartnern sind innerhalb des Projektverlaufs Meilensteinsitzungen zu bestimmten Terminen festzusetzen, die das Ende einer Teilphase des Projekts und die Berücksichtigung unternehmensspezifischer Anforderungen dokumentieren. Durch ein zum Zweck der Sicherung der Transaktion vereinbartes Projektmanagement werden Kontrollkosten verursacht.

Anpassungskosten entstehen nach Vertragsabschluß zunächst deshalb, weil der Erstellungsprozeß einen längeren Zeitraum in Anspruch nimmt. Innerhalb dieses Zeitraums werden sich Bedingungen und Einflußgrößen des Erstellungsprozesses der Dienstleistung ändern oder neue Anforderungen zu beachten sein, die das Unternehmen als Nachfrager formuliert. Diese Veränderungen ziehen Nachverhandlungen nach sich, in denen geeignete Anpassungsmaßnahmen durch die Vertragsparteien zu vereinbaren sind. Durch den Abschluß eines unvollständigen - neoklassischen - Vertrages werden Anpassungskosten von den Vertragsparteien von vornherein bewußt in Kauf genommen; das Ausmaß der Unsicherheit ist in Verbindung mit der beschränkten Rationalität der Vertragspartner so hoch, daß eventuell zukünftig auftretende, für die Transaktionsbeziehung relevante Ereignisse nicht vertraglich antizipiert werden können. Dies würde die Summe aus Vereinbarungs- und Kontrollkosten in eine prohibitive - den Vertrags-abschluß verhindernde - Höhe treiben. Andererseits ist die Unsicherheit aber auch nicht so groß, daß das Postulat der expliziten Vereinbarungen (in Form von Nachverhandlungen) innerhalb neoklassischer Verträge aufzugeben wäre. Einsparungen bei den Anpassungskosten ergeben sich dadurch, daß keine Notwendigkeit besteht, die Vertreter der Vertragsparteien zu isolierten Nachverhandlungen zusammenzuführen. Die mit der Projektdurchführung betrauten Mitarbeiter beider Vertragsseiten berücksichtigen den sich im Zeitablauf ergebenden Änderungsbedarf bei der Dienstleistungserstellung schon im Rahmen des eingesetzten Projektmanagements. Zudem existieren zur Dienstleistungserstellung Verfahren, durch die die Änderungen umgesetzt werden können. Dadurch werden wiederum Anpassungskosten eingespart.

Die strategische Bedeutung der Dienstleistungen bedingt, daß auch nach Projektabschluß, und damit nach Beendigung der Transaktionsbeziehung, Auswirkungen der ausgelagerten Dienst-leistungserstellung beim Unternehmen auftreten können. Das Risiko für das Unternehmen besteht dann darin, daß die Umsetzung des Dienstleistungsergebnisses ein Mißerfolg wird.[438] Das Dienstleistungsergebnis wird dem Unternehmen als Projektabschluß präsentiert, und die Transaktionsbeziehung wird damit beendet. Anschließende Auswirkungen des Projekts sind dann ausschließlich von der Unternehmensseite zu managen und verursachen entsprechend Anpassungskosten. Dem Risiko, daß die Umsetzung des Dienstleistungsergebnisses zu einem Mißerfolg führt, kann nur durch sorgfältige Informationssuche nach kompetenten Vertrags-partnern begegnet werden, die durch die vorliegende Markttransparenz des Dienstleistungs-angebotes erleichtert wird. Durch die sorgfältige Informationssuche nach kompetenten Vertrags-partnern werden Anpassungskosten eingespart. In diesem Punkt werden die Interdependenzen zwischen Produktions- und Transaktionskosten wiederum deutlich; der die Produktionskosten widerspiegelnde Angebotspreis des Dienstleisters, der als Marktführer eine gute Qualität anbietet, wird höher sein als bei den Konkurrenten, führt aber zu einer erheblichen Trans-aktionskosteneinsparung auf Unternehmensseite. An dieser Stelle ist nochmals zu betonen, daß diese Transaktion genau deshalb über das externe Outsourcing abgewickelt wird, weil sie nur gelegentlich durchgeführt wird. Deshalb übersteigt der Vorteil der Erfahrungskurveneffekte der

---

438   Genau dieses Risiko führt in der ausgewerteten Literatur zum Outsourcing zu der Handlungsempfehlung, strategische Dienstleistungen nicht auszulagern.

Dienstleister den Nachteil der Überwachungsprobleme bei der Erstellung strategischer Leistungen.

Die Verhaltensprobleme sind in dieser Transaktionsbeziehung nicht gravierend. Werden zunächst die den Opportunismus dokumentierenden Vertrauenskosten betrachtet, ist festzustellen, daß erstens ein Small-Numbers-Problem nicht besteht. Zweitens kann eine fundamentale Transformation kein schwerwiegendes Hold-up-Problem[439] begründen, da nur gemischt-spezifische Investitionen in die Transaktionsbeziehung getätigt werden. Konkret bedeutet dies, daß der Dienstleister zwar Spezifika des Nachfragers bei der Dienstleistungserstellung zu berücksichtigen hat, diese jedoch keine ausreichend hohe Abschöpfungsrente begründen, die dann Ausbeutungsmöglichkeiten des Anbieters durch den Nachfrager eröffnen würde. Hinzu kommt, daß hier keine dauerhafte Transaktionsbeziehung intendiert wird, sondern eine zeitliche Befristung vorliegt und aus der Perspektive des Dienstleisters sowieso keine ausschließliche Geschäftsbeziehung besteht.

Informationskosten treten bei asymmetrischer Informationsverteilung auf, die aufgrund menschlichen Verhaltens (beschränkte Rationalität und Opportunismus) in Verbindung mit ausgeprägter Unsicherheit entstehen kann.[440] Das vor Vertragsabschluß bestehende Problem der adversen Selektion[441] ist hier nicht relevant, da wegen der mangelnden Komplexität der Transaktion und der bereits beschriebenen Markttransparenz dem Nachfrager ausreichend Informationen über die Qualität des Angebots des Dienstleisters zur Verfügung stehen. Das nach Vertragsabschluß bestehende Verhaltensproblem des Moral Hazard[442] wird wegen der nur in einem mittleren Ausmaß vorliegenden Unsicherheit eingedämmt. Für diese Transaktion ist ausschließlich das Problem der "hidden action" relevant; das Anstrengungsniveau des Agenten kann von dem

---

439   Vgl. Abschnitt 3.3.1.2.2 der Arbeit.

440   An diesem Punkt zeigt sich die Schwierigkeit, Informations- und Vertrauenskosten getrennt zu bewerten. Da sowohl Opportunismus als auch beschränkte Rationalität bei gegebener Unsicherheit zu einer Informationsasymmetrie und zu den damit verbundenen Verhaltensproblemen führen, werden beide Kostenarten angesprochen. Durch Informationsasymmetrien werden Informationskosten verursacht; die in diesem Zusammenhang entstehenden Verhaltensprobleme können aber unter Inkaufnahme von Vertrauenskosten für den Aufbau geeigneter Mechanismen bewältigt werden. Somit besteht ein Trade-off zwischen Informations- und Vertrauenskosten.

441   Vgl. Abschnitt 3.3.1.2.2 der Arbeit.

442   Vgl. Abschnitt 3.3.1.2.2 der Arbeit.

Principal nicht permanent überprüft werden.[443] Übertragen auf die Transaktion bedeutet dies, daß das die Dienstleistung nachfragende Unternehmen die Arbeitsanstrengungen des Dienstleisters zwischen den Meilensteinsitzungen nicht kontrollieren kann. Dieses Problem läßt sich über den im Vertrag terminierten Projektabschluß hinaus dadurch lösen, daß das Unternehmen dem Dienstleister als Anreiz eine Prämie zahlt, wenn der Dienstleister die Meilensteinsitzungen des Projekts zum vereinbarten Zeitpunkt abschließen kann. Anderenfalls muß der Dienstleister einen Preisabschlag hinnehmen. Dieser einfache Mechanismus kann das Problem der "hidden action" eindämmen, verursacht jedoch Vertrauenskosten. Allerdings fallen die Vertrauenskosten geringer aus als die im Fall von "hidden action" auftretenden Informationskosten, der zu einer Projektverzögerung führt.

Durch die vorangegangene Transaktionskostenbetrachtung ist der relativ zu dem Fall der klassischen Vertragsgestaltung zunehmende Einfluß der Transaktionskosten auf die Gestaltung des neoklassischen Vertrags deutlich geworden. Eine Entscheidung für einen Dienstleister aufgrund der Produktionskosten wird bei dieser Transaktion durch hohe Transaktionskosten, insbesondere hohe Kontroll- und Anpassungskosten, erkauft. Diese werden durch die Faktorspezifität und Unsicherheit der Transaktion bedingt. Entsprechend diesen Ergebnissen resultiert zur Abwicklung der Transaktion ein zeitlich befristeter Werkvertrag. Eine erfolgreiche Zusammenarbeit zwischen den Vertragspartnern wird allerdings faktisch zu einer lockeren, langfristigen Kooperation führen, die nicht vertraglich zu regeln ist, sondern bei gelegentlichem Auftreten der Dienstleistungsnachfrage durch das Unternehmen zur Wiederaufnahme der Transaktionsbeziehung führt. Im Falle eines erneuten Vertragsabschlusses mit demselben Vertragspartner kann das die Dienstleistung nachfragende Unternehmen die Suchkosten einsparen.

Abschließend wird in diesem Abschnitt wieder das Beispiel Marktforschung für die Dienstleistungsgruppe 8 zur Veranschaulichung der oben geführten Diskussion herangezogen. Von der Unternehmensseite ist zunächst abzugrenzen, für welches Produkt und für welches Produktfeature (Produkteigenschaften, Produktname, Produktverpackung und -gestaltung) die Dienst-

---

443   Vgl. E. Rasmusen [1989], S. 133 ff.

leistung Marktforschung nachgefragt wird. In der Anbahnungsphase des Vertrags sind Informationen über geeignete Dienstleister einzuholen. In der Vereinbarungsphase ist mit dem ausgewählten Vertragspartner auf der Grundlage eines Werkvertrages festzulegen, welche Teilleistungen das Dienstleistungspaket Markforschung beinhaltet, zu welchem Preis der Dienstleister die Leistungen anbietet und zu welchem Zeitpunkt das Projekt abzuschließen ist. Zur Sicherung der Durchführung der Transaktion ist anschließend ein Projektmanagement zu entwickeln, in dessen Rahmen neben dem Termin für die das Projekt beendende Abschlußpräsentation auch Termine für Meilensteinsitzungen zu vereinbaren sind. So können kurzfristig abzuschließende Teilleistungen (bspw. der Test von Werbespots) des Projekts Gegenstand dieser Meilensteinsitzungen sein. In diesen Sitzungen sind auch Anpassungsmaßnahmen vorzunehmen, die bei Vertragsabschluß noch nicht berücksichtigt werden konnten. In der Abschlußpräsentation wird das Unternehmen vom Dienstleister darüber informiert, ob, wie und wann das Produkt mit welchen Eigenschaften und Maßnahmen in das entsprechende Marktsegment einzuführen ist.

4.3.2.2.2 *Transaktionskostenbetrachtung für die Transaktion Erstellung funktionsübergreifender, strategischer Dienstleistungen*

Die Transaktion Erstellung funktionsübergreifender, strategischer Dienstleistungen der Technostruktur zeichnet sich durch hohe Faktorspezifität aus und unterliegt hoher Unsicherheit. Die Transaktion wird je nach zugrundeliegender Dienstleistung selten bzw. einmalig durchgeführt. Deshalb ist die Transaktion auf der Grundlage des neoklassischen Vertragsrechts abzuwickeln.[444] Die wesentliche Problematik bezüglich der vertraglichen Gestaltung der Transaktion besteht darin, die vermeintlichen Produktionskostenvorteile für den Fall des externen Outsourcing, die aufgrund des Know-How und der Erfahrungseffekte des externen Dienstleisters entstehen, nicht durch entsprechend hohe Transaktionskosten zu erkaufen. Einerseits bewirken die für das Unternehmen bestehenden Know-How-Barrieren, daß der Zukauf von Know-How für die selten durchzuführende Transaktion zu fast prohibitiv hohen Kosten führen würde. Andererseits entstehen durch die hohe Spezifität und Unsicherheit der Transaktion

---

444   Vgl. hierzu Abschnitt 4.2.2.1.4 der Arbeit.

gravierende Verhaltensprobleme und Transaktionskosten in einem Maße, das besondere vertragliche Regelungen notwendig macht. Diese sind aus der folgenden Transaktionskostendiskussion abzuleiten.

Die Anbahnungskosten der Transaktion steigen bei den funktionsübergreifenden, strategischen Dienstleistungen weiter an, weil die Markttransparenz für diese Dienstleistungen eingeschränkt ist. Dies ist der Fall, weil insbesondere die Anforderungen an die Anpassung der Dienstleistungserstellung an die Spezifika des nachfragenden Unternehmens hoch sind.[445] Die Kosten für die Suche nach geeigneten Transaktionspartnern, die ein entsprechendes Angebotsprofil aufweisen, steigen deshalb in einem Maße, das neben dem Ausmaß an Humankapitalspezifität im engeren Sinne durch das Ausmaß der Sachkapitalspezifität der Transaktion bestimmt wird. Das Unternehmen versucht in dieser Phase der Vertragsanbahnung durch die Inkaufnahme höherer Anbahnungskosten, zum einen die Erfahrung des Dienstleisters bei der Dienstleistungserstellung - und somit Produktionskostenvorteile - zu nutzen und zum anderen einen späteren Anpassungsaufwand zum Zeitpunkt des Vertragsschlusses zu vermeiden. Es stellt sich deshalb die Frage, welchen Kriterien das nachfragende Unternehmen bei der Suche potentieller Transaktionspartner folgen kann. Die potentiellen Transaktionspartner sollten sich zumindest auf die Branche spezialisiert haben, der das Unternehmen angehört. Informationen über die Dienstleistungsangebote potentieller Vertragspartner und deren Qualität können vom nachfragenden Unternehmen beschafft werden. Eine Small-Numbers-Situation besteht für diese Transaktion analog zu der zuvor betrachteten Transaktion nicht. Darüber hinaus wird keine dauerhafte Transaktionsbeziehung angestrebt. Deshalb sind die Anbahnungskosten für die Suche nach potentiellen Vertragspartnern für diese Transaktion immer noch wesentlich niedriger als die Suchkosten, die für die Einstellung neuer Mitarbeiter anzusetzen wären. Denn im Fall der Einstellung neuer Mitarbeiter besteht das entscheidende Hemmnis darin, deren spezifisches Know-How nach Beendigung der Transaktion im weiteren Arbeitsverhältnis effizient zu nutzen.

Innerhalb der Vereinbarungsphase werden zwischen Unternehmen und Dienstleister im Rahmen eines Werkvertrags explizite Vereinbarungen über den durch die Dienstleistung herbeizuführen-

---

445   Vgl. zur Begründung des steigenden Anpassungsaufwands die Ausführungen zur Sachkapitalspezifität der Dienstleistungsgruppe 3 in Abschnitt 4.2.2.1.4 der Arbeit.

den Erfolg und die Vergütung getroffen. Gegenstand dieses Vertrages sind ferner die Vereinbarung eines Projektmanagements und die Festlegung der Projektdauer. Aufgrund der zeitlich
befristeten Transaktionsbeziehung lassen sich trotz hoher Faktorspezifität und Unsicherheit die
zum Zeitpunkt des Vertragsabschlusses relevanten Vereinbarungen explizit ausformulieren. Zur
vollständigen Spezifizierung auftretender Risiken sind Unsicherheit und Faktorspezifität der
Transaktion wiederum zu hoch. Vereinbarungskosten werden somit ausschließlich durch die
Vereinbarungen über die Abgrenzung, die Anpassung und das Ergebnis der Dienstleistung
sowie die Vergütung des Dienstleisters und den zeitlichen Abschluß des Projekts verursacht.
Wie und wodurch der Projekterfolg bestimmt wird, hängt ganz von der zu erstellenden Dienstleistung ab; der Projekterfolg kann in einem bestimmten Dienstleistungsergebnis bestehen oder
aber auch in der Verbesserung der Wettbewerbsposition des Unternehmens, die sich dann in
einer verbesserten Gewinnsituation des Unternehmens niederschlagen muß. Die Vorteilhaftigkeit des Fremdbezugs der Dienstleistung zeigt sich gerade in der Vereinbarungsphase, da der
Vereinbarungsaufwand für die Gestaltung des Erstellungsprozesses der Dienstleistung wegen
der Erfahrung des Dienstleisters äußerst gering ist. Der Dienstleister hat das Know-How und die
entsprechende Erfahrung, die Komplexität dieses Prozesses durch geeignetes Vorgehen aufzulösen und in möglichst kurzer Zeit ein gutes Ergebnis zu erzielen. Genau dieser Anbieter-
vorteil ist bei Eigenerstellung aufgrund der Know-How-Barrieren nicht gegeben.

In den Kontrollkosten dokumentiert sich der durch die hohe Faktorspezifität und Unsicherheit
verursachte Bedarf, Maßnahmen zur Sicherung der Transaktion zu ergreifen. Zum einen hat der
Dienstleister wegen der Sachkapitalspezifität hohe Investitionen in idiosynkratisches (unternehmensspezifisches) Wissen zu tätigen. Zum anderen besteht Unsicherheit bezüglich der
Akzeptanz des Dienstleistungsergebnisses seitens der Zielgruppe.[446] Dies erfordert eine Integration von Unternehmensmitgliedern in das Projektmanagement des gesamten Erstellungsprozesses. Eine Beschränkung des Projektmanagements auf das Zusammentreffen der Vertragspartner bzw. deren Vertreter in Meilensteinsitzungen, wie bei der zuvor betrachteten Vertragsgestaltung für die Dienstleistungsgruppe 8 empfohlen, reicht hier nicht mehr aus. Aufgrund der
hohen Sachkapitalspezifität der Transaktion ist ein ständiger Informationsaustausch zwischen

---

446   Dies wird in Abschnitt 4.2.2.1.4 als eine Form der Komplexität abgeleitet und als Akzeptanzproblematik
       bezeichnet.

den Transaktionspartnern zu gewährleisten. Deshalb wird für die Dauer des Projekts ein Team aus Unternehmensmitgliedern zusammengestellt, das den Erstellungsprozeß der Dienstleistung begleitet. Nach Projektabschluß wird das Team aufgelöst, und dessen Mitglieder nehmen wieder ihre ursprünglichen Aufgaben wahr.[447] Die durch diese Projektorganisation verursachten Kosten stellen genau die Kontrollkosten der Transaktion dar.

Die Interdependenz zwischen Kontroll- und Anpassungskosten wird für diese Transaktion besonders deutlich. Eine Nachverhandlung des Werkvertrags kann durch das eingesetzte Projektmanagement vermieden werden; die Teammitglieder des Unternehmens sind jederzeit in der Lage, dem Projektteam des Dienstleisters Informationen über Veränderungen der Einflußgrößen zu übermitteln und eine entsprechende Berücksichtigung im Erstellungsprozeß sicherzustellen. Zum einen verursacht die Berücksichtigung der veränderten Einflußgrößen zwar Anpassungskosten, das Projektmanagement wurde jedoch schon zur Sicherung der Durchführung der Transaktion eingerichtet. Die durch das Projektmanagement verursachten Kontrollkosten führen deshalb zu Einsparungen bei den Anpassungskosten. Zum anderen schlägt sich die Bereitstellung der Flexibilität des Dienstleisters in seiner vertraglich festgelegten Vergütung nieder. Änderungen von Einflußgrößen des Erstellungsprozesses, die nicht zum Einflußbereich des Unternehmens gehören, sind ohne Auswirkungen auf die Anpassungskosten vom Dienstleister zu bewältigen, so daß diese sein unternehmerisches Risiko begründen.

Eine über das Projektende hinausgehende Betrachtung der Transaktion wirft bezüglich der Anpassungskosten interessante Aspekte auf. Diese Betrachtung ist deshalb relevant, weil die Effizienz der Unternehmensprozesse bzw. des Unternehmens durch die Transaktion zu steigern ist. Der Erfolg des Projektes und die Qualität der Dienstleistung kann deshalb aber nur vollständig bewertet werden, wenn auch die über das Projektende hinausgehenden Wirkungen der Transaktion auf die Gewinnsituation des Unternehmens einbezogen werden. Es stellt sich deshalb die Frage, wie Anpassungsmaßnahmen vertraglich formuliert werden können, die Änderungen durch den Dienstleister sicherstellen, die nach Projektabschluß dadurch notwendig

---

447   Dieses Vorgehen entspricht aufbauorganisatorisch dem Task-Force-Project-Management. Im Rahmen des Task-Force-Project-Management wird ein Team von Mitarbeitern aus verschiedenen Bereichen der Routine-Organisation ausgegliedert, vgl. G. Reber und F. Strehl [1983], S. 262.

werden, daß der vereinbarte Erfolg des zu erstellenden Werkes sich nicht einstellt. Eine gerichtlich zu erwirkende Nachbesserung wird im Rahmen des neoklassischen Vertragsrechts nicht ermöglicht. Es ist daher notwendig, bei Vertragsschluß entsprechend den Eigenschaften der Dienstleistung[448] einen Anpassungsmechanismus explizit zu vereinbaren. Grundsätzlich wird dieser Mechanismus so zu gestalten sein, daß zumindest Nachbesserungsfristen für verschiedene antizipierbare Nachbesserungsgründe vereinbart werden, die vom Dienstleister zu vertreten sind. Die den Nachbesserungsgründen jeweils entsprechenden Nachbesserungsmaßnahmen, die dann vom Dienstleister ohne weitere Vergütung durchzuführen sind, werden ebenfalls bei Vertragsschluß formuliert. Dieser Mechanismus verursacht Anpassungskosten, beinhaltet aber keineswegs eine vollständige Spezifikation und Zuordnung der Risiken. Darüber hinaus verbleibt nur noch das Hinzuziehen eines Schlichters.

Mangelnde Qualität der Dienstleistung stellt im wesentlichen ein Verhaltensproblem dar, da mangelndes Know-How des Dienstleisters schon in der Anbahnungsphase des Vertrags auszuschließen ist. Die hohe Unsicherheit der Transaktion eröffnet aufgrund der beschränkten Rationalität und des Opportunismus der Akteure zunächst die Möglichkeit, daß der Dienstleister Informationen unterschlägt oder diese verfälscht an das Unternehmen weitergibt. Das zugrundeliegende Problem der "hidden action" wird jedoch durch die Projektorganisation eingedämmt; die Teams der Vertragspartner arbeiten gerade wegen des hohen Informationsbedarfs eng zusammen. Gravierender ist das Problem der "hidden information". Aufgrund der bestehenden Know-How-Barrieren ist eine Eindämmung des Problems durch die Überwachung des Teams des Unternehmens nicht möglich. Auch Anreize in Form von Prämien bei pünktlichem Projektabschluß sind nicht wirkungsvoll, sondern für die Qualität der Dienstleistung kontraproduktiv. Grundsätzlich ist die Reputation des Dienstleisters in Gefahr, wenn er keine den vertraglichen Vereinbarungen entsprechende, gute Dienstleistungsqualität herstellen kann und

---

448   Die relevanten Eigenschaften der Dienstleistung bestehen eben dann genau darin, mit welcher zeitlichen Wirkung sich der Erfolg einstellen kann und in welchen Bereichen sich dieser dokumentiert. Wird wiederum das am Ende des Kapitels auszuführende Beispiel des Informationsmanagements herangezogen, sind ausschließlich die vertraglich vereinbarten Unternehmensbereiche, die durch EDV zu unterstützen sind, für den Erfolg relevant. Trotzdem wird sich die Effektivität und Effizienz der Informationsarchitektur und damit die Verwirklichung der Informationsstrategie erst mit zeitlicher Verzögerung zum Projektende feststellen lassen. Bei der Dienstleistung Unternehmensberatung ist ebenfalls vertraglich zu vereinbaren, in welchem Zeitraum und in welchen Unternehmensbereichen Kosteneinsparungen in welcher Höhe nachzuweisen sind.

dies in dem relevanten Markt bekannt wird. Dies stellt zwar ein Hemmnis (Disincentive) für den Dienstleister dar, schlecht zu arbeiten. Der mögliche Reputationsverlust ist aber zur Qualitätssicherung nicht hinreichend, da wegen der Know-How-Barrieren die Möglichkeit gegeben ist, eine mangelnde Qualität der Dienstleistungserstellung zu verschleiern.

Ein effektiver Anreizmechanismus basiert auf der hohen Sachkapitalspezifität der Transaktion. Der Dienstleister tätigt Investitionen, um den Erstellungsprozeß der Dienstleistung an die Anforderungen des Unternehmens anzupassen. Diese Investitionen begründen eine Quasi-Rente, die das Unternehmen bei opportunistischem Verhalten abschöpfen kann. Somit tritt ein Hold-up-Problem auf. Bei einem vorzeitigen Projektabbruch sind die Investitionen des Dienstleisters wertlos, da sie keinen anderen Verwendungszwecken zugeführt werden können. Die Interessen sind deshalb auch beim Dienstleister so gelagert, daß eine vertrauensvolle Zusammenarbeit, die zu einem erfolgreichen Projektabschluß führt, bewußt angestrebt wird. Zur Stabilisierung des gewünschten Verhaltens bietet es sich an, folgenden Mechanismus vertraglich zu implementieren: das Unternehmen erhält die Möglichkeit, einen vertraglich festgelegten Sachverständigen als Schlichter einzusetzen, sobald Zweifel an der Qualität der Arbeit des Dienstleisters - sowohl während der Projektlaufzeit als auch nach Projektabschluß - auftreten. Der Schlichter regelt somit genau die Fälle, in denen der unter den Anpassungskosten diskutierte Anpassungsmechanismus der Nachbesserung versagt. Er kann darüber hinaus während der Laufzeit des Vertrags auch dessen Auflösung bewirken. Das aus diesem Mechanismus resultierende Drohpotential stellt einen erheblichen Anreiz für das Dienstleistungsunternehmen dar, sein Know-How optimal für das Unternehmen einzusetzen. Das Verhaltensproblem wird dadurch entscheidend reduziert. Der Einsatz des Schlichters stellt eine vertrauensbildende Maßnahme dar und verursacht dementsprechend Vertrauenskosten.

Wegen des Aufbaus unternehmensspezifischen Wissens durch den Dienstleister, das auch sensible Informationen über das Unternehmen beinhaltet, ist der damit verbundenen Gefahr der Weitergabe dieser Informationen an Dritte vertraglich entgegenzuwirken. Zwar legt die zu erwartende vertrauensvolle Zusammenarbeit zwischen den Vertragspartnern ein solches Verhalten nicht nahe, dennoch ist es von vornherein auszuschließen. Die Vereinbarung einer hohen Geldstrafe bei Verstoß gegen die sich auf alle Unternehmensdaten beziehende Schweigepflicht für den Dienstleister, die auch nach Projektabschluß Gültigkeit hat, stellt die geeignete und durchaus übliche Maßnahme zwischen den Vertragspartnern dar. Darüber hinaus läßt sich für dieses Problem kein Schutzmechanismus aufbauen, da eine dauerhafte Zusammenarbeit, die auf beiden Vertragsseiten implizit kooperatives Verhalten sichern würde, wegen der geringen Häufigkeit der Transaktion nicht zustandekommt.

Die Diskussion der Transaktionskosten für die Transaktion Erstellung von Dienstleistungen der Gruppe 3 hat die zunehmende Relevanz der Transaktionskosten gegenüber der zuvor betrachteten Transaktion Erstellung von Dienstleistungen der Gruppe 8 deutlich gemacht. Zunächst finden sich die hohe Spezifität und Unsicherheit der Transaktion in deutlich gestiegenen Kontroll- und Anpassungskosten wieder. Diese münden dann in Vertrauenskosten, die durch zunehmende Verhaltensprobleme verursacht werden. Die erhöhten Transaktionskosten dokumentieren zunächst die gegenüber dem Fall der Eigenerstellung schlechteren Kontroll- und Überwachungsmöglichkeiten der Transaktion. Diese werden jedoch durch die Produktionskostenvorteile bei Fremdbezug überkompensiert, die sich wegen der Know-How-Barrieren und der seltenen Nachfrage der betreffenden Dienstleistungen auf Unternehmensseite in der besseren Leistungsfähigkeit des Dienstleisters niederschlagen. Ein entsprechend den obigen Ausführungen gestalteter neoklassischer Vertrag sorgt deshalb für eine effiziente Abwicklung der Transaktion im Rahmen des externen Outsourcing.

Zur Veranschaulichung der oben geführten Transaktionskostendiskussion wird abschließend eine exemplarische Vertragsgestaltung für das strategische Informationsmanagement betrachtet. Ausgangspunkt für die Nachfrage der Dienstleistung ist der aus der Unternehmensstrategie abgeleitete Bedarf, die EDV-Unterstützung betrieblicher Funktionsbereiche auszubauen und neue Informations- und Kommunikationstechnologien zu nutzen. Der aus der Formulierung einer Informationsstrategie resultierende Aufbau einer Informationsarchitektur stellt dann die Dienstleistung dar, die über das externe Outsourcing zu erstellen ist. Die Abgrenzung der Dienstleistung ist durch den Ausschluß aller Leistungen, die zur administrativen bzw. operativen Ebene des Informationsmanagements gehören, gegeben.[449] Im wesentlichen handelt es sich bei der auszulagernden Dienstleistung somit um eine auf das Informationssystem des Unternehmens bezogene Unternehmensberatung. Dementsprechend läßt sich die Suche nach potentiellen Dienstleistern zunächst auf solche beschränken, die auf das Angebot dieser Dienstleistung spezialisiert sind und ferner im Schwerpunkt für die Branche arbeiten, der das Unternehmen angehört. In der folgenden Vereinbarungsphase sind mit dem geeigneten Vertragspartner explizite Vereinbarungen über die vom Dienstleister zu erstellenden Teilleistungen (das Werk), über das durch die Teilleistungen bedingte Dienstleistungsergebnis (den Erfolg des Werkes), über die Vergütung des Dienstleisters sowie über die Laufzeit des Projektes zu treffen. Der Dienstleister verpflichtet sich zudem zur Geheimhaltung aller ihm im Verlaufe des Projektes zur Kenntnis gelangten Informationen über das Unternehmen.

Die Implementierung eines Anpassungsmechanismus ist zum Zeitpunkt des Vertragsschlusses überflüssig, weil mit dem Vorliegen einer vollständigen Informationsarchitektur für das Informationssystem des Unternehmens das Ergebnis der Dienstleistung und damit der Erfolg des Projektes hinreichend beschrieben ist. Das Unternehmen kontrolliert und überwacht den Prozeß der Erstellung der Dienstleistung und abschließend vor allem dessen Ergebnis durch den Einsatz eines Projektteams von Unternehmensmitgliedern.

4.3.2.3 Gestaltung durch relationales Vertragsrecht

Die Transaktion Erstellung der Dienstleistungsgruppe 2 ist im Rahmen des externen Outsourcing über das relationale Vertragsrecht abzuwickeln.[450] Der relationale Vertrag nimmt Abstand vom Postulat vollständiger und expliziter Vereinbarungen. Damit trägt das relationale Vertragsrecht gegebener Spezifität und Unsicherheit einer Transaktion in Verbindung mit einer hohen Wiederholung Rechnung. Dieser Zusammenhang soll im Rahmen der folgenden Diskussion der

---

449   Vgl. hierzu insbesondere die in Abschnitt 4.2.2.1.4 vorgenommene Abgrenzung zur Dienstleistungsgruppe 5, sowie zu den einzelnen Aufgaben der strategischen, administrativen und operativen Ebenen L. Heinrich [1995], S. 87-303.

450   Vgl. Abschnitt 4.3.1 der Arbeit.

Transaktionskosten eines Kooperationsvertrages untersucht werden.

Die Dienstleistungsgruppe 2 beinhaltet die funktionalen - produktbezogenen - Dienstleistungen des operativen Kerns. Die Untersuchung in Kapitel 4.2 ergab, daß die Transaktion Erstellung der Dienstleistungsgruppe 2 sich durch mittlere Spezifität auszeichnet und häufig durchgeführt wird. Unsicherheit ist für die Abwicklung der Transaktion hingegen nur in einem zwar nicht trivialen, aber doch geringen Ausmaß relevant. Die geringe Unsicherheit der Transaktion führt dazu, daß die Dienstleistungsgruppe 2 ausgelagert wird. Die Transaktion wird durch zweiseitige Überwachung auf der Basis des relationalen Vertragsrechts abgewickelt. Zur Beschreibung dieses Überwachungsmusters soll weniger eine konkrete Kooperationsform[451] als vielmehr die Betrachtung der nachfolgend abzuleitenden Elemente des Kooperationsvertrags im Vordergrund stehen.

Anbahnungskosten entstehen, wenn das Unternehmen Informationen über potentielle Vertragspartner und deren Konditionen beschafft. Die Suche nach Vertragspartnern wird hier dadurch eingeschränkt aber auch beschränkt, daß Standortnähe aufgrund der Integration eines Verfügungsobjekts des Unternehmens in den Erstellungsprozeß der Dienstleistung gegeben sein muß. Dieser Zusammenhang kann ex ante (vor Vertragsabschluß) eine Spezifität begründen, die als Small-Numbers-Situation bezeichnet wird, deren Auswirkungen dann jedoch unter den Vertrauenskosten zu diskutieren sein werden. Die Suchkosten selbst werden aber dadurch gemindert, daß die Dienstleistung durch ihre Eigenschaft der Produktbezogenheit und somit aufgrund ihrer Materialität exakt beschreibbar und abgrenzbar ist, wodurch ein Abgleich mit dem Marktangebot erleichtert wird. Die Transaktion zeichnet sich eben nur durch mittlere

---

451 Vgl. zu konkreten Kooperationsformen vor allem die Arbeiten von J. Hanke [1993], S. 31-42, C. Baur [1990], S. 101-112 und J. Rotering [1993], S. 5-65. Hanke definiert Kooperation als Abstimmung des individuellen Verhaltens von Unternehmen bei der Erfüllung einzelner oder mehrerer Teilaufgaben mittels Verhandlungen und Übereinkünften bei rechtlicher und wirtschaftlicher Selbständigkeit der einzelnen Unternehmen und beschreibt die Kooperationsformen: Dezentrale Kooperation, Leitfirmenkooperation, Gemeinschaftsunternehmen sowie Aufgabenerfüllung, vgl. ebenda. Baur definiert zunächst nur den Begriff "vertikale Kooperationsformen" als eine langfristig ausgerichtete, vertraglich geregelte Zusammenarbeit rechtlich selbständiger Unternehmen auf benachbarten Stufen der Wertschöpfungskette und betrachtet dann die vertikalen Kooperationsformen: langfristige Verträge, technologische Kooperationsabkommen, Wertschöpfungspartnerschaften, strategische Netzwerke und japanische Zulieferbeziehungen, vgl. ebenda. Schließlich definiert Rotering zwischenbetriebliche Kooperation als bewußte, explizit vereinbarte, jederzeit einseitig kündbare Zusammenarbeit zwischen Unternehmen und subsumiert unter Kooperationsformen strategische Allianzen, redistributive und reziproke Kooperationen sowie X- und Y-Kooperationen, vgl. ebenda.

Spezifität aus, so daß die Anbahnungskosten ein entsprechendes Maß annehmen. Die große Häufigkeit, mit der die Transaktion durchgeführt wird, sichert ferner, daß sich die Anbahnungskosten des unbefristeten Vertrags amortisieren.

Für relationale Verträge fallen definitionsgemäß kaum Vereinbarungskosten an, weil explizite Vereinbarungen auf ein Mindestmaß reduziert sind. Innerhalb eines relationalen Kooperationsvertrags wird zunächst die unbefristete Zusammenarbeit zwischen dem Dienstleistungsunternehmen und dem die Dienstleistung nachfragenden Unternehmen vereinbart. Im Vertrag ist festzulegen, welche Dienstleistung grundsätzlich den Vertragsgegenstand darstellt, wobei Teilleistungen dieser Dienstleistung nicht explizit aufzuführen sind. Die Aufrechterhaltung des Dienstleistungsangebots stellt dann die vertragliche Leistung dar, zu deren Nachfrage und Vergütung sich das nachfragende Dienstleistungsunternehmen entsprechend verpflichtet. Aufgrund der oben erläuterten, guten Beschreibbarkeit der Dienstleistung läßt sich zum Zeitpunkt des Vertragsschlusses durchaus ein Preismechanismus zur Abrechnung tatsächlich durchgeführter Leistungen im Rahmen der Dienstleistungserstellung festlegen.

Die Kontrollkosten zur Sicherung der Durchführung der Transaktion sind deshalb von besonderer Bedeutung, weil die Dienstleistungen der Gruppe 2 das Tagesgeschäft des Unternehmens unterstützen und häufig, wenn auch nicht kontinuierlich nachgefragt werden. Das Angebot des Dienstleisters ist aber zu jedem beliebigen Zeitpunkt sicherzustellen. Die durch die Sachkapitalspezifität der Transaktion bedingten Investitionen des Dienstleisters sind rechtzeitig zu tätigen, damit die Unternehmensnachfrage zum frühsten Zeitpunkt mit größtmöglichem Know-How befriedigt werden kann. Die gemischte Spezifität, der die Transaktion unterworfen ist, bedingt somit Kontrollkosten für eine Maßnahme, die sicherstellt, daß der Dienstleister jederzeit über Änderungen an den unternehmensspezifischen Verfügungsobjekten informiert ist, an denen die Dienstleistungserstellung vorzunehmen ist. Dies kann durch regelmäßigen Informationsaustausch zwischen den Vertragspartnern und darüber hinausgehende Schulungsmaßnahmen für den Dienstleister erreicht werden. Des weiteren sind Sanktionsmechanismen bei verspäteter Leistungserfüllung in Form monetärer Strafen vertraglich zu implementieren. Eine zeitpunktgenaue Leistungserfüllung ist für das nachfragende Unternehmen deshalb von großer Bedeutung, weil sonst die Funktionsfähigkeit seines operativen Kerns (des Kerngeschäfts) und damit seine Wettbewerbsposition gefährdet sind.

Es fallen kaum Anpassungskosten an, da die Transaktion nur geringer Unsicherheit unterworfen ist. Wegen der dauerhaft angelegten Transaktionsbeziehung fallen die Kontroll- und Anpassungsphase der Transaktion zeitlich und inhaltlich zusammen. Die Transaktionsbeziehung unterliegt der impliziten Drohung des Unternehmens, die Transaktionsbeziehung abzubrechen, wenn das Dienstleistungsergebnis wegen verspäteter Leistungserfüllung nicht fristgerecht vorliegt. Das wesentliche Charakteristikum dieser Transaktionsbeziehung liegt in der Abhängigkeit der Vertragspartner; die symmetrische Gestaltung der Abhängigkeit auf beiden Vertragsseiten stellt somit die größte Herausforderung an die Vertragsgestaltung dar, denn nur dadurch wird die Aufrechterhaltung der Kooperation gewährleistet.

Die zur Sicherung des kooperativen Verhaltens verursachten Kosten sind ausschließlich unter den Vertrauenskosten zu diskutieren, da Informationskosten für die Betrachtung dieser Transaktion nicht relevant sind. Dies ist deshalb der Fall, da Informationsasymmetrien wegen der geringen Unsicherheit der Transaktion und gegebener Bewertbarkeit des im Vordergrund stehenden Dienstleistungsergebnisses gar nicht erst entstehen und Informationsasymmetrien somit keine Verhaltensprobleme verursachen können.

Der Kern der vertraglichen Gestaltung und der Schwerpunkt der Transaktionskostendiskussion liegen bei den Vertrauenskosten. Durch vertrauensbildende Maßnahmen wird die Herstellung einer symmetrischen Abhängigkeit zwischen beiden Vertragsseiten angestrebt. Die Abhängigkeit des Unternehmens vom Dienstleister entsteht dadurch, daß bei nicht rechtzeitigem Vorliegen des Dienstleistungsergebnisses die wertschöpfenden Unternehmensprozesse gestört und gefährdet sind. Wenn zudem vor Vertragsabschluß eine Small-Numbers-Situation bestand, wird die Abhängigkeit verschärft, da eine Androhung des Abbruchs der Transaktionsbeziehung seitens des Unternehmens nicht mehr glaubhaft ist. In jedem Fall ist ein Wechsel des Transaktionspartners für das Unternehmen nachteilig, da Zeit verlorengeht und wiederum Anbahnungs- und Vereinbarungskosten verursacht werden.

Die Abhängigkeit des Dienstleisters vom Unternehmen entsteht durch die vom Dienstleister zu tätigenden Investitionen in Sachkapital. Im Zeitablauf entwickelt sich daraus eine fundamentale Transformation und damit eine Abhängigkeit des Dienstleisters, der vor einer Abschöpfung der durch diese Investitionen aufgebauten Quasi-Rente seitens des Unternehmens durch opportunistische Nachverhandlungen zu schützen ist (Hold-up-Problem). Verschärft wird die Abhängigkeit des Dienstleisters durch dessen Standortgebundenheit. Selbst wenn diese nicht durch die Transaktion hergestellt wurde, ist sie doch eine unmittelbare Konsequenz der Transaktionsbeziehung und führt bei deren Beendigung zu einem wirtschaftlichen Schaden des Dienstleisters.

Beide Transaktionspartner streben mit dem Abschluß eines relationalen Vertrags eine dauerhafte Transaktionsbeziehung an und haben deshalb starkes Interesse an ihrer Stabilität. Die beschriebenen Abhängigkeiten führen jedoch zu Problemen, die die Stabilität der Transaktionsbeziehung gefährden. Die Lösung dieser Probleme kann zum einen darin bestehen, daß sich das Unternehmen an den vom Dienstleister zu tätigenden Investitionen beteiligt. Die Investitionen können bewertet werden, da die Dienstleistung aufgrund ihres materiellen, produktbezogenen Ergebnisses bewertbar ist. Konkret kann das Unternehmen sich bspw. am Ausbau des Informationssystems des Dienstleisters beteiligen, falls der Ausbau aufgrund des Informationsaustauschs zwischen den Vertragspartnern notwendig wird. Diese Investition dokumentiert Kommunikationsspezifität[452]. Ebenso sind Zuschüsse zu Schulungsmaßnahmen denkbar, die die Anpassung der Dienstleistungserstellung an die unternehmensspezifischen Eigenschaften des Objektes der Dienstleistungserstellung zum Gegenstand haben und Betriebsmittelspezifität[453] begründen. Zum anderen sind dann für das Wohlverhalten des Dienstleisters Anreize in Form von Prämien zu setzen, die das Vermeiden von opportunistischem Verhalten belohnen. Die genannten Maßnahmen verursachen jeweils Vertrauenskosten.[454]

Es ist festzuhalten, daß die Problematik der vertraglichen Gestaltung der Transaktion Erstellung der Dienstleistungsgruppe 2 darin besteht, die Vorteilhaftigkeit der Auslagerung der Dienst-

---

452   Vgl. dazu Abschnitt 3.3.4.1 der Arbeit.

453   Vgl. ebenda.

454   Zu den Lösungsansätzen zur Eindämmung von Opportunismus in der Gestaltung relationaler Verträge siehe auch E. Pfaffmann [1997], S. 42 f.

leistung nicht durch hohe Transaktionskosten zu gefährden. Die geringe Unsicherheit gewährleistet, daß die Transaktion nicht wegen gravierender Überwachungsprobleme ohnehin unternehmensintern zu erstellen ist, und eröffnet somit einen Spielraum zur Auslagerung der Dienstleistungsgruppe 2. Diesen nutzt das Unternehmen, "da es sich von einer Routinetätigkeit
befreien kann und auf wertschöpfende Tätigkeiten konzentrieren kann", was sich in Produk-
tionskostenvorteilen bei Fremdbezug dokumentiert.[455] Unterstützend wirkt der Zusammenhang,
daß sich ein Teil der Transaktionskosten, die Anbahnungs- und Vereinbarungskosten, aufgrund
der dauerhaften Transaktionsbeziehung durch Fixkostendegression amortisiert. Der gegenläufige
Effekt, der eine Auslagerung der Dienstleistungsgruppe 2 auf der Basis klassischer Verträge
verhindert,[456] besteht dann in der Berücksichtigung der gemischten Spezifität der Transaktion,
die sich entsprechend in den Transaktionskosten niederschlägt und eben auch Abhängigkeitsprobleme des Unternehmens begründet.

Die Gestaltung eines relationalen Kooperationsvertrags soll im folgenden für das Beispiel der
Reparatur aus der Dienstleistungsgruppe 2 verdeutlicht werden. Die Reparatur, Wartung und
Pflege der Betriebsmittel des Unternehmens stellen den Gegenstand der Dienstleistung dar, und
die Betriebsmittel des Unternehmens bilden das Objekt des Erstellungsprozesses der Dienstleistung. Vom Unternehmen sind zunächst potentielle Transaktionspartner zu suchen, die die
Dienstleistung Reparatur auf dem Markt anbieten und zwar in einem räumlich eingeschränkten
Bereich, da die unternehmensinternen Betriebsmittel als Objekt der Dienstleistungserstellung
nicht aus dem Verfügungsbereich des Unternehmens zu transportieren sind. Je nach Beschaffen-
heit des Maschinenparks sind ein entsprechendes Know-How und Erfahrung des Dienstleisters
bei der Suche nach einem Vertragspartner zu berücksichtigen, um eine bestmögliche Ausnutzung der Produktionskostenvorteile zu erzielen. Nach der Auswahl eines Vertragspartners ist
dessen Leistungsbereitschaft vertraglich zu fixieren. Es läuft dem Wesen des relationalen
Vertrags dabei nicht zuwider, wenn unter diese Leistungsbereitschaft auch Vereinbarungen über

---

455   Für Büchs, der Unternehmenskooperationen transaktionskostentheoretisch untersucht, drückt sich der Vorteil
       einer Kooperation darin aus, daß unternehmensinterne Ressourcen auf die Bereiche fokussiert werden, die eine
       spezifische Unternehmensstärke darstellen. Darüber hinaus kommt Büchs zu dem Ergebnis, daß eine geringere
       Einbindung von Ressourcen die Verpflichtungen eines Unternehmens vermindert und tendenziell seine
       Flexibilität erhöht, vgl. M. Büchs [1991], S. 15 f.
456   Neoklassische Verträge kommen schon deshalb nicht in Frage, weil die Transaktion häufig (wiederkehrend)
       durchgeführt wird.

Preisstaffeln für verschiedene Wartungs- und Pflegeleistungen sowie Vereinbarungen über Raten der Preissteigerung subsumiert werden. Entscheidend ist in dieser Phase vor allem, daß sich der Dienstleister bei Nachfrage zur Leistung und das Unternehmen zu entsprechender Vergütung verpflichtet. Die gegenseitige Verpflichtung ist auf Dauer, das heißt unbefristet, angelegt. Zur Stabilisierung der vertrauensvollen, dauerhaften Zusammenarbeit zwischen den Vertragspartnern sind schließlich noch Anreizmechanismen vertraglich zu implementieren, die das Wohlverhalten der Vertragspartner sichern. Das Unternehmen beteiligt sich einerseits bspw. an den Schulungsmaßnahmen des Dienstleisters, die zur Reparatur und Wartung der Spezialmaschinen des Unternehmens notwendig sind. Der Dienstleister verpflichtet sich andererseits bspw. zur Reparatur der Maschinen in einer bestimmten Frist und verzichtet bei Überschreitung dieser Frist auf Vergütung seiner Leistung bzw. verpflichtet sich zur Zahlung einer Geldstrafe.

4.3.3   Internes Outsourcing

4.3.3.1 Gestaltung durch relationales Vertragsrecht

Die Abwicklung einer Transaktion im Rahmen des internen Outsourcing erfordert die Anwendung des relationalen Vertragsrechts. Nur innerhalb des relationalen Vertragsrechts werden Transaktionsbeziehungen modelliert, die dauerhaft sind und bei besonderen Anforderungen an die Stabilisierung der wirtschaftlichen Beziehung ausdrücklich Kapitalbeteiligungen des einen Vertragspartners am rechtlich selbständigen, anderen Vertragspartner vorsehen. Dieser Fall begründet dann ein Beherrschungsverhältnis, innerhalb dessen wiederum konkrete Beherrschungsformen unterschieden werden können.[457] Die Transaktion Erstellung der Dienstleistungsgruppe 5 ist im Rahmen des internen Outsourcing über das relationale Vertragsrecht abzuwickeln.[458] Analog zu den Ausführungen bezüglich der Zuordnung einer konkreten Kooperationsform für die Abwicklung der Transaktion Erstellung der Dienstleistungsgruppe 2 wird keine bestimmte Beherrschungsform für die vertragliche Gestaltung des internen Outsourcing

---

457   Vgl. dazu vor allem C. Baur [1990], S. 286 und die entsprechenden Ausführungen zur Differenzierung der Beherrschungsformen in Abschnitt 4.3.1 der Arbeit.

458   Vgl. Abschnitt 4.3.1 der Arbeit.

der Dienstleistungsgruppe 5 ausgewählt.[459] Es kommt darauf an, aufzuzeigen, wie die Transaktionsbeziehung durch kapitalmäßige Verflechtungen zu stabilisieren ist. Die Transaktionskostenuntersuchung der vertraglichen Elemente der Transaktionsbeziehung im Rahmen des internen Outsourcing für die Dienstleistungsgruppe 5 ist somit Gegenstand der folgenden Ausführungen.

Schon in der Anbahnungsphase des Vertrages entstehen nicht nur Suchkosten, sondern auch Informations- und Vertrauenskosten. Zunächst ergeben sich Suchkosten für die Informationsbeschaffung über potentielle Vertragspartner und deren Konditionen. Die Marktfähigkeit der Dienstleistungen der Gruppe 5 erleichtert diese Suche zwar, aufgrund der Immaterialität der Dienstleistung ist eine direkte Bewertbarkeit der Leistungsfähigkeit des Dienstleisters aber nicht mehr möglich. Da das Unternehmen von vornherein eine dauerhafte, vertrauensvolle Transaktionsbeziehung intendiert, reicht die Beurteilung der Reputation des Dienstleisters auf dem relevanten Markt nicht mehr aus. Das Unternehmen befindet sich in einer Situation der Informationsunsicherheit, die Ausdruck einer vorvertraglichen, asymmetrischen Informationsverteilung ist, das Risiko der adversen Selektion beinhaltet und Informationskosten verursacht. Denn nutzt der potentielle Vertragspartner seine Informationsvorteile aus, kann dies zu einer Situation der adversen Selektion führen, in der das Unternehmen einen Vertragspartner mit schlechten Qualitätseigenschaften aussucht. Zur Minderung dieses Risikos kann das Unternehmen Maßnahmen ergreifen, die Vertrauenskosten verursachen. Es werden die Maßnahmen Screening und Signalling unterschieden.

Screening erfordert Aktivitäten zur Überprüfung der Information, so daß der schlechter informierte Partner (das Unternehmen) die Vertrauenskosten für die Entwicklung eines aufwendigen, anreizkompatiblen Vertragsmechanismus trägt. Ein Beispiel für einen Screening-Mechanismus stellt die Differenzierung eines Vertragsangebotes dar, bei dem der Vertragspartner die Wahl zwischen einer festen oder leistungsabhängigen Entlohnung hat. Der leistungsstarke Partner

---

459 Die Bestimmung der Höhe einer Kapitalbeteiligung innerhalb einer bestimmten Beherrschungsform hängt ferner von den finanziellen Möglichkeiten des kapitalgebenden Unternehmens ab; die spezielle Form der Gründung einer Tochtergesellschaft wird von der wirtschaftlichen Existenzfähigkeit der auszugliedernden Dienstleistung bestimmt. Vgl. zu den verschiedenen Formen eines Beherrschungsvertrages auch Abschnitt 4.3.1 der Arbeit.

wird sich dann für die variable, leistungsabhängige Entlohnung entscheiden.[460] Ein weiteres Beispiel für einen Screening-Mechanismus stellt die Auktionierung von Verträgen dar; die Bereitschaft eines potentiellen Vertragspartners, den höchsten Preis zu zahlen, wird dann als Indikator für dessen Leistungsfähigkeit gewertet.[461] Schließlich bleibt für das Unternehmen noch die Möglichkeit, spezielle Tests oder Auswahlverfahren zu gestalten.[462]

Signalling setzt hingegen die Aktivität des potentiellen Vertragspartners voraus, mit der dieser Signale seiner Leistungsfähigkeit und -willigkeit setzt und die Kosten dafür selbst trägt.[463] [464] Signalling verursacht somit für das Unternehmen keine Kosten und ist für die Transaktionskostenbetrachtung der Vertragsgestaltung irrelevant. Signalling wird bei dieser Transaktion deshalb nicht herangezogen.

Da der relationale Vertrag keine Vollständigkeit anstrebt und auf explizite Regelungen weitestgehend verzichtet, fallen die Vereinbarungskosten des Vertrages kaum ins Gewicht. Zwischen den Vertragspartnern sind bei Vertragsschluß zunächst nur die Leistungsbereitschaft des Dienstleisters für die Erbringung bestimmter zu beschreibender Leistungen und die Verpflichtung des Unternehmens zu dessen Vergütung vertraglich zu regeln. Ansonsten steht die wirtschaftliche Beziehung, so wie sie sich im Laufe der Zeit entwickelt, im Mittelpunkt des Vertrages.

Während der Transaktionsbeziehung entwickelt sich bedingt durch die stark ausgeprägte Häufigkeit der Leistungsnachfrage des Unternehmens eine Aufgabenspezifität, die die Durchführung der Transaktion per se positiv beeinflußt. So entwickeln sich im Laufe der Zeit eine Prozeßspezifität in Form von Erfahrungskurveneffekten, eine Teamspezifität der beteiligten Mitarbeiter beider Vertragsparteien in Form von Gruppendynamik und schließlich eine Kommu-

---

460   Vgl. P. Milgrom und J. Roberts [1992], S. 158 f.

461   Vgl. B. Sappington [1991], S. 58.

462   Vgl. B. Wolff [1995], S. 65.

463   Maßnahmen, die Beispiele zum Signalling darstellen, sind das Angebot von Zeugnissen, Testaten oder sonstigen Qualitätsgarantien. Auch das Angebot von Vorleistungen gehört zum Signalling. Vgl. hierzu B. Wolff [1995], S. 63 ff.

464   Ein weiteres Instrument zur Signalisierung von Qualität kann in einer Zertifizierung gemäß der Qualitätsnormreihe DIN ISO 9000ff. bestehen, s. U. Weisenfeld-Schenk [1997], S. 22.

nikationsspezifität durch entstandene informelle Organisation.[465] Darüber hinaus kann die Durchführung der Transaktion, die hohe Anforderungen an den Informationsaustausch zwischen den Vertragspartnern stellt, durch die Einrichtung eines entsprechend effektiven Informationssystems zur Überwindung der Schnittstelle zwischen Unternehmen und Dienstleister gesichert werden. Diese Maßnahme verringert gleichfalls die Informationskosten. Die Einrichtung eines Informationssystems sowie regelmäßige persönliche Treffen zwischen Vertretern der Vertragsparteien zur Lösung auftretender sachlicher Probleme reichen zur Sicherung der Durchführung der Transaktion aus und verursachen Kontrollkosten. Da die Transaktionsbeziehung auf Vertrauen und gegenseitigem Nutzen basiert, kann auf eine weitergehende Kontrolle der Leistungserstellung oder des Ergebnisses verzichtet werden.

Innerhalb einer langfristigen Betrachtung der Transaktionsbeziehung kann die Änderung von Einflußgrößen der Transaktion im Verlauf der Zeit kaum zu Anpassungsmaßnahmen bezüglich der Vertragsinhalte führen, da explizite Regelungen gar nicht Gegenstand des relationalen Vertrages sind und die Transaktion höchstens mittlerer Unsicherheit unterworfen ist. Anpassungskosten werden somit für die Transaktion nicht relevant. Maßnahmen die aufgrund von veränderten Einflußgrößen der Transaktion während ihrer Durchführung ergriffen werden, verursachen ausschließlich Kontrollkosten.

Der Kern der vertraglichen Gestaltung der Transaktion liegt nun bei den Vertrauenskosten, die durch Maßnahmen zur Bewältigung von Verhaltensproblemen verursacht werden. Zunächst tätigt der Dienstleister Investitionen mittleren Ausmaßes für die Anpassung seiner Leistungserstellung an die relevanten Unternehmensspezifika. Auch für gemischt-spezifische Investitionen entwickelt sich bei gegebenem Opportunismus der Akteure im Verlauf der Transaktionsbeziehung eine fundamentale Transformation, die das Verhaltensproblem des Hold up[466] begründet. Die Schutzbedürftigkeit der vom Dienstleister zu tätigenden Investitionen begründet wiederum die Abhängigkeit des Dienstleisters vom Wohlverhalten des Unternehmens. Zunächst hat das Unternehmen mit der Drohung des Vertragsabbruchs und des Wechsels des Trans-

---

465   Vgl. Abschnitt 3.3.4.1 der Arbeit.

466   Zur grundsätzlichen Eignung relationaler Verträge, Hold-up-Probleme einzudämmen, vgl. auch J. Malcomson [1997].

aktionspartners das stärkere Drohpotential, da ihm keine Investitionen verlorengehen bzw. wertschöpfende oder strategische Leistungen nicht unmittelbar gefährdet sind. Das Unternehmen kann zumindest versuchen, in Nachverhandlungen die vom Dienstleister aufgebaute Quasi-Rente opportunistisch abzuschöpfen.

Andererseits erlangt der Dienstleister im Laufe der Transaktionsbeziehung sensible Informationen, die der Geheimhaltung bedürfen. Hieraus entsteht für das Unternehmen bei gegebenem Opportunismus ein Verhaltensrisiko des Dienstleisters. Allerdings ist die Entwicklung eines vertrauensbildenden Mechanismus noch nicht notwendig, da eine Verletzung der Geheimhaltungspflicht selbst beim Bestehen eines relationalen Vertrages zu dessen Abbruch führen würde und gravierende strafrechtliche Konsequenzen für den Dienstleister nach sich zöge - von den Reputationsverlusten[467] ganz abgesehen. Schließlich verbleibt aus der Perspektive des Unternehmens jedoch noch das Moral-Hazard-Problem als Ausdruck von Informationsnachteilen bei einer sich nach Vertragsschluß entwickelnden asymmetrischen Informationsverteilung. Allerdings wird dieses Verhaltensproblem dadurch gemildert, daß das Unternehmen aufgrund der häufigen Nachfrage der Leistung durchaus Informationen über die Anstrengungen des Dienstleisters gewinnt, was das Problem der "hidden action" eindämmt. Ob der Dienstleister alle ihm zur Verfügung stehenden Informationen optimal zur Leistungserstellung für das Unternehmen nutzt, kann vom Unternehmen hingegen aufgrund der Immaterialität der Dienstleistung und der daraus resultierenden Unsicherheit nicht vollständig überwacht werden. Zur Eindämmung des Problems der "hidden information" ist es notwendig, dem Dienstleister entsprechende Anreize bspw. in Form einer leistungsabhängigen Vergütung zu setzen.

Es ist somit festzuhalten, daß sich beidseitige Abhängigkeiten der Vertragspartner bilden, die ein bilaterales Monopol begründen und von den Vertragspartnern zu Nachverhandlungen genutzt werden können. Allerdings ist die Abhängigkeit des Dienstleisters höher zu bewerten, da das Unternehmen über das stärkere Drohpotential verfügt, die Transaktionsbeziehung abzubrechen. Deshalb fungiert hier der Einsatz einer Kapitalbeteiligung des Unternehmens am Dienstleister als Stabilitätsmechanismus der Transaktionsbeziehung. Die mit einer Kapitalbe-

---

467   Rubin sieht in der Reputation eines Vertragspartners die wichtigste Garantie für nicht-opportunistisches Verhalten, s. P. Rubin [1990], S. 35 f.

teiligung verbundene Harmonisierung der Interessen der Vertragspartner schwächt die Anreize für opportunistisches Verhalten.[468] Zunächst hat das kapitalgebende Unternehmen mit der Kapitalbeteiligung eine Art Pfand an den Dienstleister gegeben, das ihn vor Ausbeutungsversuchen schützt. Die durch die Kapitalbeteiligung bewirkte grundsätzliche Interessenangleichung zwischen den Vertragspartnern[469] reduziert darüber hinaus das opportunistische Ausnutzen von Informationsvorteilen[470], also das Risiko des Moral Hazard im allgemeinen und das für diese Transaktion relevante Problem der "hidden information" durch den Dienstleister im besonderen. Die Vertrauenskosten bestehen somit vor allem in der Kapitalbeteiligung des Unternehmens am Dienstleister.

Abschließend wird die als repräsentatives Beispiel gewählte betriebliche Datenverarbeitung zur Veranschaulichung der diskutierten Transaktionskostenzusammenhänge herangezogen. Die betriebliche Datenverarbeitung wurde in Abschnitt 4.2.2.1.6 als das Erfassen, Übermitteln und Organisieren von Daten zum Zweck der Informationsgewinnung für die Entscheidungsfindung beschrieben und bezieht sich vor allem auf die Unterstützung des administrativen Bereichs des Unternehmens. Die Aufgaben der betrieblichen Datenverarbeitung können durch die Einrichtung eines Rechenzentrums institutionalisiert und organisiert werden. Durch die Betrachtung des Gegenstandsbereiches eines Rechenzentrums läßt sich eine verbesserte Ein- und Abgrenzung der betrieblichen Datenverarbeitung erzielen und vor allem ihr operativer Charakter verdeutlichen. Gerade in Abgrenzung zu dem Beispiel des strategischen Informationsmanagements der Dienstleistungsgruppe 3 stellt die betriebliche Datenverarbeitung den Betrachtungsgegenstand der operativen Ebene des Informationsmanagements dar.[471] Ihre Ausgliederung stellt einerseits den Gegenstand betriebswirtschaftlicher Untersuchungen dar,[472] und die Einrichtung

---

468 Vgl. C. Baur [1990], S. 100.

469 Das Unternehmen hat Interesse an der Gewinnerzielung des Dienstleisters und der Dienstleister hat das Interesse, die Kapitaleinlage zu halten.

470 Vgl. A. Picot et al. [1997], S. 135.

471 Vgl. auch die Einordnung nach P. Stahlknecht [1995], S. 462 ff., der die Aufgaben des Rechenzentrums in systemorientierte (Hardware und Systemsoftware), anwendungsorientierte (Daten, Anwendungsprogramme) und transportorientierte (Netzbetrieb) gliedert.

472 Besonders zu würdigen sind hier die Arbeiten von A. Heinzl, die der Ausgliederung der betrieblichen Datenverarbeitung gewidmet sind, vgl. A. Heinzl [1991] und derselbe [1992] sowie A. Heinzl und J. Weber [1993]. Heinzl beschreibt in seinen Untersuchungen zunächst die Voraussetzungen der Ausgliederung sowie deren meßbare und nicht meßbaren Ziele, um dann bezüglich der Art der ausgegliederten Einheit in Tochterunternehmen, Gemeinschaftsunternehmen und Beteiligungsunternehmen zu differenzieren. Er kommt zu dem

einer Rechenzentrums-Servicegesellschaft bildet andererseits den Gegenstand von Outsourcing-Verträgen in der betrieblichen Praxis[473].

Zunächst ist im Rahmen der Anbahnungsphase des Vertrages ein geeigneter Rechenzentrums-Dienstleister zu suchen. Nach Festlegung der auszugliedernden Leistungen wird ein Abgleich mit dem auf dem Markt vorhandenen Leistungsprofil der Anbieter vorgenommen. Darüber hinaus sind vor Vertragsschluß Maßnahmen zur Überprüfung der Leistungsfähigkeit der relevanten Dienstleister zu ergreifen, um die vorhandenen Informationsdefizite des Unternehmens zu beheben. Für den hier betrachteten Fall der Rechenzentrums-Dienstleister wird eine Befragung Dritter nach deren Erfahrungen mit den in Frage kommenden Dienstleistern aufgrund der Marktdurchdringung dieser Dienstleistung im allgemeinen ausreichen. Nachdem der geeignete, leistungsstärkste Dienstleister ermittelt ist, sind eine vertragliche Vereinbarung über die Leistungsbereitschaft des Dienstleisters zur Erbringung bestimmter Rechenzentrumsleistungen bzw. Datenverarbeitungsleistungen zu treffen und die Verpflichtung des Unternehmens zu einer bestimmten Vergütung zu regeln. Auch eine Vereinbarung über die Höhe einer vom Unternehmen zu leistenden Kapitalbeteiligung wird im Rahmen dieses Vertrages getroffen. Die Höhe der Kapitalbeteiligung bemißt sich an den vom Dienstleister vorab in die Transaktionsbeziehung zu tätigenden Investitionen, wie etwa Anpassungen an die spezifische Datenorganisation des Unternehmens.

Des weiteren wird im Laufe der Transaktionsbeziehung ein Schnittstellenmanagement zwischen den Vertragspartnern zu entwickeln sein, was aber nicht Gegenstand einer expliziten Regelung bei Vertragsschluß ist, sondern gemäß der Beziehung, so wie diese sich im Lauf der Zeit entwickelt, zu gestalten ist. Innerhalb eines Schnittstellenmanagements ist der reibungslose Informationsaustausch zwischen den Vertragspartnern sicherzustellen, was durch die Entwicklung eines entsprechenden Informationssystems zu gewährleisten ist. Es entspricht gerade dem

---

Ergebnis, daß die Ausgliederung in Form einer Tochtergesellschaft (mit einer hundertprozentigen Kapitalbeteiligung) in der Rechtsform der GmbH den größten Anteil an den drei beschriebenen Ausgliederungsformen nehmen, wobei in diesem Fall die Hälfte der Unternehmen sämtliche Aufgaben der Datenverarbeitung ausgliedert. Heinzl schließt weiterhin, daß bezüglich der Wirkung der Ausgliederung festgestellt werden kann, daß positive Effekte auf die Steuerung und Kontrolle der Datenverarbeitung, auf die Innovationsfähigkeit, auf die Servicementalität und die Kooperationsfähigkeit erzielt werden konnten, siehe A. Heinzl [1992], S. 39 f.

473   Vgl. dazu die in Abschnitt 2.3.2.4 der Arbeit vorgestellten, exemplarischen Verträge.

Wesen des relationalen Vertrags, keine explizite Regelung aller vertraglich relevanten Bedingungen vorzunehmen. Deshalb ist es selbst für ein Beispiel wie die Beteiligung eines Unternehmens an einem Rechenzentrums-Dienstleister nicht möglich, den Prozeß der Vertragsgestaltung konkreter zu beschreiben.

5.   Schlußbetrachtung

5.1   Zusammenfassung der Ergebnisse der Untersuchung

Dienstleistungen werden in der Arbeit als Produkte oder Prozesse verstanden, die sich durch Immaterialität oder Integration des externen Faktors auszeichnen. Unternehmensinterne Dienstleistungen lassen sich zunächst allgemein nach ihrer strategischen Bedeutung sowie ihrer Funktionsbezogenheit systematisieren. Nach der Definition und der Systematisierung der Dienstleistungen werden zunächst Mikrostrukturen und nachfolgend Makrostrukturen daraufhin untersucht, inwieweit eindeutige Aussagen zur unternehmensinternen Organisation von Dienstleistungen getroffen werden können. Innerhalb der Mikrostrukturen berücksichtigen die Linienstellen ausschließlich funktionale Dienstleistungen. Die Stäbe erfassen grundsätzlich funktionsübergreifende Dienstleistungen, können aber auch funktionale Dienstleistungen abbilden. In den Dienstleistungsstellen können alle Dienstleistungsarten organisiert werden, während Zentralbereiche ausschließlich für strategische, funktionsübergreifende Dienstleistungen herangezogen werden. Eine eindeutige Zuordnung der verschiedenen Dienstleistungsarten zu den beschriebenen Mikrostrukturen ist somit nicht möglich.

Zur Erzielung aussagekräftiger Ergebnisse werden ferner Makrostrukturen betrachtet, da die Funktion der Mikrostrukturen durch die jeweilige Makrostruktur determiniert wird. Innerhalb der Stab-Linien-Organisation werden funktionsübergreifende Dienstleistungen ohne strategische Bedeutung in zentralen Stabsstellen, wie der Dienstleistungsstelle, organisiert. Stabsstellen auf unterschiedlichen Hierarchieebenen sind hingegen geeignet, funktionale Dienstleistungen sowohl mit als auch ohne strategische Bedeutung zu erfassen. Funktionsübergreifende Dienstleistungen mit strategischer Bedeutung werden in Zentralbereichen organisiert. Innerhalb der divisionalen Organisation werden alle Dienstleistungen in der Mikrostruktur Zentralbereich organisiert, da die Abgrenzung zwischen Stab und Linie in dieser Makrostruktur aufgehoben wird. Schließlich werden innerhalb der Matrixorganisation die funktionalen Dienstleistungen in den Matrixzellen erbracht, und die funktionsübergreifenden Dienstleistungen werden von generalisierten und spezialisierten Stäben wahrgenommen. Es können somit zwar Möglichkeiten

zur unternehmensinternen Organisation von Dienstleistungen aufgezeigt werden; eine allgemeingültige, von den Strukturtypen unabhängige Referenzsituation für unternehmerische
Outsourcing-Entscheidungen ist jedoch nicht nachzuweisen.

Deshalb wird das Mintzberg-Modell herangezogen, nach dem jede (Unternehmens-) Organisation durch die Identifikation von fünf Grundbausteinen dargestellt und somit organisationales
Geschehen systematisiert werden kann, ohne von einer bestimmten Aufbauorganisation auszugehen. Es resultieren die Ergebnisse, daß der operative Kern produktbegleitende, operative
Dienstleistungen der Funktionen Beschaffung, Produktion und Distribution erfüllt, daß die
strategische Spitze die strategischen, funktionsübergreifenden Dienstleistungen des dispositiven
Faktors erbringt und die Technostruktur strategische, funktionsübergreifende Dienstleistungen
der oberen Führungsebene mit Know-How-Barrieren erfaßt. Die unterstützenden Einheiten
erstellen als heterogener Baustein schließlich alle verbleibenden Dienstleistungsarten: funktionsfreie Dienstleistungen, die verbleibenden funktionsübergreifenden, strategischen Dienstleistungen, funktionsübergreifende Dienstleistungen ohne strategische Bedeutung sowie funktionale,
strategische Dienstleistungen und solche ohne strategische Bedeutung, die nicht dem operativen
Kern zuzuordnen sind. Aus der Verknüpfung des Systematisierungsansatzes und des Mintzberg-
Modells resultieren somit genau acht verschiedene Dienstleistungsgruppen, die zum Gegenstand
unternehmerischer Outsourcing-Entscheidungen werden.

Die Gestaltung eines Bezugsrahmens für unternehmerische Outsourcing-Entscheidungen bildet
den Abschluß des Kapitels 2 der Arbeit. Outsourcing wird hier als der Fremdbezug unternehmensinterner Dienstleistungen definiert und in externes Outsourcing als der Auslagerung der
Leistung an einen Dienstleister und internes Outsourcing als Ausgliederung der Leistung in ein
rechtlich selbständiges, aber kapitalmäßig verbundenes Unternehmen differenziert. Eine
Aufarbeitung der betriebswirtschaftlichen Literatur ergibt erstens, daß Outsourcing-Überlegungen im wesentlichen aus Gründen der Qualitätsverbesserung, der Kostensenkung und der
Risikoabwälzung angestellt werden. Zweitens wird festgestellt, daß ausschließlich Make-or-
Buy-Ansätze in Form von kostenrechnerischen Verfahren oder unternehmensstrategischen
Ansätzen als Entscheidungsmethoden zum unternehmerischen Outsourcing herangezogen
werden.

Daneben fungieren noch Praktikerverfahren, wie Argumentenbilanzen, als Entscheidungsunterstützung.

In Kapitel 3 wird die Transaktionskostentheorie nach der Konzeption von WILLIAMSON eingeführt, ihre Einordnung in den Kontext der Neuen Institutionellen Ökonomie vorgenommen und ihre Leistungsfähigkeit hinsichtlich der Problemstellung des unternehmerischen Outsourcing verdeutlicht. In Kapitel 4 wird Outsourcing als transaktionskostentheoretisches Problem formuliert. Auf dieser Grundlage wird in Kapitel 4.2 ein transaktionskostentheoretisches Modell unternehmerischer Outsourcing-Entscheidungen entwickelt, das die folgenden Ergebnisse liefert.

Dienstleistungen, die geringer Unsicherheit unterworfen sind und sich durch geringe Faktorspezifität auszeichnen, sind unabhängig von der Häufigkeit, mit der sie unternehmensintern nachgefragt werden, auszulagern und somit dem externen Outsourcing zuzuordnen. Die funktionsfreien Dienstleistungen, die in der Arbeit durch die Dienstleistungsgruppe 4 erfaßt werden, bilden diese Gruppe von Dienstleistungen.

Dienstleistungen, die sich durch gemischte oder hohe Faktorspezifität auszeichnen und selten unternehmensintern nachgefragt werden, fallen ebenfalls - unabhängig von ihrer strategischen Bedeutung - in den Organisationsbereich des externen Outsourcing. Diese Gruppe von Dienstleistungen wird zum einen aus den funktionsübergreifenden, strategischen Dienstleistungen der Technostruktur (Dienstleistungsgruppe 3) und zum anderen aus den funktionalen, strategischen Dienstleistungen (Gruppe 8) gebildet.

Dienstleistungen, die sich durch gemischte Faktorspezifität auszeichnen und häufig unternehmensintern nachgefragt werden, gehören auch zum Organisationsbereich des Outsourcing. Dazu zählen neben den funktionalen, operativen Dienstleistungen der Gruppe 2 auch die funktionsübergreifenden Dienstleistungen der Gruppe 5. Jedoch kann an dieser Stelle der Arbeit noch keine Aussage getroffen werden, ob diese Dienstleistungsgruppen jeweils auszulagern oder auszugliedern sind.

Dienstleistungen, die sich durch hohe Faktorspezifität auszeichnen und häufig unternehmensintern nachgefragt werden, verbleiben in der Unternehmenshierarchie und sind somit nicht zum
Outsourcing geeignet. Zu diesen Dienstleistungen gehören die funktionsübergreifenden, strategischen Dienstleistungen des dispositiven Faktors (Gruppe 1), die funktionsübergreifenden,
strategischen Dienstleistungen ohne Know-How-Barrieren der Gruppe 6 sowie die funktionalen
Dienstleistungen ohne strategische Bedeutung (Gruppe 7). Diese drei Dienstleistungsgruppen
werden deshalb aus der weiteren Untersuchung ausgeschlossen.

In Kapitel 4.3 werden die aus Kapitel 4.2 gewonnenen fünf Outsourcing-Entscheidungen auf der
Basis einer expliziten Transaktionskostendiskussion vertraglich gestaltet. Für die Dienstleistungsgruppe 4 kann eine geringe Relevanz von Transaktionskosten abgeleitet werden, so daß
ein klassischer Standardvertrag zur Überwachung der Transaktionsbeziehung zwischen dem
Unternehmen und dem Dienstleister hinreichend ist. Aufgrund der Materialität des Dienstleistungsergebnisses und der geringen Integration von Unternehmensmitgliedern in den Erstellungsprozeß rückt die Dienstleistungsgruppe 4 nahe an das Wesen von Sachgütern. Daraus
erklärt sich die Dominanz der Produktionskosten als Entscheidungskriterium für die Auswahl
des Dienstleisters. Nur die hohe Häufigkeit, mit der die Transaktion durchgeführt wird, bedingt,
daß die Identität der Vertragspartner nicht belanglos ist. Für diese Transaktion entstehen somit
zumindest Anbahnungs- und Kontrollkosten.

Relativ zur klassischen Vertragsgestaltung wird die zunehmende Relevanz der Transaktionskosten bei neoklassischer Vertragsgestaltung schon für den Leistungsaustausch der Dienstleistungsgruppe 8 deutlich. Denn eine Entscheidung, die ausschließlich auf dem niedrigsten
Angebotspreis der Dienstleistung beruht, wird wegen der dann verursachten hohen Kontroll-
und Anpassungskosten ineffizient. Allerdings nehmen die Verhaltensprobleme in dieser Transaktionsbeziehung noch kein so hohes Ausmaß an, daß die Transaktionskosten als ausschließliche Entscheidungsgröße fungieren. Dementsprechend resultiert zur Abwicklung der Transaktion
ein zeitlich befristeter Werkvertrag, der zudem eine explizite Vereinbarung über ein Projektmanagement enthält.

Besonders deutlich wird die Relevanz der Transaktionskosten für die Transaktion Erstellung funktionsübergreifender, strategischer Dienstleistungen mit Know-How-Barrieren. Bedingt durch die hohe Faktorspezifität und Unsicherheit der Transaktion werden hohe Kontroll- und Anpassungskosten verursacht. Zudem entstehen Vertrauenskosten aufgrund gravierender Verhaltensprobleme. Diese Transaktionskostenarten dokumentieren verglichen mit dem Fall der Eigenerstellung die schlechteren Kontroll- und Überwachungsmöglichkeiten bei Fremdbezug. Produktionskostenvorteile, die sich bei Fremdbezug wegen der bestehenden Know-How-Barrieren und der seltenen Nachfrage der entsprechenden Dienstleistungen ergeben, können die Transaktionskosten jedoch überkompensieren, falls der neoklassische Vertrag transaktions-kosteneffizient gestaltet wird. Die Untersuchung hat ergeben, daß zu diesem Zweck erstens im Rahmen eines expliziten Projektmanagements ein Team von Unternehmensmitgliedern in die Dienstleistungserstellung zu integrieren ist und zweitens eine Einigung der Vertragspartner auf einen im Streitfall hinzuzuziehenden Schlichter zu erzielen ist.

Die Auslagerung der Dienstleistungsgruppe 2 ist auf der Basis des relationalen Vertragsrechts zu regeln und enthält relativ zu den vertraglichen Regelungen der drei vorhergehenden Trans-aktionen als vierte Form des externen Outsourcing den geringsten Anteil an marktlichen Elementen. Dennoch gehört die Transaktion zu den externen Outsourcing-Entscheidungen, da wegen der nur geringen Unsicherheit, der die Transaktion unterworfen ist, eine kapitalmäßige Verflechtung mit dem Dienstleister nicht notwendig ist. Unterstützt wird die Auslagerungsent-scheidung dadurch, daß sich die Anbahnungs- und Vereinbarungskosten aufgrund der dauerhaf-ten Transaktionsbeziehung durch Fixkostendegression amortisieren. Innerhalb des Koopera-tionsvertrages ist den aus Verhaltensproblemen resultierenden Abhängigkeiten zwischen den Vertragspartnern mit Anreizen in Form von Prämien und mit der Unterstützung des Dienst-leisters bei den zu tätigenden Investitionen Rechnung zu tragen.

Die Transaktion Erstellung von Dienstleistungen der Gruppe 5 bedarf einer stärkeren Stabilisie-rung, denn eine Auslagerung der nicht wertschöpfenden Routinedienstleistungen würde den aus der gegebenen Unsicherheit resultierenden Verhaltensproblemen zuwiderlaufen und die Trans-aktionskosten deutlich erhöhen. Die Transaktion ist deshalb über das interne Outsourcing zu organisieren und auf der Basis eines relationalen Beherrschungsvertrages zu regeln. Dieser Vertrag beinhaltet eine Kapitalbeteiligung des Unternehmens am Dienstleister und sichert so die erforderliche Überwachung der Transaktion, ohne auf Leistungsanreize zu verzichten, die bei einer unternehmensinternen Abwicklung der Dienstleistungserstellung durch bürokratische Verzerrungen gefährdet wären.

5.2 Kritische Würdigung der Untersuchung und Ausblick

Aus der Heterogenität des Dienstleistungsbegriffes und der Vielfalt der Systematisierungsansätze, die in der betriebswirtschaftlichen Theorie der Dienstleistungen verwendet werden, war ein der Problemstellung des Outsourcing gerecht werdender Untersuchungsgegenstand zu entwickeln. Dies erfolgte durch die Identifikation von acht überschneidungsfreien Gruppen unternehmensinterner Dienstleistungen, in denen nicht nur alle in der betrieblichen Praxis relevanten Dienstleistungsarten vollständig erfaßt werden können, sondern darüber hinaus auch eine eindeutige Zuordnung von unternehmensinternen Dienstleistungen zu den acht Gruppen ermöglicht wurde. Daß eine robuste Einordnung konkreter Dienstleistungen der betrieblichen Praxis in die acht Dienstleistungsgruppen für alle Unternehmen nicht möglich ist, mag zunächst als Mangel erscheinen. Dies trägt jedoch der Tatsache Rechnung, daß für verschiedene Arten von Unternehmen, vor allem bedingt durch verschiedene Branchenzugehörigkeit und Größe, dieselbe Dienstleistung für das jeweilige Unternehmen strategische Bedeutung haben kann oder nicht, Know-How-Barrieren begründet oder nicht. Eine flexible Einordnung wird durch den entwickelten Ansatz ermöglicht und somit eine Anwendung auf verschiedenste Unternehmen gewährleistet.

Der Begriff des Outsourcing und dessen Bezugsrahmen wurde weitgehend auf der Grundlage der einschlägigen Literatur entwickelt, jedoch vom in der Literatur dominierenden Betrachtungsobjekt der Informationsverarbeitungsleistungen auf die Gesamtheit unternehmensinterner Dienstleistungen übertragen. Aufgrund der Darstellung der Defizite der aus der Literatur übernommenen Bewertungsansätze zum Outsourcing wurde der Mangel einer theoretisch fundierten Auseinandersetzung deutlich.

Der transaktionskostentheoretische Ansatz dokumentiert seine Eignung zunächst dadurch, daß alle für das Outsourcing relevanten Aspekte in den drei Transaktionsdimensionen und durch die Verhaltensannahmen erfaßt werden; die strategische Bedeutung einer Dienstleistung schlägt sich in der Unsicherheit nieder, und Know-How-Barrieren werden durch die Faktorspezifität erfaßt. Die wenig operationalen Begriffe des Kerngeschäfts und der Routinetätigkeit, die sich zudem überschneiden, werden in der Transaktionskostentheorie mit den Dimensionen Faktorspezifität und Häufigkeit überschneidungsfrei abgebildet. Durch die Anwendung der Transaktionskostentheorie werden dann relativ zu anderen Bewertungsansätzen differenziertere Ergebnisse gewonnen. So werden strategische Dienstleistungen, selbst wenn diese Know-How-Barrieren begründen, ausgelagert, falls sie vom Unternehmen selten nachgefragt werden. Strategische Dienstleistungen, die häufig nachgefragt werden, sind jedoch unternehmensintern zu erstellen. Hingegen sind Dienstleistungen mit Querschnittsfunktion, aber ohne strategische Bedeutung, auszugliedern. Die wesentlichen Ursachen für die abweichenden Ergebnisse liegen einerseits in der klaren Differenzierung nach Transaktionsdimensionen und andererseits in der expliziten Berücksichtigung menschlichen Verhaltens in Form von Opportunismus und beschränkter Rationalität durch die Transaktionskostentheorie. Dadurch werden die mit dem Outsourcing unternehmensinterner Dienstleistungen einhergehenden Abhängigkeitsprobleme explizit modelliert und nicht als unvermeidliche Konsequenz der Outsourcing-Entscheidung betrachtet, wie das in den klassischen Make-or-Buy-Ansätzen geschieht.

Grundsätzlich zeigt sich ein Problem der Transaktionskostentheorie jedoch darin, daß zwar Annahmen über die Wettbewerbsbedingungen auf dem relevanten Markt für die jeweilige Dienstleistung getroffen werden können, die vorvertragliche Wettbewerbssituation jedoch nicht durch die Theorie erfaßt wird. Die Wettbewerbsbedingungen sind bei spezifischen Transaktionen aber durchaus relevant, so daß Annahmen über diese Bedingungen indirekt aus dem Wesen der Dienstleistung und ihrer Marktfähigkeit abzuleiten sind. Problematisch ist des weiteren der Begriff der Faktorspezifität einer Transaktion. Das Verständnis der Faktorspezifität als Maß dafür, mit welchem Verlust ein Potentialfaktor anderen Verwendungszwecken zugeführt werden kann, ist nicht unbedingt operational. Eine erhöhte Operationalität und vielleicht sogar eine bessere Meßbarkeit könnte eine der Investitionstheorie entsprechenden Sichtweise der Faktorspezifität bewirken, wenn die Investitionen, die ausschließlich wegen der betrachteten Transaktionsbeziehung getätigt werden, als Maß der Faktorspezifität angesetzt würden. Darüber hinaus berücksichtigt der transaktionskostentheoretische Ansatz den Einfluß des Machtverhält-nisses zwischen den Entscheidungsträgern bei Outsourcing-Entscheidungen nicht. Die Trans-aktionskostentheorie stellt ausschließlich auf Kosteneinsparungen als Entscheidungskriterium ab.

Ein weiteres Defizit des Untersuchungsansatzes besteht in der mangelnden Meßbarkeit der Transaktionskosten. So ist es nicht möglich, verschiedene Organisations- bzw. Vertragsformen des Outsourcing durch die Summe aus Produktions- und Transaktionskosten absolut zu be-werten. Es stellt sich aber die Frage, ob die Meßbarkeit von Kosten aufgrund des Einflusses von menschlichem Verhalten überhaupt erreicht werden kann und notwendig ist. Denn die Berück-sichtigung von Transaktionskosten und Produktionskosten erhöht auch bei einer rein qualitati-ven Analyse, wie sie in dieser Arbeit durchgeführt wurde, die Entscheidungsqualität für das Problem der Organisation unternehmensinterner Dienstleistungen. Die Aufgabe der Forderung nach Meßbarkeit der Transaktionskosten ist nicht nur realitätsnah, sondern eröffnet vor allem die Möglichkeit, die Spezifika von Dienstleistungen, wie die Immaterialität und die Integration des externen Faktors, sowie menschliches Verhalten, das gerade bei langfristigen Transaktions-beziehungen wie denen des Outsourcing relevant wird, hinreichend und theoretisch fundiert zu berücksichtigen. Genau dadurch werden gegenüber anderen Ansätzen, auch denen, die auf meßbaren Produktionskosten basieren, differenziertere Aussagen für die Organisation unter-nehmensinterner Dienstleistungen erzielt.

Diese Arbeit hat die Leistungsfähigkeit des Transaktionskostenansatzes für die Entscheidung über die Organisation unternehmensinterner Dienstleistungen deutlich gemacht. Darüber hinaus verbleiben drei wesentliche Ansatzpunkte für Untersuchungen innerhalb dieses Forschungs-gebietes. Erstens besteht zur Verbesserung der Leistungsfähigkeit der Transaktionskostentheorie weiterer Untersuchungsbedarf. Eine Möglichkeit besteht darin, die Transaktionsdimension Faktorspezifität strikt als Maß für Investitionen zu interpretieren, die zu einem Abbau der Willkür bei der Interpretation dieser Dimension beitragen kann. Dazu können auch empirische Untersuchungen zum Outsourcing einen Beitrag leisten, mit denen die transaktionsbedingten Investitionen erfaßt werden.

Wird zweitens die in dieser Arbeit vorgenommene Beschränkung der Untersuchung auf Dienstleistungen aufgegeben, ergibt sich ein erweiterter transaktionskostentheoretischer Untersuchungsansatz zur Bestimmung der optimalen Leistungstiefe von Unternehmen. Gegenstand der Betrachtung sind dann alle im Unternehmen zu erstellenden Güter oder Dienstleistungen. Der Transaktionskostenansatz umfaßt dadurch auch die klassischen Make-or-Buy-Probleme, so daß die in der Arbeit diskutierten Bewertungsmethoden zum Outsourcing durch eine mit weniger Aufwand durchzuführende transaktionskostentheoretische Analyse ersetzt werden können. Eine solche Analyse könnte für den Leistungsaustausch von Sachgütern analog zu den in den Kapiteln 4.2. und 4.3 für Dienstleistungen angestellten Überlegungen durchgeführt werden.

Der Einfluß von Informations- und Kommunikationstechnologien auf die Unternehmensgröße wird bspw. durch die Entwicklung strategischer Netzwerke und virtueller Unternehmen dokumentiert. Gerade der betriebliche Einsatz dieser Technologien führt zu einer Einsparung von Transaktionskosten und eröffnet Möglichkeiten zum Leistungsaustausch über die Unternehmensgrenzen hinweg. Die vorliegende Untersuchung könnte deshalb drittens um diesen Aspekt erweitert werden. Der Ansatzpunkt besteht dann genau darin, zu prüfen, inwiefern sich Outsourcing-Entscheidungen bzw. Verträge ändern, wenn ausgewählte, moderne Informations- und Kommunikationstechnologien explizit berücksichtigt werden. Es wäre letztendlich zu untersuchen, in welchem Maße der Einsatz solcher Technologien innerhalb einer Transaktionsbeziehung Transaktionskosten einspart, so daß einerseits Überwachungsmechanismen in einer Transaktionsbeziehung abgebaut werden können und andererseits auch neue institutionelle Einbindungsformen zur Organisation von Outsourcing-Entscheidungen entstehen.

Es ist festzuhalten, daß weder das Potential zur Weiterentwicklung der Transaktionskostentheorie noch ihre Anwendungsmöglichkeiten innerhalb der betriebswirtschaftlichen Outsourcing-Forschung erschöpft sind.

Literaturverzeichnis

Achinger, Karl Heinz [1993], Outsourcing von DV-Leistungen - Pragmatische Lösung oder Verlust einer strategischen Ressource?, in: A.-W. Scheer (Hrsg.), Handbuch Informationsmanagement, Wiesbaden 1993, S. 809-830

Ahrend, Daniel [1992], Das Outsourcing-Konzept - Darstellung und Kritik einer alternativen Organisationsform für die betriebliche Datenverarbeitung, in: Schriftenreihe des Fachbereichs Wirtschaft der Hochschule Bremen, Bd. 50, 1992

Albach, Horst [1981], The Nature of the Firm, in: Journal of Institutional and Theoretical Economics, Vol. 137, 1981, S. 717-722

Albach, Horst [1989a], Kosten, Transaktionen und externe Effekte im betrieblichen Rechnungswesen, in: H. Albach (Hrsg.), Organisation, Wiesbaden 1989, S. 27-42

Albach, Horst [1989b], Dienstleistungsunternehmen in Deutschland, in: Zeitschrift für Betriebswirtschaft, Jg. 59, 1989, S. 397-420

Albach, Horst [1989c], Dienstleistungen in der modernen Industriegesellschaft, München 1989

Albach, Horst [1990], Innovation. A Cross-Cultural Perspective, Berlin 1990

Albach, Horst [1993], Culture and Technical Innovation, Berlin 1993

Albach, Horst; Albach, Renate [1989], Das Unternehmen als Institution, Wiesbaden 1989

Alchian, Armen A. [1965], Some Economics of Property Rights, in: A. Alchian (Hrsg.), Economic Forces at Work, Indiana 1965, S. 127-149

Alchian, Armen; Demsetz, Harold [1973], The Property Right Paradigm, in: Journal of Economic History, Vol. 33, 1973, S. 16-27

Alchian, Armen A.; Woodward, Susan [1987], Reflections on the Theory of the Firm, in: Journal of Institutional and Theoretical Economics, Vol. 143, 1987, S. 110-136

Alchian, Armen A.; Woodward, Susan [1988], The Firm Is Dead; Long Live the Firm, A Review of Oliver E. Williamson's "The Economic Institutions of Capitalism", in: Journal of Economic Literature, Vol. 26, 1988, S. 65-79

Altenburger, Otto A. [1994], Potentialfaktoren als derivative Produktionsfaktoren der Dienstleistungsproduktion - Einige Gedanken zur Produktionstheorie der Dienstleistungen, in: H. Corsten (Hrsg.), Integratives Dienstleistungsmanagement, Wiesbaden 1994, S. 155-167

Arrow, Kenneth J. [1969], The Organization of Economic Activity: Issues Pertinent to the

Choice of Market versus Nonmarket Allocation, in: Joint Economic Committee (Hrsg.), The Analysis and Evaluation of Public Expenditures: The PBB-System, 91st Congress of the United States, 1st Session, Vol. 1, Washington 1969, S. 47-64

Arrow, Kenneth J. [1985], The Economics of Agency, in: J. Pratt und R. Zeckhauser (Hrsg.), Principals and Agents: The Structure of Business, Boston 1985, S. 37-51

Arrow, Kenneth J. [1986], Rationality of Self and Others in an Economic System, in: Journal of Business, Vol. 59, 1986, S. 385-397

Barzel, Yoram [1985], Transaction Costs: Are They Just Costs?, in: Journal of Institutional and Theoretical Economics, Vol. 141, 1985, S. 4-16

Baumol, William J.; Panzar, John C.; Willig, Robert D. [1982], Contestable Markets and the Theory of Industry Structure, New York 1982

Baur, Cornelius [1990], Make-or-buy-Entscheidungen in einem Unternehmen der Automobilindustrie: empirische Analyse und Gestaltung der Fertigungstiefe aus transaktionskostentheoretischer Sicht, München 1990

Benkenstein, Martin [1994a], Dienstleistungsqualität, Ansätze zur Messung und Implikationen für die Steuerung, in: H. Corsten (Hrsg.), Integratives Dienstleistungsmanagement, Wiesbaden 1994, S. 421-445

Benkenstein, Martin [1994b], Die Gestaltung der Fertigungstiefe als wettbewerbsstrategisches Entscheidungsproblem - Eine Analyse aus transaktions- und produktionstheoretischer Sicht, in: Schmalenbachs Zeitschrift für betriebswirtschaftliche Forschung, Jg. 46, 1994, S. 483-498

Benkenstein, Martin; Henke, Nicolaus [1993], Der Grad vertikaler Integration als strategisches Entscheidungsproblem - Eine transaktionskostentheoretische Interpretation, in: Die Betriebswirtschaft, Jg. 53, 1993, S. 77-91

Benko, Cathleen [1993], Outsourcing Evaluation - A Profitable Process, in: Information Systems Management, Vol. 10, 1993, S. 45-50

Berekoven, Ludwig [1966], Der Begriff "Dienstleistung" und seine Bedeutung für eine Analyse der Dienstleistungsbetriebe, in: Jahrbuch der Absatz- und Verbrauchsforschung, Jg. 12, 1966, S. 314-326

Bliesener, Max-Michael [1994], Outsourcing als mögliche Strategie zur Kostensenkung, in: Betriebswirtschaftliche Forschung und Praxis, Jg. 46, 1994, S. 277-289

Bode, Jürgen; Zelewski, Stephan [1992], Die Produktion von Dienstleistungen - Ansätze zu einer Produktionswirtschaftslehre der Dienstleistungsunternehmen?, in: Betriebswirtschaftliche Forschung und Praxis, Jg. 44, 1992, S. 594-607

Bössmann, Eva [1981], Weshalb gibt es Unternehmungen?, in: Journal of Institutional and Theoretical Economics, Vol. 137, 1981, S. 667-674

Bössmann, Eva [1982], Volkswirtschaftliche Probleme der Transaktionskosten, in: Journal of Institutional and Theoretical Economics, Vol. 138, 1982, S. 664-679

Bogaschewsky, Ronald [1996], Strategische Aspekte der Leistungstiefenoptimierung, in: U. Koppelmann (Hrsg.), Outsourcing, Suttgart 1996, S. 123-148

Bongard, Stefan [1994], Outsourcing-Entscheidungen in der Informationsverarbeitung: Entwicklung eines computergestützten Portfolio-Instrumentariums, Wiesbaden 1994

Bonus, Holger; Weiland, Raimund [1995], Die Welt der Institutionen, in: G. Dieckheuer, Beiträge zur angewandten Mikroökonomik, Berlin/Heidelberg 1995, S. 29-52

Brand, Dieter [1990], Der Transaktionskostenansatz in der betriebswirtschaftlichen Organisationstheorie, Frankfurt 1990

Braun, Wolfram [1988], Mikroökonomisches Argumentieren - Methodische Analysen zur Eigentumsrechtstheorie in der Betriebswirtschaft, in: D. Budäus, E. Gerum und G. Zimmermann (Hrsg.), Betriebswirtschaftslehre und Theorie der Verfügungsrechte, Wiesbaden 1988, S. 327 - 347

Bruderer, Hansueli [1993], Spezialisiertes Konstruktions-Know-how des Lieferanten, in: W. Hess u.a. (Hrsg.), Make or Buy: eine neue Dimension der strategischen Führung, 2. Aufl., Zürich 1993

Bruhn, Manfred [1991], Qualitätssicherung im Dienstleistungsmarketing - eine Einführung in die theoretischen und praktischen Probleme, in: M. Bruhn und B. Stauss (Hrsg.), Dienstleistungsqualität, Wiesbaden 1991

Buck-Lew, Maylun [1992], To Outsource or Not?, in: International Journal of Information Management, Vol. 12, 1992, S. 3-20

Büchs, Matthias [1991], Zwischen Markt und Hierarchie, in: Zeitschrift für Betriebswirtschaft, Jg. 61, Ergänzungsheft 1, 1991, S. 1-37

Bühner, Rolf [1991], Betriebswirtschaftliche Organisationslehre, 5. Aufl., München 1991

Bühner, Rolf; Tuschke, Anja [1997], Outsourcing, in: Die Betriebswirtschaft, Jg. 57, 1997, S. 20-30

Buhl, Hans-Ulrich [1993a], Outsourcing - Alter Wein in neuen Schläuchen?, Discussion Paper No. 39, Fachtagung: Strategisches Outsourcing - Institute for International Research, Frankfurt 1993

Buhl, Hans-Ulrich [1993b], Outsourcing von Informationsverarbeitungsleistungen und Steuern, in: Schmalenbachs Zeitschrift für betriebswirtschaftliche Forschung, Jg. 45, 1993, S. 303-318

Buttler, Günther; Simon, Wolfgang [1987], Wachstum durch Dienstleistungen, Beiträge zur Wirtschafts- und Sozialpolitik, Institut der deutschen Wirtschaft, Jg. 156, Köln 1987

Buttler, Günther; Stegner, Eberhard [1990], Industrielle Dienstleistungen, in: Schmalenbachs Zeitschrift für betriebswirtschaftliche Forschung, Jg. 42, 1990, S. 931-946

Chase, Richard B.; Garvin, David A. [1993], Die Dienstleistungsfabrik, in: H. Simon (Hrsg.), Industrielle Dienstleistungen, Stuttgart 1993

Cheon, Myun Joong [1992], Outsourcing of Information Systems Functions: a Contingency Model, UMI Dissertation Services, Michigan 1992

Coase, Ronald H. [1937], The Nature of the Firm, in: Economica, Vol. 4, 1937, S. 386-405

Coase, Ronald H. [1960], The Problem of Social Cost, in: Journal of Law and Economics, Vol. 3, 1960, S. 1-44

Commons, John R. [1931], Institutional Economics, in: American Economic Review, Vol. 21, 1931, S. 648-657

Corsten, Hans [1985], Die Produktion von Dienstleistungen, Berlin 1985

Corsten, Hans [1990], Betriebswirtschaftslehre der Dienstleistungsunternehmen, 2. Aufl., München/Wien 1990

Corsten, Hans [1994], Dienstleistungsmanagement - Von einer funktionsorientierten zu einer integrativen Betrachtung, in: H. Corsten (Hrsg.), Integratives Dienstleistungsmanagement, Wiesbaden 1994, S. 1-12

Corsten, Hans; Meier, Bernd [1983], Organisationsstruktur und Innovationsprozesse I und II, Das Wirtschaftsstudium, Jg. 12, 1983, S. 83-88 und S. 101-104

Dahlmann, C. [1980], The Open Field System and Beyond, Cambridge 1980

De Pay, Diana [1989], Die Organisation von Innovationen - ein transaktionskostentheoretischer Ansatz, Wiesbaden 1989

Demmer, Christine [1991], Outsourcing - Ambulantes DV-Gewerbe, in: Management Wissen, Heft 9, 1991, S. 46-50

Demsetz, Harold [1967], Toward a Theory of Property Rights, in: American Economic Association, Vol. 57, 1967, S. 347-359

Diemer, Helmut [1994], Die Konjunkturlage fordert die Auseinandersetzung, Outsourcing von logistischen Leistungen, in: Beschaffung Aktuell, Heft 11, 1994, S. 46-50

Dietl, Helmut [1993], Institutionen und Zeit, Tübingen 1993

Dietl, Helmut [1995], Institutionelle Koordination spezialisierungsbedingter wirtschaftlicher Abhängigkeit, in: Zeitschrift für Betriebswirtschaft, Jg. 65, 1995, S. 569-585

Dietrich, Michael [1994], Transaction Cost Economics and Beyond, London 1994

Dietz, Albrecht [1997], Reflexionen über die "Grundlagen der Betriebswirtschaftslehre" anläßlich des hundertsten Geburtstages von Erich Gutenberg, in: Schmalenbachs Zeitschrift für betriebswirtschaftliche Forschung und Praxis, Jg. 49, 1997, S. 1066-1083

Dillmann, Lutz [1996], Outsourcing in der Produktentwicklung, Frankfurt 1996

Dillmann, Lutz [1997], Die zunehmende Fremdvergabe pharmazeutischer Produktentwicklungsaufgaben an Contract Research Organisations, in: Schmalenbachs Zeitschrift für betriebswirtschaftliche Forschung und Praxis, Jg. 49, 1997, S. 1047-1065

Doeringer, Peter; Piore, Michael [1971], Internal Labour Markets and Manpower Analysis, Lexington 1971

Drumm, Hans Jürgen [1980], Matrix-Organisation, in: E. Grochla (Hrsg.), Handwörterbuch der Organisation, Stuttgart 1980, Sp. 1291-1301

Ehrmann, Thomas [1990], Unternehmungen, Unternehmerfunktion und Transaktionskostenökonomie, in: Zeitschrift für Betriebswirtschaft, Jg. 60, 1990, S. 837-849

Ehrmann, Thomas [1991], Unternehmerfunktionen und Transaktionskostenökonomie, oder?, in: Zeitschrift für Betriebswirtschaft, Jg. 61, 1991, S. 525-530

Eisenhardt, Kathleen M. [1989], Agency Theory: An Assessment and Review, in: Academy of Management Review, Vol. 14, 1989, S. 57-74

Engelhardt, Werner H.; Kleinaltenkamp, Michael; Reckenfelderbäumer, Martin [1992], Dienstleistungen als Absatzobjekt, Arbeitsbericht Nr. 52, Ruhr-Universität Bochum 1992

Engelhardt, Werner H.; Kleinaltenkamp, Michael; Reckenfelderbäumer, Martin [1994], Leistungsbündel als Absatzobjekte - Ein Ansatz zur Überwindung der Dichotomie von Sach- und Dienstleistungen, in: H. Corsten (Hrsg.), Integratives Dienstleistungsmanagement, Wiesbaden 1994, S. 31-69

Engelhardt, Werner H.; Reckenfelderbäumer, Martin [1993], Trägerschaft und organisatorische Gestaltung industrieller Dienstleistungen, in: H. Simon (Hrsg.), Industrielle Dienstleistungen, Stuttgart 1993, S. 263-293

Ernst, Matthias [1990], Neue Informations- und Kommunikationstechnologien und marktwirt-schaftliche Allokation, Eine informations- und transaktionskostentheoretische Analyse, München 1990

Esser, Werner-Michael [1994], Outsourcing als Reorganisationsstrategie - Konzeptionelle Überlegungen und empirische Ergebnisse am Beispiel des Outsourcing der Informationsver-arbeitung, in: H. Rehkugler und J. Engelhard (Hrsg.), Strategien für nationale und internationale Märkte: Konzepte und praktische Gestaltung, Wiesbaden 1994, S. 62-86

Fama, Eugene [1980], Agency Problems and the Theory of the Firm, in: Journal of Political Economy, Vol. 88, 1980, S. 288-307

Fama, Eugene; Jensen, Michael C. [1983], Agency Problems and Residual Claims, in: Journal of Law and Economics, Vol. 26, 1983, S. 327-349

Feldmann, Horst [1995], Eine institutionalistische Revolution?, Zur dogmengeschichtlichen Bedeutung der modernen Institutionenökonomik, Berlin 1995

Fischer, Marc [1993], Make-or-Buy-Entscheidungen im Marketing, Wiesbaden 1993

Fischer, Marc [1994], Make-or-Buy der Distributionsleistung - Überlegungen aus transaktions-kostentheoretischer Sicht, in: Betriebswirtschaftliche Forschung und Praxis, Jg. 46, 1994, S. 291-315

Frese, Erich [1978], Aktuelle Konzepte der Unternehmensorganisation, in: Wirtschaftswissen-schaftliches Studium, Jg. 7, 1978, S. 155-162

Frey, Bruno [1990], Ökonomie ist Sozialwissenschaft. Die Anwendung der Ökonomie auf neue Gebiete, München 1990

Furubotn, Eirik; Pejovich, Svetozar [1972], Property Rights and Economic Theory: A Survey of Recent Literature, in: Journal of Economic Literature, Vol. 10, 1972, S. 1137-1162

Furubotn, Eirik; Richter, Rudolf [1996], Neue Institutionenökonomik, Tübingen 1996

Gaitanides, Michael [1992], Ablauforganisation, in: E. Frese (Hrsg.), Handwörterbuch der Organisation, 3. Auflage, 1992, Sp. 1-18

Goldberg, Victor P. [1985], Production Functions, Transaction Costs and the New Institutiona-lism, in: G. R. Feiwel (Hrsg.), Issues in Contemporary Microeconomics and Welfare, London 1985, S. 395-402

Grochla, Erwin [1972], Unternehmungsorganisation, Hamburg 1972

Grosser, Joachim [1994], Mikroökonomische Analyse von Organisationen, Frankfurt a. M. 1994

Grossman, Sanford J.; Hart, Oliver D. [1983], An Analysis of the Principal-Agent-Problem, in: Econometrica, Vol. 51, 1983, S. 7-45

Grossman, Sanford J.; Hart, Oliver D. [1986], The Costs and Benefits of Ownership: A Theory of Vertical and Lateral Integration, in: Journal of Political Economy, Vol. 94, 1986, S. 691-719

Grote, Birgit [1990], Ausnutzung von Synergiepotentialen durch verschiedene Koordinations-formen ökonomischer Aktivitäten, Zur Eignung der Transaktionskosten als Entscheidungs-kriterium, Frankfurt 1990

Gupta, Uma G.; Gupta, Ashok [1992], Outsourcing the IS Function, in: Information Systems Management, Vol. 9, 1992, S. 44-50

Gurbaxani, Vijay; Whang, Seungjin [1991], The Impact of Information Systems on Organiza-tions and Markets, in: Communications of the Association for Computing Machinery, Vol. 34, 1991, S. 59-73

Gutenberg, Erich [1962], Unternehmensführung - Organisation und Entscheidungen, Wiesbaden 1962

Gutenberg, Erich [1983], Grundlagen der Betriebswirtschaftslehre, Bd. 1: Die Produktion, 24. Aufl., Berlin 1983

Haberstock, Lothar [1985], Kostenrechnung, Hamburg 1985

Haller, Sabine [1993], Methoden zur Beurteilung von Dienstleistungsqualität - Überblick zum State of the Art -, in: Schmalenbachs Zeitschrift für betriebswirtschaftliche Forschung, Jg. 45, 1993, S. 19-40

Haller, Sabine [1995], Beurteilung von Dienstleistungsqualität, Wiesbaden 1995

Hamel, Gary; Prahalad, C. K. [1995], Wettlauf um die Zukunft, Wien 1995

Hammes, Michael; Poser, Günter [1992], Die Messung von Transaktionskosten, in: Das Wirtschaftsstudium, Jg. 11, 1992, S. 885-889

Hanke, Jürgen [1993], Hybride Koordinationsstrukturen, Bergisch Gladbach 1993

Heinrich, Lutz [1995], Informationsmanagement, 4. Aufl., München 1995

Heinrich, Wilfried [1992], Outsourcing. Modewort oder neues strategisches Rezept?, in: W. Heinrich (Hrsg.), Outsourcing, Modelle - Strategien - Praxis, Bergheim 1992

Heinrich, Wilfried [1992], Liegt die Bedeutung von Outsourcing in der Entlastung der DV-Bud-gets? Grundsätzliche Anmerkungen und Praxisbeispiele, in: Office Management, Jg. 40, 1992, S. 48-53

Heinzl, Armin [1991], Die Ausgliederung der betrieblichen Datenverarbeitung, Stuttgart 1991

Heinzl, Armin [1992], Die Ausgliederung der betrieblichen Datenverarbeitung, in: Information Management, Jg. 7, 1992, S. 28-40

Heinzl, Armin; Weber, Jürgen [1993], Alternative Organisationskonzepte der betrieblichen Datenverarbeitung, Stuttgart 1993

Hess, Walter; Tschirky, Horst; Lang, Peter [1989], Make or Buy: eine neue Dimension der strategischen Führung, Zürich 1989

Hess, Walter [1993], Grundstruktur der Thematik "Make or Buy", in: W. Hess u.a. (Hrsg.), Make or Buy: eine neue Dimension der strategischen Führung, 2. Aufl., Zürich 1993

Hilke, Werner [1989], Dienstleistungs-Marketing, Wiesbaden 1989

Hodgson, Geoffrey [1998], The Approach of Institutional Economics, in: Journal of Economic Literature, Vol. 36, 1998, S. 166-192

Hoffmann, Friedrich [1992], Aufbauorganisation, in: E. Frese (Hrsg.), Handwörterbuch der Organisation, 3. Auflage, 1992, Sp. 208-218

Hutchison, Terence W. [1984], Institutional Economics Old and New, Journal of Institutional and Theoretical Economics, Vol. 140, 1984, S. 20-29

Jagoda, Fritz [1991], Outsourcing. Offenbarungseid des DV-Managers?, in: Diebold Management Report, Heft 3, 1991, S. 3

Jensen, John Bradford [1993], Contracting out for Services: An Empirical Examination, Michigan 1993

Jensen, Michael C. [1983], Organization Theory and Methodology, in: The Accounting Review, Vol. 58, 1983, S. 319-339

Jensen, Michael C.; Meckling, William H. [1976], Theory of the Firm: Managerial Behavior, Agency Costs and Ownership Structure, in: Journal of Financial Economics, Vol. 3, 1976, S. 305-360

Junger, Martin [1993], "Make or Buy" in einer Dienstleistungsunternehmung, in: W. Hess u.a. (Hrsg.), Make or Buy: eine neue Dimension der strategischen Führung, 2. Aufl., Zürich 1993

Kaas, Klaus Peter; Fischer, Marc [1993], Der Transaktionskostenansatz, in: Das Wirtschaftsstudium, Jg. 22, 1993, S. 686-693

Kahle, Egbert [1988], Unternehmensführung und Unternehmenskultur, in: Zeitschrift für Betriebswirtschaft, Jg. 58, 1988, S. 1228-1241

Kahle, Egbert [1997], Vorwort und Einführung, in: E. Kahle (Hrsg.), Betriebswirtschaftslehre und Managementlehre, Selbstverständnis, Herausforderungen, Konsequenzen, Wiesbaden 1997

Kahle, Egbert [1998], Betriebliche Entscheidungen, 5. Auflage, München 1998

Kieser, Alfred [1988], Erklären die Theorie der Verfügungsrechte und der Transaktionskostenansatz historischen Wandel von Institutionen?, in: D. Budäus, E. Gerum und G. Zimmermann (Hrsg.), Betriebswirtschaftslehre und Theorie der Verfügungsrechte, Wiesbaden 1988, S. 301-323

Kieser, Alfred; Kubicek, Herbert [1992], Organisation, 3. Aufl., Berlin 1992

Klcin, Benjamin; Crawford, Robert G.; Alchian, Armen A. [1978], Vertical Integration, Appropriable Rents, and the Competitive Contracting Process, in: The Journal of Law and Economics, Vol. 21, 1978, S. 297-326

Kleinaltenkamp, Michael; Jakob, Frank; Leib, Rüdiger [1997], Outsourcing kaufmännischer Dienstleistungen, in: Information Management, 1997, Jg. 12, S. 65-72

Knight, Frank [1940], Risk, Uncertainty and Profit, 5. Aufl., New York 1940

Knolmayer, Gerhard [1991], Die Auslagerung von Service-Funktionen als Strategie des IS-Management, Arbeitsbericht Nr. 24 des Instituts für Wirtschaftsinformatik der Universität Bern, Bern 1991

Knolmayer, Gerhard [1992], Kein Patentrezept für DV-Auslagerung, in: Personal Computer, Heft 4, 1992, S. 128-132

Knolmayer, Gerhard [1993], Modelle zur Unterstützung von Outsourcing-Entscheidungen, in: K. Kurbel (Hrsg.), Wirtschaftsinformatik, Heidelberg 1993, S. 70-83

Knolmayer, Gerhard [1994], Zur Berücksichtigung von Transaktions- und Koordinationskosten in Entscheidungsmodellen für Make-or-Buy-Probleme, in: Schmalenbachs Zeitschrift für betriebswirtschaftliche Forschung, Jg. 46,1994, S. 316-331

Kosiol, Erich [1976], Organisation der Unternehmung, 2. Aufl., Wiesbaden 1976

Köhler-Frost, Wilfried [1993], Outsourcing - sich besinnen auf das Kerngeschäft, in: W. Köhler-Frost (Hrsg.), Eine strategische Allianz besonderen Typs, Berlin 1993

Kreikebaum, Hartmut [1992], Zentralbereiche, in: E. Frese, Handwörterbuch der Organisation, 3. Auflage, Stuttgart 1992, Sp. 2603-2610

Kreikebaum, Hartmut [1993], Strategische Unternehmensplanung, in: H. Corsten, Lexikon der Betriebswirtschaftslehre, 2. Auflage, München 1993, S. 825-828

Kreps, David [1995], Corporate Culture and Economic Theory, in: O. Williamson und S. Masten, Transaction Cost Economics, London 1995, S. 90-143

Lacity, Mary Cecelia; Hirschheim, Rudy [1993], Information Systems Outsourcing, Myths, Metaphors and Realities, Chichester 1993

Lee, Yeong Heok [1994], Vertical Integration and Technological Innovation - A Transaction Cost Approach, New York 1994

Ludwig, Benoît D. [1993], "Make or Buy" interner Dienstleistungen, in: W. Hess u.a. (Hrsg.), Make or Buy: eine neue Dimension der strategischen Führung, 2. Aufl., Zürich 1993

Mag, Wolfgang; Schildbach, Thomas; Picot, Arnold; Baetge, Jörg [1993], Führungsfunktionen, in: Vahlens Kompendium der Betriebswirtschaftslehre, Bd. 2, München 1993, S. 1-218

Macneil, Ian R. [1974], The Many Futures of Contracts, in: Southern California Law Review, Vol. 47, 1974, S. 691-816

Macneil, Ian R. [1978], Contracts: Adjustment of Long-Term Economic Relations under Classical, Neoclassical, and Relational Contract Law, in: Northwestern University Law Review, Vol. 72, 1978, S. 854-905

Macneil, Ian R. [1980], The New Social Contract, London 1980

Männel, Wolfgang [1981], Die Wahl zwischen Eigenfertigung und Fremdbezug, theoretische Grundlagen und praktische Fälle, 2. Aufl., Stuttgart 1981

Malcomson, James M. [1997], Contracts, Hold-Up, and Labor Markets, in: Journal of Economic Literature, Vol. 35, 1997, S. 1916-1957

Maleri, Rudolf [1993], Grundlagen der Dienstleistungsproduktion, 3. Aufl., Berlin 1993

Maurer, Rainer [1997], Innovationspotentiale der Tertiarisierung, in: H. Siebert (Hrsg.), Tertiarisierung der deutschen Wirtschaft, Tübingen 1997, S. 60-133

Masten, Scott E.; Meehan, James W.; Snyder, Edward A. [1991], The Costs of Organization, in: Journal of Law, Economics, and Organization, Vol. 7, 1991, S.1-25

Mertens, Peter; Knolmayer, Gerhard [1995], Organisation der Informationsverarbeitung, 2. Aufl., Wiesbaden 1995

Meyer, Anton [1987], Die Automatisierung und Veredelung von Dienstleistungen - Auswege aus der dienstleistungsinhärenten Produktionsschwäche, in: Jahrbuch der Absatz- und Verbrauchsforschung, Jg. 33, 1987, S. 25-46

Meyer, Anton [1991], Dienstleistungs-Marketing, in: Die Betriebswirtschaft, Jg. 51, 1991, S. 195-209

Michaelis, Elke [1985], Organisation unternehmerischer Aufgaben - Transaktionskosten als Beurteilungskriterum, Frankfurt 1985

Milgrom, Paul; Roberts, John [1992], Economics, Organization and Management, Englewood Cliffs 1992

Mintzberg, Henry [1979], The Structuring of Organizations, Englewood Cliffs, 1979

Müller, Helmut; Schreyögg, Georg [1982], Das Stab-Linien-Konzept, in: Wirtschaftswissenschaftliches Studium, Jg. 11, 1982, S. 205-212

Ordelheide, Dieter; Rudolph, Bernd; Büssmann, Elke [1991], Betriebswirtschaftslehre und ökonomische Theorie, Stuttgart 1991

Ouchi, William G. [1980], Markets, Bureaucracies, and Clans, in: Administrative Science Quarterly, Vol. 25, 1980, S. 129-141

Papenheim-Tockhorn, Heike [1995], Der Aufbau von Kooperationsbeziehungen als strategisches Instrument: eine Längsschnittuntersuchung zur Kooperationspolitik deutscher Unternehmen, Heidelberg 1995

Pejovich, Svetozar [1971], Towards a General Theory of Property Rights, in: Zeitschrift für Nationalökonomie, Vol. 31, 1971, S. 141-155

Pejovich, Svetozar [1972], Towards an Economic Theory of the Creation and Specification of Property Rights, in: Review of Social Economy, Vol. 30, 1972, S. 309-325

Petersen, Trond [1995], Transaction Cost Economics, in: P. Foss (Hrsg.), Economic Approaches to Organizations and Institutions, Vermont 1995, S. 17-45

Pfaffmann, Eric [1997], Die vertragstheoretische Perspektive in der Neuen Institutionenökonomik, in: Wirtschaftswissenschaftliches Studium, Jg. 26, 1997, S. 41-43

Picot, Arnold [1982], Transaktionskostenansatz in der Organisationstheorie: Stand der Diskussion und Aussagewert, in: Die Betriebswirtschaft, Jg. 42, 1982, S. 267-283

Picot, Arnold [1990], Organisation von Informationssystemen und Controlling, in: Controlling, Jg. 2, 1990, S. 296-305

Picot, Arnold [1991a], Ein neuer Ansatz zur Gestaltung der Leistungstiefe, in: Schmalenbachs Zeitschrift für betriebswirtschaftliche Forschung, Jg. 43, 1991, S. 336-357

Picot, Arnold [1991b], Ökonomische Theorien der Organisation - Ein Überblick über neuere

Ansätze und deren betriebswirtschaftliches Anwendungspotential, in: D. Ordelheide, B. Rudolph und E. Büsselmann (Hrsg.), Betriebswirtschaftslehre und ökonomische Theorie, Stuttgart 1991, S. 143-170

Picot, Arnold [1992], Marktorientierte Gestaltung der Leistungstiefe, in: R. Reichwald (Hrsg.), Marktnahe Produktion, Wiesbaden 1992, S. 103-124

Picot, Arnold [1993], Contingencies for the Emergence of Efficient Symbiotic Arrangements, in: Journal of Institutional and Theoretical Economics, Vol. 149, 1993, S. 731-740

Picot, Arnold; Dietl, Helmut [1990], Transaktionskostentheorie, in: Wirtschaftswissenschaftliches Studium, Jg. 19, 1990, S. 178-184

Picot, Arnold; Franck, Egon [1988], Die Planung der Unternehmensressource "Information", Teil I und Teil II, in: Das Wirtschaftsstudium, Jg. 17, 1988, S. 544-549 und 608-614

Picot, Arnold; Franck Egon [1993], Vertikale Integration, in: J. Hauschildt und O. Grün (Hrsg.), Ergebnisse empirischer betriebswirtschaftlicher Forschung: zu einer Realtheorie der Unternehmung, Festschrift für E. Witte, Stuttgart 1993, S. 179-219

Picot, Arnold; Dietl, Helmut; Franck, Egon [1997], Organisation - Eine ökonomische Perspektive, Stuttgart 1997

Picot, Arnold; Maier, Matthias [1992], Analyse- und Gestaltungskonzepte für das Outsourcing, in: Information Management, Jg. 7, 1992, S. 14-27

Picot, Arnold; Reichwald, Ralf; Schönecker, Horst [1985], Eigenerstellung oder Fremdbezug von Organisationsleistung - Ein Problem der Unternehmensführung, Teil I und Teil II, in: Office Management, Jg. 33, Heft 9/1985, S. 818-821 und Heft 10/1985, S. 1029-1034

Picot, Arnold; Reichwald, Ralf; Wigand, Rolf T. [1996], Die grenzenlose Unternehmung, Wiedsbaden 1996

Picot, Arnold; Schneider, Dietram [1988], Unternehmerisches Innovationsverhalten, Verfügungsrechte und Transaktionskosten, in: D. Budäus, E. Gerum und G. Zimmermann (Hrsg.), Betriebswirtschaftslehre und Theorie der Verfügungsrechte, Wiesbaden 1988, S. 93-118

Prahalad, C. K.; Hamel, Gary [1990], The Core Competence of the Corporation, in: Harvard Business Review, Vol. 68, 1990, S. 79-91

Pratt, John W.; Zeckhauser, Richard J. [1985], Principals and Agents: An Overweiv, in: dies. (Hrsg.), Principals and Agents: The Structure of Business, Boston 1985, S. 1-35

Rasmusen, Eric [1989], Games and Information, Oxford/Cambridge 1989

Reber, Gerhard; Strehl, Franz [1983], Zur organisatorischen Gestaltung von Produktinnovationen, Zeitschrift für Organisation, Jg. 52, 1983, S. 262-266

Reese, Joachim [1990], Perspektiven der Unternehmensführung, in: Zeitschrift für Betriebswirtschaft, Jg. 60, 1990, S. 523-532

Reese, Joachim [1991], Unternehmensflexibilität, in: K.P. Kistner und R. Schmidt (Hrsg.), Unternehmensdynamik, Wiesbaden 1991, S. 361-387

Reese, Joachim [1994], Theorie der Organisationsbewertung, 2. Aufl., München 1994

Reese, Joachim [1997], Der dispositive Faktor im System der bestandsorientierten Produktion, Vortrag bei der wissenschaftlichen Tagung der Erich-Gutenberg-Arbeitsgemeinschaft Köln e.V. anläßlich des 100. Geburtstags Erich Gutenbergs zum Thema "Die Theorie der Unternehmung in Wissenschaft und Praxis", Köln 1997

Reese, Joachim; Schätzer, Silke [1994], Die projekt- und transferorientierte Ausbildung (PETRA) aus personalwirtschaftlicher Sicht, in: Personal, Jg. 46, 1994, S.186-189

Reiß, Michael [1997], Outsourcing jenseits von "Make or Buy", in: Beschaffung Aktuell, Heft 7, 1997, S. 26-28

Reve, Torger [1995], The Firm as a Nexus of Internal and External Contracts, in: P. Foss (Hrsg.), Economic Approaches to Organizations and Institutions, Vermont 1995, S. 139-164

Richter, Horst [1993], Vertragliche Aspekte von Outsourcing-Projekten, in: W. Köhler-Frost, Outsourcing - eine Allianz besonderen Typs, Berlin 1993, S. 105-118

Rindfleisch, Aric; Heide, Jan B. [1997], Transaction Cost Analysis: Past, Present, and Future Applications, in: Journal of Marketing, Vol. 61, 1997, S. 30-54

Riordan, Michael H. [1995], What Is Vertical Integration?, in: Oliver E. Williamson und Scott E. Masten (Hrsg.), Transaction Cost Economics, 1995, S. 356-373

Riordan, Michael H.; Williamson [1985], Oliver E., Asset Specifity and Economic Organization, in: International Journal of Organization, Vol. 3, 1985, S. 365-378

Rotering, Joachim [1993], Zwischenbetriebliche Kooperation als alternative Organisationsform, Ein transaktionskostentheoretischer Erklärungsansatz, Stuttgart 1993

Rubin, Paul H. [1990], Managing Business Transactions, New York 1990

Rühle von Lilienstern, Hans [1982], Führen ohne Stäbe, Stuttgart 1982

Rupprecht-Däullary, Marita [1994], Zwischenbetriebliche Kooperation, Wiesbaden 1994

Ruthekolck, Thomas; Kelders, Clemens [1993], Effizienzsteigerung durch Outsourcing oder interne Maßnahmen?, in: Office Management, Jg. 41, 1993, S. 56-61

Sappington, David [1991], Incentives in Principal-Agent Relationships, in: Journal of Economic Perspectives, Vol. 5, 1991, S. 44-66

Schäfer, Hans-Bernd; Ott, Claus [1995], Lehrbuch der ökonomischen Analyse des Zivilrechts, Berlin 1995

Schätzer, Silke [1991], Eine transaktionskostentheoretische Analyse der Organisation von Innovationsprozessen, Diplomarbeit, Bonn 1991

Schanz, Günter [1994], Organisationsgestaltung, 2. Auflage, München 1994

Schanze, Erich [1991], Symbiotic Contracts: Exploring Long-Term Agency Structures between Contract and Corporation, in: C. Joerges (Hrsg.), Franchising and the Law, Baden-Baden 1991, S. 67-103

Schenk, Carl-Ernst [1992], Die neue Institutionenökonomie - Ein Überblick über wichtige Elemente und Probleme der Weiterentwicklung, in: Zeitschrift für Wirtschafts- und Sozialwissenschaften, Jg. 112, 1992, S. 337-378

Scherm, Ewald [1996], Outsourcing - Ein komplexes, mehrstufiges Entscheidungsproblem, in: Zeitschrift für Planung, Jg. 7, 1996, S. 45-60

Schmidt, Günter [1996], Informationsmanagement, Berlin 1996

Schmidt, Reinhard H. [1992], Organisationstheorie, transaktionskostenorientierte, in: E. Frese (Hrsg.), Handwörterbuch der Organisation, 3. Aufl., Stuttgart 1992, S. 1854-1865

Schmitz, Paul [1992], Informationsverarbeitung, in: E. Frese (Hrsg.), Handwörterbuch der Organisation, 3. Auflage, Stuttgart 1992, Sp. 958-967

Schneider, Dieter [1985], Die Unhaltbarkeit des Transaktionskostenansatzes für die "Markt oder Unternehmung"-Diskussion, in: Zeitschrift für Betriebswirtschaft, Jg. 55, 1985, S. 1237-1254

Schneider, Dieter [1991], Unternehmerfunktionen oder Transaktionskostenökonomie als Grundlage für die Erklärung von Institutionen?, in: Zeitschrift für Betriebswirtschaft, Jg. 61, 1991, S. 371-377

Schneider, Dietram [1989], Strategische Aspekte für das Controlling von Eigenfertigung und Fremdbezug, in: Controller Magazin, Heft 3, 1989, S. 153-155

Schneider, Dietram; Zieringer, Carmen [1991], Make-or-Buy-Strategien für F&E, Transaktionskostentheoretische Überlegungen, Wiesbaden 1991

Scholz, Christian [1992], Organisatorische Effektivität und Effizienz, in: E. Frese (Hrsg.),

Handwörterbuch der Organisation, 3. Aufl., Stuttgart 1992, Sp. 1302-1315

Schreyögg, Georg [1988], Die Theorie der Verfügungsrechte als allgemeine Organisationstheorie, in: D. Budäus, E. Gerum und G. Zimmermann (Hrsg.), Betriebswirtschaftslehre und Theorie der Verfügungsrechte, Wiesbaden 1988, S. 151-177

Schulze, Hans Herbert [1990], Computer Enzyklopädie, Hamburg 1990

Schumann, Jochen [1971], Grundzüge der mikroökonomischen Theorie, 6. Aufl., Berlin 1992

Simon, Herbert [1961], Administrative Behavior, 2. Aufl., New York 1961

Sommerlad, Klaus [1993], Vertragsgestaltung beim Outsourcing in der Informationsverarbeitung, in: W. Köhler-Frost, Outsourcing - eine strategische Allianz besonderen Typs, Berlin 1993, S. 59-79

Spremann, Klaus [1990], Asymmetrische Information, in: Zeitschrift für Betriebswirtschaft, Jg. 60, 1990, S. 561-588

Stahlknecht, Peter [1995], Einführung in die Wirtschaftsinformatik, 7. Aufl., Berlin 1995

Strasser, John. F. [1993], "Make or Buy" in der Produktion, in: W. Hess u.a. (Hrsg.), Make or Buy: eine neue Dimension der strategischen Führung, 2. Aufl., Zürich 1993

Streicher, Heinz [1993], Outsourcing, Arbeitsteilung in der Datenverarbeitung, München 1993

Szyperski, Norbert [1993], Outsourcing als strategische Entscheidung, in: Journal für Informationsverarbeitung mit OeVD, Heft 2, 1993, S. 32-41

Szyperski, Norbert; Kronen, Juliane [1991], Informationstechnik- und Unternehmensstrategie im Wechselspiel - Outsourcing und strategische Allianzen als wichtige Alternativen, in: G. Schwichtenberg (Hrsg.), Organisation und Betrieb von Informationssystemen, Berlin/Heidelberg/New York 1991, S. 1-21

Szyperski, Norbert; Schmidt, Paul; Kronen, Juliane [1993], Outsourcing: Profil und Markt einer Dienstleistung für Unternehmen auf dem Wege zur strategischen Zentrierung, in: Wirtschaftsinformatik, Jg. 35, 1993, S. 228-240

Takac, Paul F. [1993], Outsourcing Technology, in: Management Decision, Vol. 31, 1993, S. 26-37

Thelen, Eva M. [1993], Die zwischenbetriebliche Kooperation, Frankfurt 1993

Thiele, Michael [1997], Kernkompetenzorientierte Unternehmensstrukturen, Ansätze zur Neugestaltung von Geschäftsbereichsorganisationen, Wiesbaden 1997

Thom, Norbert [1992], Stelle, Stellenbildung und -besetzung, in: E. Frese (Hrsg.), Handwörterbuch der Organisation, 3. Aufl., Stuttgart 1992, Sp. 2321-2333

Tietzel, Manfred [1981], Die Ökonomie der Property Rights: Ein Überblick, in: Zeitschrift für Wirtschaftspolitik, Jg. 30, 1981, S. 207-243

Troßmann, Ernst [1993], Controlling, in: H. Corsten (Hrsg.), Lexikon der Betriebswirtschaftslehre, 3. Aufl., München 1993, S. 161-164

Wagner, Ralph [1994], Die Grenzen der Unternehmung - Beiträge zur ökonomischen Theorie der Unternehmung, Darmstadt 1994

Weber, Jürgen [1993], Produktions-, Transaktions- und Koordinationskostenrechnung, in: Kostenrechnungspraxis, Sonderheft 1, 1993, S. 19-23

Wegehenkel, Lothar [1981], Gleichgewicht, Transaktionskosten und Evolution, Tübingen 1981

Wegehenkel, Lothar [1984], Institutional Economics Old and New, in: Journal of Institutional and Theoretical Economics, Vol. 140, 1984, S. 30-33

Weimer, Theodor [1988], Das Substitutionsgesetz der Organisation, Wiesbaden 1988

Weisenfeld-Schenk, Ursula [1997], Die Nutzung von Zertifikaten als Signal für Produktqualität, in: Zeitschrift für Betriebswirtschaft, Jg. 67, 1997, S. 21-39

Welge, Martin; Al-Laham, Andreas [1992], Strategisches Management, in: E. Frese (Hrsg.), Handwörterbuch der Organisation, 3. Aufl., Stuttgart 1992, Sp. 2355-2374

Welge, Martin; Fessmann, Klaus [1980], Organisatorische Effizienz, in: E. Grochla (Hrsg.), Handwörterbuch der Organisation, Stuttgart 1980, Sp. 577-592

Wenger, Ekkehard; Terberger, Eva [1988], Die Beziehung zwischen Agent und Prinzipal als Baustein einer ökonomischen Theorie der Organisation, in: Wirtschaftswissenschaftliches Studium, Jg. 17, 1988, S.506-514

Wildemann, Horst [1992], Eigenfertigung oder Fremdbezug?, in: Schweizer Maschinenmarkt, Band 92, Heft 6, 1992, S. 32, 33, 35, 37

Williamson, Oliver E. [1975], Markets and Hierarchies, New York/London 1975

Williamson, Oliver E. [1979], Transaction-Cost Economics: The Governance of Contractual Relations, in: The Journal of Law and Economics, Vol. 22, 1979, S. 233-261

Williamson, Oliver E. [1981a], The Economics of Organization: The Transaction Cost Approach, in: American Journal of Sociology, Vol. 87, 1981, S. 548-577

Williamson, Oliver E. [1981b], On the Nature of the Firm: Some Recent Developments, in: Journal of Institutional and Theoretical Economics, Vol. 137, 1981, S. 675-680

Williamson, Oliver E. [1981c], The Modern Corporation: Origins, Evolution, Attributes, in: Journal of Economic Literature, Vol. 19, 1981, S. 1537-1568

Williamson, Oliver E.[1985a], The Economic Institutions of Capitalism, London/New York 1985

Williamson, Oliver E. [1985b], Reflections on the New Institutional Economics, in: Journal of Institutional and Theoretical Economics, Vol. 141, 1985, S. 187-195

Williamson, Oliver E. [1990a], A Comparison of Alternative Approaches to Economic Organization, in: Journal of Institutional and Theoretical Economics, Vol. 146, S. 61-71, erschienen in: E. Furubotn und R. Richter (Hrsg.), The New Institutional Economics, Tübingen 1991, S. 104-114

Williamson, Oliver E. [1990b], The Firm as a Nexus of Treaties: an Introduction , in: A. Masahiko, B. Gustafsson und O. Williamson (Hrsg.), The Firm as a Nexus of Treaties, London 1990, S. 1-25

Williamson, Oliver E. [1991a], Comparative Economic Organization: The Analysis of Discrete Structural Alternatives, in: Administrative Science Quarterly, Vol. 36, 1991, S. 269-296

Williamson, Oliver E. [1991b], Comparative Economic Organization (in der deutschen Übersetzung von T. Ganske), in: D. Ordelheide, B. Rudolph und E. Büsselmann (Hrsg.), Betriebswirtschaftslehre und ökonomische Theorie, Stuttgart 1991, S. 13-49

Williamson, Oliver E. [1993a], The Evolving Science of Organization, in: Journal of Institutional and Theoretical Economics, Vol. 149, 1993, S. 36-63

Williamson, Oliver E. [1993b], Transaction Cost Economics Meets Posnerian Law and Economics, in: Journal of Institutional and Theoretical Economics, Vol. 149, 1993, S. 99-118

Windsperger, Josef [1983], Transaktionskosten in der Theorie der Firma, in: Zeitschrift für Betriebswirtschaft, Jg. 53, 1983, S. 889-903

Windsperger, Josef [1985], Transaktionskosten und das Organisationsdesign von Koordinationsmechanismen, Jahrbuch für neue politische Ökonomie, Bd. 4, 1985, S. 199-218

Windsperger, Josef [1987], Zur Methode des Transaktionskostenansatzes, in: Zeitschrift für Betriebswirtschaft, Jg. 57, 1987, S. 59-76

Witt, Ulrich [1987], How Transaction Rights Are Shaped to Channel Innovativeness, in: Journal of Institutional and Theoretical Economics, Vol. 143, 1987, S. 180-195

Wolff, Birgitta [1995], Organisation durch Verträge, Wiesbaden 1995

Zapf, Hannes [1990], Industrielle und gewerbliche Dienstleistungen, Wiesbaden 1990

Deutscher Universitäts Verlag
GABLER · VIEWEG · WESTDEUTSCHER VERLAG

"Markt- und Unternehmensentwicklung"

Herausgeber: Prof. Dr. Dr. h. c. Arnold Picot,
Prof. Dr. Dr. h. c. Ralf Reichwald, Prof. Dr. Egon Franck

GABLER EDITION WISSENSCHAFT

Zuletzt sind erschienen:

Thorsten Bagschik
Gebrauchsüberlassung komplexer Konsumgüter
Eine ökonomische Analyse
1999. XV, 299 Seiten, Broschur DM 108,-/ ÖS 788,-/ SFr 96,-
ISBN 3-8244-6887-5

Winfried Gaßner
Implementierung organisatorischer Veränderungen
Eine mitarbeiterorientierte Perspektive
1999. XX, 288 Seiten, 32 Abb., 10 Tab., Broschur DM 108,-/ ÖS 788,-/ SFr 96,-
ISBN 3-8244-6940-5

Jan Göpfert
Modulare Produktentwicklung
Zur gemeinsamen Gestaltung von Technik und Organisation
1998. XVII, 307 Seiten, 67 Abb., 14 Tab., Broschur DM 108,-/ ÖS 788,-/ SFr 96,-
ISBN 3-8244-6827-1

Sven Grandke
Strategische Netzwerke in der Bekleidungsindustrie
1999. XVI, 214 Seiten, 56 Abb., Broschur DM 98,-/ ÖS 715,-/ SFr 89,-
ISBN 3-8244-7034-9

Carola Jungwirth
Berufliche Ein- und Aufstiegschancen von Frauen
Förderwirkung und Barrieren durch MuSchG und BErzGG
1998. XI, 147 Seiten, Broschur DM 84,-/ ÖS 613,-/ SFr 76,-
ISBN 3-8244-6865-4

Jörg Kemminer
Lebenszyklusorientiertes Kosten- und Erlösmanagement
1999. XXIII, 350 Seiten, 46 Abb., 12 Tab.,
Broschur DM 118,-/ ÖS 861,-/ SFr 105,-
ISBN 3-8244-6966-9

 **DeutscherUniversitätsVerlag**
GABLER · VIEWEG · WESTDEUTSCHER VERLAG

Jochen Klemmer
Neustrukturierung bauwirtschaftlicher Wertschöpfungsketten
Leistungstiefenoptimierung als strategisches Problemfeld
1998. XVI, 178 Seiten, 51 Abb., Broschur DM 89,-/ ÖS 650,-/ SFr 81,-
ISBN 3-8244-6649-X

Barbara Kreis-Engelhardt
Kundenorientierung durch Telearbeit
Potentiale und Gestaltungsempfehlungen
1999. XXIII, 238 Seiten, 36 Abb., Broschur DM 98,-/ ÖS 715,-/ SFr 89,-
ISBN 3-8244-6941-3

Klaus Meier-Kortwig
Entwicklung komplexer Großserienprodukte
Ein chaostheoretischer Ansatz zum Entwicklungsmanagement
1998. XX, 397 Seiten, 119 Abb., Broschur DM 128,-/ ÖS 934,-/ SFr 114,-
ISBN 3-8244-6799-2

Markus Schneider
Innovation von Dienstleistungen
Organisation von Innovationsprozessen in Universalbanken
1999. XIX, 304 Seiten, 70 Abb., 4 Tab., Broschur DM 108,-/ ÖS 788,-/ SFr 96,-
ISBN 3-8244-6671-6

Bernd A. Schulte
Organisation mobiler Arbeit
Der Einfluss von IuK-Technologien
1999. XIX, 190 Seiten, 18 Abb., Broschur DM 89,-/ ÖS 650,-/ SFr 81,-
ISBN 3-8244-6529-9

Christoph W. Stein
Transaktionskostenorientiertes Controlling der Organisation und Personalführung
1998. XV, 279 Seiten, 43 Abb., Broschur DM 98,-/ ÖS 715,-/ SFr 89,-
ISBN 3-8244-6835-2

Peter Ulrich
Organisationales Lernen durch Benchmarking
1998. XX, 289 Seiten, 60 Abb., Broschur DM 108,-/ ÖS 788,-/ SFr 96,-
ISBN 3-8244-6283-4

Jürgen Stefan Weichselbaumer
Kosten der Arbeitsteilung
Ökonomisch-theoretische Fundierung organisatorischen Wandels
1998. XVIII, 365 Seiten, 47 Abb., Broschur DM 118,-/ ÖS 861,-/ SFr 105,-
ISBN 3-8244-6800-X